व्यंग्य और हास्य नाटक

व्यंग्य और हास्य नाटक

दया प्रकाश सिन्हा

वाणी प्रकाशन

वाणी प्रकाशन

4695, 21-ए, दरियागंज, नयी दिल्ली 110 002

फ़ोनः+911123273167 फ़ैक्सः+911123275710

शाखाएँ

अशोक राजपथ, पटना 800 004, बिहार

कॉफ़ी हाउस कैम्पस, महात्मा गांधी मार्ग, इलाहाबाद 211 001, उत्तर प्रदेश

महात्मा गांधी अन्तरराष्ट्रीय हिन्दी विश्वविद्यालय, वर्धा 442 001, महाराष्ट्र

www.vaniprakashan.in
marketing@vaniprakashan.in
sales@vaniprakashan.in

VYANGYA AUR HASYA NATAK
by Daya Prakash Sinha

ISBN : 978-93-87889-13-2
Play

प्रथम संस्करण

मूल्य : ₹ 695

सिटी प्रेस, दिल्ली-110 095 में मुद्रित

वाणी प्रकाशन का लोगो मक़बूल फ़िदा हुसेन की कूची से

अनुक्रम

हास्य एकांकी
7
पंचतंत्र (बाल नाटक)
95
दुश्मन उर्फ़ सैंया मगन पहलवानी में
137
इतिहास-चक्र
199

हास्य एकांकी

स्वीकृति हेतु पता :
बी-255, सेक्टर-26
नोएडा-201301
ईमेल : dpsinha50@hotmail.com तथा
pkbharti2004@yahoo.com

प्रथम संस्करण की भूमिका

बंगला का अपना रंगमंच है, मराठी का अपना तथा गुज़राती का अपना। अन्य क्षेत्रीय भाषाओं में भी रंगमंच पर्याप्त मात्रा में विकसित हैं। एक हिन्दी क्षेत्र ही ऐसा अभागा है, जिसके पास अपना रंगमंच कहने को कुछ नहीं है। इधर हिन्दी के अल्प-विकसित अव्यावसायिक रंगमंच में क्षेत्रीय भाषाओं के सफल नाटकों की बाढ़-सी आयी है, जिनको मंचित करने में हिन्दी-निर्देशक एक-दूसरे से होड़ ले रहे हैं, तथा गर्व अनुभव करते हैं। यह भी अन्ततः हिन्दी नाटक-लेखन के लिए अहितकर है। भय है कि क्षेत्रीय भाषाओं की नाटक-लेखन की समृद्ध परम्परा के विशाल वृक्ष की छाया में हिन्दी नाटक का सुकुमार नव-अंकुर सूख ही न जाए।

हिन्दी रंगमंचीय एकांकी की स्थिति भी अच्छी नहीं है। पिछले वर्षों में अधिकतर ध्वनि-एकांकी रेडियो के लिए लिखे गये हैं। कारण स्पष्ट है। रेडियो से ध्वनि-एकांकियों की माँग रही है, जिसमें पारिश्रमिक भुगतान (कितना ही कम क्यों न हो) तुरन्त है। इसके विरुद्ध न तो रंगमंच से एकांकी की माँग थी, और न उससे किसी प्रकार के पारिश्रमिक प्राप्त होने की आशा। इसलिए स्वभावतः रंगमंचीय एकांकी नहीं लिखे गये। कुछ प्रतिष्ठित लेखकों ने अपने रेडियो-रूपक हेर-फेर करके रंगमंचीय एकांकियों के रूप में प्रकाशित करवा दिये। किन्तु वे प्रेक्षकों में सफल नहीं हो सके। बाह्य-रूप परिवर्तन करने पर भी रेडियो-नाटक मंच पर सफल नहीं हो सकता, क्योंकि उसकी मूल-कल्पना श्रव्य-नाटक के रूप में होती है, जो मंचीय आवश्यकताओं से भिन्न ही नहीं, सर्वथा विरोधी होती है। मंच पर वही नाटक सफल हो सकता है, जो प्रेक्षक वर्ग के लिए लिखा गया हो, तथा जिसकी मूल-कल्पना मंचीय दृश्य-नाटक के रूप में की गयी हो।

प्रस्तुत संग्रह में संकलित एकांकी मूलतः रंगमंच के लिए लिखे गये हैं तथा रंगमंच पर सफलतापूर्वक अभिनीत भी हो चुके हैं। इससे आशा है कि यह संग्रह रंगमंचीय हिन्दी-एकांकी के अभाव की पूर्ति में अपना विनम्र योगदान प्रदान करेगा।

–दया प्रकाश सिन्हा

वर्तमान संस्करण की भूमिका

यह मेरे व्यक्तिगत संज्ञान में है कि इस संग्रह में संकलित एकांकी नाटकों के अनगिनत प्रदर्शन स्कूलों में हुए हैं, किन्तु केवल गिने-चुने स्कूलों ने इन एकांकियों के मंचस्थ करने के पूर्व नाटककार की विधिवत स्वीकृति माँगी। इसका कारण यह है कि भारत में आजादी के बाद, इतनी दशाब्दियों के बीत जाने के बाद भी, नाटक/रंगमंच समाज के हाशिये पर है। अतएवं रंगकर्मी जानते ही नहीं कि नाटक मंचस्थ करने के पूर्व, नाटककार की स्वीकृति आवश्यक है। बिना पूर्व स्वीकृति के नाटक मंचस्थ करना एक दंडनीय अपराध है। स्कूलों में जो विद्यार्थी अपने नवायु उत्साह में नाटक करते हैं, वे इस प्राविधान से अनभिज्ञ होते हैं। वे अध्यापक भी जिनके पास सांस्कृतिक कार्यक्रमों के आयोजन का दायित्व होता है, इस प्राविधान को नहीं जानते हैं। और अगर जानते भी हैं तो इसे बहुत महत्वपूर्ण नहीं समझते। कौन स्वीकृति माँगने के झंझट में पड़े? बिना बात की लिखा-पढ़ी और चिट्ठी-पत्री! कहाँ लेखक को पता लगने वाला है कि उसका नाटक किस दूर-दराज के स्कूल में मंचस्थ हो गया? साथ ही बहुत से रंगकर्मियों को यह भी भय रहता है कि अगर नाटककार ने रॉयल्टी के रूप में मोटी रकम माँग ली तो? वैसे भी नाटक मंचस्थ करना महँगा सौदा है। और अगर नाटककार को भी रॉयल्टी देनी पड़ी, तो कैसे होगा नाटक? ये मजबूरियाँ हैं जिनके कारण, नाटक प्रायः नाटककार की पूर्व स्वीकृति के बिना ही किये जाते हैं।

नाटक मंचन के पूर्व नाटककार की स्वीकृति लेना रंगकर्मियों का नैतिक दायित्व है। ये रंगविधा की मूलभूत शर्त है। ये रंग-संस्कृति का अनिवार्य अनुशासन है। मेरा अनुभव है कि हिन्दी के प्रायः सभी नाटककार बिना रॉयल्टी की माँग के अपने नाटक की प्रस्तुति की स्वीकृति दे देते हैं। मैंने भी अब तक बिना किसी माँग के अपने नाटकों के मंचन की स्वीकृति दी है। इस माध्यम से नाटककार को ज्ञात होता है कि उसका नाटक कहाँ-कहाँ किस नाटक मंडली ने खेला। वह कितना लोकप्रिय या अलोकप्रिय हुआ। अलोकप्रिय हुआ तो क्यों? नाटक मंचन के पूर्व नाटककार की स्वीकृति प्राप्त करते समय, यदि रंगमंडली अपनी आर्थिक

स्थिति का हवाला देते हुए साफ-साफ लिख दे कि वह रॉयल्टी देने की स्थिति में नहीं है, तो नाटककार रॉयल्टी की माँग ही नहीं करेगा। नाटककार के लिए रॉयल्टी की छोटी-सी धनराशि से बड़ा संतोष नाटक के मंचस्थ होने में होगा।

मुझे आशा है कि रंगान्दोलन के विस्तार के साथ नाटकों को मंचस्थ करने के पूर्व, नाटककार की पूर्व स्वीकृति प्राप्त करना रंगकर्मी अपना नैतिक कर्तव्य समझेंगे।

जून, 2013

दया प्रकाश सिन्हा

अनुक्रम

पुराने चावल
15
बिन घरनी घर भूत का डेरा
24
प्रेम-कथा
41
नाक का सवाल
52
रीत-विपरीत
62
जहाँगीर ने कहा था
81

पुराने चावल

पात्र

रंजीत : 28-30 वर्ष का सम्पन्न, शिक्षित युवक।

धीर : रंजीत का समवयस्क मित्र।

हरीश : रंजीत का समवयस्क मित्र।

छदामी लाल : रंजीत का पड़ोसी। आयु लगभग 55 वर्ष।

समय : वर्तमान।

मंचसज्जा : रंजीत का मध्यवर्गीय ड्राइंग रूम। सजावट नाटक खेलने वालों की सुविधानुसार।

कमरे का एक द्वार घर के बाहर खुलता है, और एक घर के अन्दर। पर्दा खुलने पर रंजीत और धीर, जो चाय पी रहे हैं बड़े जोर से हँसते हुए दिखाई पड़ते हैं। तब ही अचानक लाला छदामी लाल बाहर से आते हैं। छदामी लाल की आयु लगभग पचपन वर्ष है। वह शरीर से दुबले-पतले हैं, मगर बहुत ही अकड़कर चलते हैं। मूँछें ऐंठकर रखते हैं। बगुले के पंख जैसी बारीक सफेद धोती और कुर्ते पर सोने की 'चेन' गले में डालते हैं।

छदामी : **(प्रवेश करके)** रंजीत बाबू!

रंजीत : **(अप्रत्याशित आने से चौंककर)** बाबू छदामी लाल आप? आइए, आइए!

धीर : यह कौन साहब हैं रंजीत बाबू?

रंजीत : आप हैं लाला छदामी लाल—हमारे पड़ोसी। और लाला जी, यह हैं हमारे दोस्त—धीर शंकर।...आप सोच क्या रहे हैं? तशरीफ़ रखिए।

छदामी : **(अचानक)** मैं कहता हूँ...एकदम बेहया है।

रंजीत : **(हँसकर)** ख़ैरियत तो है। कौन बेहया है?

छदामी : वही!

रंजीत : आख़िर कौन?

छदामी : हमारी घरवाली!

रंजीत : ओह! अच्छा बैठ तो जाइए। **(छदामी लाल बैठता है)** हाँ, अब बताइए, क्या बात है?

छदामी : क्या बताएँ! उसने हमारी जिन्दगी दूभर कर दी है। तिरिया चरित्तर दिखाती है।

रंजीत : तिरिया है तो तिरिया चरित्तर तो दिखाएगी ही! क्या हुआ?

छदामी : कुछ न पूछो रंजीत बाबू! मेरा खून खौल रहा हैं।

रंजीत : बताइए तो क्या हुआ? **(छदामी धीर की ओर देखता है)** ये मेरे दोस्त बिल्कुल मेरे सगे भाई की तरह हैं। इनके आगे आप बेखटके कहिए।

छदामी : अब तुम्हीं बताओ रंजीत बाबू, कुलच्छिनी के पास तीन-तीन सौतों की जमा-जथा है, कपड़े-लत्ते, गहना-कंगना है। चौथी होने की वजह से मैंने भी तीनों से ज़्यादा इसको दिया है। बाबूजी, आधे सेर सोने की तगड़ी दो महीने पहले बनवा के दी है। आधा सेर सोना कम होता है?

रंजीत : नहीं।

छदामी : तुम भी तो बताओ धीर बाबू! आधा सेर सोना कम होता है?

धीर : इतना सोना तो मैंने आज तक नहीं देखा।

छदामी : अब बताओ, इस पर भी उसके नखरे कम नहीं। लगाएँ दो हाथ तो ठीक हो जाए। कहती है, सौतों की साड़ी पुराने फैसन की हैं। नई साड़ी चाहिए। यह लो, अब नई साड़ी लाओ।

धीर : तो फिर आप लाए नई साड़ी?

छदामी : पहली-दूसरी होती तो झोंटा पकड़कर कहता—जो है वही पहनो, नहीं तो रास्ता नापो अपना! हमसे यह तिकिड़-बिकिड़ नहीं चलेगी। **(हताश स्वर में)** लेकिन यह तो चौथी है। लानी ही पड़ी।

धीर : हाँ, चौथी बीवी का कहना कोई कैसे टाल सकता है।

छदामी : फिर धीर बाबू, एक तो साड़ी लाओ, ऊपर से नाज-नखरे! यह नहीं, नैलोन वाली लाओ—झिन्नी- झिन्नी जिसके आर-पार

दिखाई दे। जाओ मरो। कोई नुमाइस करनी है! झिन्नी साड़ी पहननी है तो पहनो ही क्यों?

रंजीत : अब समझा झगड़े की वजह! आप नाइलोन की साड़ी नहीं लाए?

छदामी : लाया क्यों नहीं! चौथी है; लानी ही पड़ी।

धीर : तब क्या हुआ?

छदामी : पहले बोली थी नीली नैलोन वाली जैसी सर्माइन के पास है। ले आया भाई। फिर बोली, पीली नैलोन वाली जैसी वर्माइन के पास है। वह भी ले आया। तब बोली काली नैलोन वाली जैसी ललाइन के पास है...

रंजीत : **(अटकल लगाते हुए)** वह नहीं लाए आप? बस इसी पर झगड़ा...

छदामी : वह भी ले आया। लाता कैसे नहीं? चौथी जो है।

धीर : तब?

छदामी : फिर बोली—फूलों छाप वाली नैलोन।

रंजीत : उसे भी ले आए आप?

छदामी : नहीं।

रंजीत : नहीं क्यों? चौथी के लिए भी नहीं?

छदामी : हम भी तो आदमी हैं। हमारे भी तो दिल है। बीवियों के लिए तो हमेसा ही लाए, कभी अपने लिए भी तो कुछ करना चाहिए।

रंजीत : बेशक!

छदामी : गया था चौथी के लिए फूलों छाप वाली नैलोन लेने, लेकिन वहाँ दुसाले पर मन फिसल गया।

रंजीत : बस, इसी का झगड़ा है।

छदामी : झगड़ा! रंजीत बाबू, इसे तुम झगड़ा कहते हो? अरे झगड़ा नहीं, कम्बख्त ने तो महाभारत मचा दी है। बोली, घर में घुसने नहीं दूँगी। अब बताओ, मैं बाहर खड़ा और अपने ही घर में न घुस पाऊँ!

धीर : उसे कहने देते। आप घर में घुस जाते।

छदामी : आपने कह दिया और मैं घर में घुस गया! कैसे घुस जाता? वह तो साच्छात् चंडी-सी दरवाजे पर बेलन लिए खड़ी थी।

रंजीत : फिर आप घर में नहीं जा पाए?

छदामी : गया।

रंजीत : कैसे?

छदामी : घर के भीतर बिल्ली ने छीके पर से हंडिया गिराई। वह बिल्ली भगाने अन्दर गई। **(अपनी चतुरता पर प्रसन्न होकर)** बस, उसके दरवाजे पर से हटते ही मैं घर में घुस गया।

धीर : तब?

छदामी : **(शिकायत के स्वर में)** दिन-भर का थका-माँदा, न उसने पानी को पूछा, न पत्ते को। मैंने कहा—भलीमानस ज़रा चाय तो बना दे, तो हरामजादी बोली—चाय नहीं है। बताइए साहब, मेरी बिल्ली मुझी को म्याऊँ। मैं कमा-कमा के मर जाऊँ और मेरे लिए ही चाय खत्म। साहब, मैं बड़ा ख़राब आदमी हूँ। आजकल के लौंडों जैसा नहीं हूँ। जोरू को पैर की जूती समझता हूँ। मारे हन्टरों के खाल उधेड़ दूँगा! मुझे क्या समझा है उसने? हाँ!!

धीर : **(परिहास में)** आप आदमी ज़ोरदार हैं!

रंजीत : यह पुराने लोग ही तो आजकल पतियों की शान का झंडा ऊँचा किये हैं। **(छदामी लाल से)** हाँ तो लाला जी, जब उसने चाय नहीं दी तो आपने क्या कहा?

छदामी : बस इसमें तकरार बढ़ गई। मैंने उससे कहा-तुम मेरी लौंडी के बराबर हो। मैं तुमसे बिल्कुल नहीं डरता। और इतना डाँटा कि जिन्दगी-भर याद रखेगी।

धीर : उसने जवाब नहीं दिया?

छदामी : वह जवाब देगी! भला उसकी इतनी हिम्मत! मैं तीन-तीन को गंगा के घाट उतार चुका हूँ। जिस साल मैं दूसरी को घर लाया था, उस साल तो वह पैदा हुई थी। कल की बच्ची है मेरे सामने।

धीर : तो वह चुपचाप आपकी डाँट सुनती रही?

छदामी : बिल्कुल! **(कुछ देर रुककर)** मगर धीर बाबू, बड़ी बेसरम है। जब तक मैं डाँटता रहा, चुपचाप सुनती रही। जब मैं डाँट चुका तो बोली—जब तक तुम फूलों छाप वाली साड़ी नहीं लाते, घर में नहीं रह सकते। और उसकी हिम्मत तो देखिए,

मेरी बाँह पकड़कर मुझे घर के बाहर खड़ा कर गई! और अन्दर से दरवाजा बन्द कर लिया। बेहया की हिम्मत तो देखें, मुझे मेरे ही घर से बाहर निकाल गई! अब बताइए, मैं कहाँ जाता?

रंजीत : **(व्यंग्य से)** क्योंकि आपको मेरा दरवाजा खुला दिखाई पड़ा, इसलिए आप यहाँ चले आए।

छदामी : बताइए, मैं क्या करता? मगर रंजीत बाबू, मैं बहुत बुरा आदमी हूँ। उसकी हरकत का मजा चखा के ही रहूँगा। आजकल के लौंडों की तरह नहीं हूँ जो बीवी से डर जाऊँ! मैं मर्द हूँ!

धीर : क्या मर्दानगी है आपकी! बीवी घर से बाहर निकाल गई, और आप निकल आए!

छदामी : **(अपनी ही धुन में)** मैं उसकी नाक पर वह घूँसा मारूँगा कि पिच्च से खून निकल पड़ेगा। जो सफेद-सफेद दाँत हैं न, इनकी पूरी बत्तीसी मुँह से बाहर आ जाएगी। उसकी जबान कैंची से काटकर कव्वों को खिला दूँगा। उसके फूले-फूले गालों पर वह थप्पड़ लगाऊँगा कि उन पर पाँचों उँगलियाँ उभर आएँगी! **(प्रसन्न होकर)** कोई भी दूर से देखकर बता देगा—पड़ा है लाला छदामी लाल के पंजे का निसान! हाँ!!

रंजीत : लाला जी ने तो अपने ख़यालों में चौथी की अच्छी-ख़ासी मरम्मत कर दी!

धीर : **(तिरस्कार में)** बस ख़्यालों ही ख़्यालों में!

छदामी : मैं मर्द हूँ मर्द! बीवी के आगे झुक नहीं सकता।

धीर : अरे लाला जी, तुम्हें कैसे समझाएँ! बीवी के आगे हार मानने में ही कल्याण है।

छदामी : धीर बाबू, यह जनानी बातें आजकल के नौजवानों को बताओ। मैंने असली घी खाया है! रुपये के पच्चीस सेर का गेहूँ खाया है!

रंजीत : लाला जी, ज़रा जोश कम करिए, दिमाग़ ज़रा ठंडा कीजिए। आजकल के नौजवान न तो बीवी के बेलन के डर से घर के बाहर खड़े रहते हैं, और न घर से निकाले जाते हैं।

धीर : अब ज़माना बदल गया है।

छदामी : (चिढ़कर) ज़माना बदला है तो क्या?

रंजीत : अब बीवी के कहे पर चलने ही में ख़ैर है।

छदामी : लेकिन मैं तो नहीं बदला!

रंजीत : आप नहीं बदले लेकिन आपकी बीवी तो बदल गई! यह पहली नहीं है लाला जी, चौथी है, चौथी! नये ज़माने की नई। बदली बीवी के साथ चलना है तो आपको भी बदलना पड़ेगा।

छदामी : **(उलाहने से)** तो मैं साहब बहादुर बन जाऊँ! गले में फाँसी-सी टाई लटका लूँ! हवादार धोती की जगह जेलखाने-सा पतलून पहन लूँ, और बगल में चौथी को दबाये बाजार-हाट घूमता फिरूँ और कहूँ—**(नकल बनाते हुए)** माई डार्लिंग!

धीर : इतना न बदल सकें, तो कम-से-कम उसे बुरा-भला तो न कहें! गाली-गलौज तो न करें!

छदामी : सुनो रंजीत बाबू, अपने दोस्त की! मुझे उपदेस देते हैं। अरे साहब, यह औरत की जात! इसे हफ्ते-दस दिन में जब तक एक बार रुई की तरह धुन न दो, तब तक यह समझेगी ही नहीं कि इसका मरद इसे चाहता है।

धीर : **(चिढ़कर)** तो चौथी भी कभी दो-एक बेलन चलाकर आपका सिर फोड़ दे, तो उसे आप उसका प्यार ही समझिएगा।

रंजीत : अरे हटाओ इसे! यह सब तो दूर की बातें हैं। इस वक़्त की सोचो-लाला जी अपने घर में कैसे जाएँ?

धीर : साफ़ बात है। लाला जी फूलों छाप वाली साड़ी लाएँ, और अपनी बीवी से माफ़ी माँगें।

छदामी : मैं मरद होकर माफ़ी माँगूँ—जनानी जात से?

रंजीत : लाला जी, अपनी बीवी से माफ़ी माँगने में कोई बुराई नहीं। दुनिया का हर बड़ा आदमी अपनी बीवी के आगे छोटा बनकर ही बड़ा आदमी बन सका है।

धीर : लाला जी, अक़्लमंदी इसी में है कि साड़ी ख़रीदकर ले जाइए। इसके अलावा कोई चारा नहीं।

छदामी : **(बिगड़कर)** उसके लिए साड़ी ख़रीदेगी मेरी जूती! मैं मरद हूँ, मरद! मैं ऐसी बातें सुनने यहाँ नहीं बैठ सकता!

(तेज़ कदमों से बाहर प्रस्थान)

धीर : बाप रे बाप! बड़ी गर्मी है।

रंजीत : **(हँसकर)** पुराने चावल हैं!

धीर : बस, ज़बान के शेर हैं!

रंजीत : आजकल का आदमी तो ज़बान भी नहीं खोल सकता।

धीर : लेकिन पीठ के पीछे ही। सामने लाला जी बोलें, तो चौथी उनका क़ीमा बना दे!

छदामी : **(बाहर से प्रवेश करके)** आपसे एक ज़रूरी सवाल पूछना है।

रंजीत : सवाल? अच्छा-अच्छा, तशरीफ़ रखिए। फिर सवाल पूछिएगा।

छदामी : क्या आदमी को किसी का बिस्वास करना चाहिए?

रंजीत : छदामी लाल जी, आपको यह फ़लसफ़े का शौक़ कब से हो गया?

छदामी : आप भी सोचिए धीर बाबू! क्या आदमी को किसी का बिस्वास करना चाहिए?

धीर : बेशक! यह दुनिया तो विश्वास पर ही चलती है।

छदामी : गलत! एकदम गलत!

रंजीत : सबका नहीं, आदमी देखकर विश्वास करना चाहिए। कुछ लोग एतबार के क़ाबिल होते हैं और कुछ लोग नहीं।

छदामी : आप भी गलत! यही तो बचपन है आप लोगों का! **(समझाते हुए)** इस दुनिया में किसी का भी बिस्वास नहीं करना चाहिए।

धीर : किसी का भी नहीं?

छदामी : किसी का भी नहीं। **(रंजीत से)** मैं पूछता हूँ रंजीत बाबू, आप मेरा बिस्वास करेंगे?

रंजीत : मैं तो आपका विश्वास कर लूँगा!

छदामी : गलत! आपको मेरा भी बिस्वास नहीं करना चाहिए। आदमी की नीयत का क्या ठीक! कब डाँवाँडोल हो जाए! क्यों, ठीक कहा न धीर बाबू?

धीर : **(अनिश्चित-सा)** जी...

छदामी : रंजीत बाबू, यह रही मेरी सोने की अँगूठी! इसे आप रख लीजिए।

रंजीत : इसका मैं क्या करूँगा?

छदामी : **(जोर देकर)** मैं कहता हूँ इसे आप रख लीजिए। इसमें असली पुखराज लगा है। ऐसा पुखराज आजकल नहीं मिलता।

रंजीत : लेकिन क्यों?

छदामी : रख भी लीजिए और चार हजार रुपये दे दीजिए।

रंजीत : चार हज़ार रुपये?

छदामी : क्या करूँ, मेरा बटुआ तो घर में ही छूट गया है। वह निगोड़ी बिना साड़ी के घर में नहीं घुसने देगी।

धीर : (**एकदम हँसकर**) तो साड़ी के लिए रुपये चाहिए! दे दो रंजीत! चलो, लाला जी के समझ तो आई।

रंजीत : (**रुपये निकालकर देते हुए**) यह लीजिए लाला जी! (**अँगूठी लेकर पर्स में रखता है।**)

छदामी : आपका भला हो रंजीत बाबू! बात यह है कि चौथी को मायके में तो कभी दोनों वक़्त भरपेट खाने को मिला नहीं, इसलिए बड़ी लिलही है। सोचता हूँ—मैं नहीं लाऊँगा तो कौन लाएगा, बेचारी के लिए! इसलिए तरस खाकर ले ही जाऊँगा। अच्छा अब चलूँ। (**उठता है, लेकिन उठने पर कमर में दर्द होता है।**) आह!

धीर : क्या हुआ?

रंजीत : आपको उठने में तकलीफ़ होती है?

छदामी : कुछ नहीं है...कुछ नहीं है।

रंजीत : क्या कमर में दर्द है?

छदामी : (**एकदम सफाई में**) उसने मुझे नहीं मारा। नहीं-नहीं, उसने मुझे नहीं मारा।

रंजीत : जी?

छदामी : आप लोग यह न सोचिएगा कि उसने मुझे बेलन से मारा।

रंजीत : (**हँसी दबाते हुए**) हम लोग कहाँ सोचते हैं?

छदामी : उसने मुझे नहीं मारा। यह तो...यह तो मैं गिर गया था। ठोकर लग जाने से गिर गया था, उसी से कमर में मोच आ गई। उसने मुझे बेलन नहीं मारा। आप लोग मेरा भरोसा कीजिए।

धीर : हम लोग आपका भरोसा करते हैं।

छदामी : अगर वह मुझे मारे तो मैं उसकी जान ही ले लूँ। मैं बड़ा ख़राब आदमी हूँ। बीवी को लौंडी समझता हूँ। मैं मरद हूँ मरद! आह! (**बाहर प्रस्थान**)

(**रंजीत और धीर खुलकर हँसते हैं।**)

रंजीत : **(हँसते हुए)** चले गये जबान के शेर!

धीर : यह मरद हैं! **(नकल करते हुए)** आह! आप लोग यह न समझिएगा कि उसने मुझे बेलन से मारा।

रंजीत : चोर की दाढ़ी में तिनका!

हरीश : **(बाहर से प्रवेश करके)** किसकी दाढ़ी में तिनका?

रंजीत : आओ, आओ हरीश!

हरीश : किसके बारे में बातचीत हो रही है? किसकी दाढ़ी में तिनका है?

रंजीत : एक हैं लाला छदामी लाल! उनकी बीवी ने...

धीर : **(टोकते हुए)** उनकी चौथी बीवी ने...

रंजीत : हाँ-हाँ, लाला जी को उनकी चौथी बीवी ने मारा क्योंकि वह उसके लिए साड़ी ख़रीदकर नहीं ले गये।

हरीश : बेचारे!

रंजीत : उठने पर कमर की चोट से जब कराह उठे, तो अपने आप ही सफ़ाई में बोल पड़े—बीवी ने बेलन से नहीं मारा है!

धीर : अरे रंजीत, हरीश तो शहर के बड़े ज्वेलर्स हैं! इन्हें दिखाओ न वह सोने की अँगूठी!

रंजीत : हाँ, हाँ। हरीश, लाला जी यह सोने की अँगूठी देकर मुझसे चार हज़ार रुपये ले गये हैं।

धीर : चार हज़ार रुपये से लाला जी साड़ी ख़रीदकर लाएँगे, तब कहीं बेचारे अपने घर में घुस पाएँगे।

हरीश : **(अँगूठी देखकर)** यह अँगूठी तो सोने की नहीं है।

रंजीत : क्या??

हरीश : यह तो एकदम पीतल की है।

रंजीत : पीतल की? और यह नग?

हरीश : यह मामूली काँच का टुकड़ा है।

रंजीत : हे भगवान्! वह तो कहता था, असली पुखराज है!

धीर : **(हँसकर)** लगा गये चूना लाला जी! उनमें गुणों की कमी नहीं। असली पुराने चावल हैं!!

(यवनिका)

बिन घरनी घर भूत का डेरा

पात्र

अखिल : 26 वर्षीय नवयुवक।

महेश
स्वराज } अखिल के सम-वयस्क मित्र।
गोविन्द

बराती : अखिल का नौकर। आयु लगभग 50 वर्ष।

जगदम्बा प्रसाद : सुसम्पन्न प्रौढ़। अखिल के भावी ससुर।

समय : सायंकाल।

स्थान : अखिल का कमरा।

पर्दा खुलने पर एक साधारण मध्यवर्गीय कमरा दिखलाई पड़ता है जिसमें तीन दरवाजे हैं। दाहिना दरवाजा गुसलखाने में खुलता है। पीछे का दरवाजा घर के अंदर कमरों में तथा बायाँ दरवाजा घर के बाहर। कमरे की साजसज्जा अविवाहितों के कमरे जैसी अर्थात् कमरे का सब सामान अस्त-व्यस्त एवं बिखरा है। चप्पल खूँटी पर टँगी है; सूट, कोट आदि कुर्सियों पर पड़े हैं; एक कोने में कमीज पड़ी है; रेडियो के ऊपर चादर और उस पर चाय के बर्तन रखे हैं।

(अखिल का प्रवेश–बायें द्वारा से! अखिल सूट पहने हुए अपटूडेट किस्म का नवयुवक है।)

अखिल : **(इधर-उधर देखकर पुकारता हुआ)** बराती! बराती! न जाने कहाँ चला गया कम्बख़्त! काम के समय ज़रूर ग़ायब हो जाता है, और दरवाज़ा भी खुला छोड़ गया। जानता है घर में कोई नहीं है, फिर भी अकेला खुला छोड़ गया है। ज़रूर

पड़ोस में नौकरों के साथ बैठकर चिलम पी रहा होगा। इन कम्बख़्तों की तो कॉनफ्रेन्स होती है। **(बायें द्वार पर बाहर जाकर पुकारते हुए)**–बराती! बराती...!

बराती : **(नैपथ्य में)** आइन सरकार–आइन!

(थोड़ी देर बाद अखिल और उसके पीछे बराती का प्रवेश)

अखिल : मैं पूछता हूँ कहाँ चले गये थे? फिर वही हरखू और बनवारी के पास, तम्बाकू पीने-?

बराती : **(मिठुआते हुए)** नहीं सरकार।

अखिल : तब कहाँ गये थे? **(बराती चुप रहता है)** बोलते क्यों नहीं? चुप क्यों हो? कहाँ गये थे?

बराती : **(झेंपते हुए)** कहीं नहीं...

अखिल : कहीं तो ज़रूर गये थे; इस समय कहाँ से आ रहे हो?

बराती : वहीं से। उन्हीं लोगन से कुछ बात करै को रही।

अखिल : वही लोग कौन? हरखू और बनवारी?

बराती : हाँ।

अखिल : फिर क्यों कहते हो कि उन लोगों के पास नहीं गये थे?

बराती : अब का कही सरकार।

अखिल : क्या बात करनी थी? वही अपनी शादी के बारे में?

बाराती : **(चापलूसी के स्वर में)** सरकार!

अखिल : तुम्हारी उमर कितनी है?

बराती : पचास पार हुई।

अखिल : कितने लड़के हैं?

बराती : दो।

अखिल : उनकी शादी हो गई?

बराती : हाँ।

अखिल : और लड़कियाँ?

बराती : तीन

अखिल : तीनों की शादी हो गई?

बराती : हाँ।

अखिल : और नाती-पोते?

बराती : कुल मिलाय के चौदह।

अखिल : दो लड़के, तीन लड़कियाँ, चौदह नाती-पोते। फिर भी शादी

करने के लिए पागल हुए घूमते हो! देखो, मैंने अभी तक शादी नहीं की। 26 साल का हो गया हूँ, और अभी कम-से-कम चार साल और शादी करने का इरादा नहीं...

बराती : **(बात काटते हुए अधिकार के शब्दों में)** हमारी मानों तो तुम्हें ब्याह कर लेने को चाही सरकार!

अखिल : **(चिढ़कर)** अच्छा जी! तो आप हमें सलाह दे रहे हैं?

बराती : बिना ब्याह के घर मनहूस लागत है।

अखिल : **(व्यंग्य से)** और इसीलिए तुम शायद शादी करने के लिए हाथ धोकर पीछे पड़े हो!

बराती : का कही सरकार! घर पर मन नहीं लागत। घर पर खेत हैं—जानवर हैं—तबहूँ गाँव छोड़-छाड़ के यहाँ सहर में पड़ा हैं। घर जात हैं तो जैसे काटे को दौड़त है। सूना-सूना लागत है।

अखिल : बेटे और पोते तो हैं। फिर क्यों सूना लगता है?

बराती : घरवाली की बात और ही हय सरकार! अब ई तू का जानौ?

अखिल : **(व्यंग्य से)** हाँ, मैं क्यों जानूँगा! तुम ज़्यादा जानते हो। **(स्वर बदलकर)** अच्छा यह बताओ, चाय तैयार है?

बराती : चाय तो तैयार है। मगर अब ठंडी हो गई है। रोज़ तो तुम चार-साढ़े चार बजे आत रहे, आज इतनी देर से आए हो—अब छः पौने छः हुआ चाही।

अखिल : **(चौंककर घड़ी देते हुए)** उफ़! इतनी देर हो गई और मैं यहाँ खड़ा बातें कर रहा हूँ! रावत और मिसेज रावत मेरा इन्तज़ार कर रहे होंगे सिनेमा चलने को। देखो बराती, ज़रा जल्दी से गरम-गरम एक कप चाय लाओ। और देखो, ज़रा जूते पर पालिश भी कर देना। मैं तब तक कपड़े बदलता हूँ।

बराती : अच्छा सरकार! **(पीछे के द्वार से प्रस्थान)**

(अखिल कोट, टाई और कमीज उतारकर, केवल पैन्ट और बनियान पहने, दाहिने द्वार से अन्दर जाता है। भीतर नल चलने की आवाज और अखिल के बेसुरे गले से गाने की आवाज आती है। किन्तु शीघ्र ही अखिल दायें द्वार से मंच पर आता है। उसके हाथ कुहनियों तक भीगे हैं।)

अखिल : **(पुकारते हुए)** बराती! बराती!

बाराती : **(पीछे के द्वार से प्रवेश करके)** का हुआ?

अखिल : बाथरूम का साबुन कहाँ गया?

बराती : वहीं हुइये?

अखिल : वहाँ नहीं है!

बराती : वहाँ नहीं है तब हम का जानी?

अखिल : **(बिगड़कर)** तुम नहीं जानोगे तो क्या मैं जानूँगा? अखिरकार तुम करते क्या हो? जब कोई चीज़ माँगो तब नहीं है। साबुन कहाँ चला गया?

बराती : अब हम का जानी? साबुन वहीं धरा रहा, सो वहीं होय को चाही। कहत हो नाहीं है, तो नहीं हुइये। वहीं तो हम रखा रहे।

अखिल : तुमने वहीं रखा था तो क्या दीवारें खा गईं?

बराती : **(सोचकर)** होई सकत है। राजा नल का नौलखा हार खूँटी निगल गई रहै।

अखिल : **(झुँझलाकर)** अच्छा-अच्छा, बन्द करो यह बकवास! बिना साबुन के ही मैं मुँह-हाथ धो लूँगा। तुम चाय जल्दी से बनाकर लाओ। **(दायें द्वारा से प्रस्थान)**

(बराती भी पीछे के द्वार से अन्दर जाता है। थोड़ी देर बाद दायें द्वार से अखिल का प्रवेश। वह कमरे में इधर-उधर तौलिया ढूँढ़ता है।)

अखिल : **(पुकारते हुए)** बराती! बराती!

बराती : **(नेपथ्य में)** आइन सरकार! **(प्रवेश करके)** का है सरकार?

अखिल : इतनी देर से ढूँढ रहा हूँ, यहाँ कोई तौलिया दिखाई ही नहीं देती!

बराती : यहीं तो रही सरकार!

अखिल : यहाँ तो कहीं नहीं है।

बराती : **(विश्वास से)** है सरकार! **(कमरे में इधर-उधर ढूँढ़ते हुए)** यहीं होन को चाही। न जाने कहाँ बिलाय गई!

अखिल : जल्दी करो, मुझे सिनेमा को देर हो रही है।

बराती : सरकार आपहू ढुँढ़ाय लेओ। जल्दी हय!

अखिल : **(ढूँढ़ते हुए)** तौलिया!...तौलिया! न जाने कहाँ ग़ायब हो गयी!

बराती : तौलिया नाहीं मिलत तो धोती से हाथ-मुँह पोंछ लेओ। **(धोती उठाकर आगे बढ़ाता है)**

अखिल : **(विवश स्वर में)** धोती ही लाओ। **(बराती से धोती लेकर मुँह पोंछता है)** तुम जल्दी से चाय लाओ।

बराती : बस अब्बै लाइत है, एक मिनट में। **(प्रस्थान पीछे)**

(अखिल बक्स से कमीज निकालकर पहनता है तथा बाल काढ़ता है। बराती का चाय का प्याला लिए पीछे से प्रवेश)

बराती : लेओ, चाय तैयार होय गई। **(चाय का प्याला अखिल को देकर बायें द्वार की बढ़ता है)**

अखिल : **(एक घूँट पीकर)** तुम कहाँ जा रहे हो? देखो चाय में...

बराती : **(काटते हुए)** चीनी नहीं है? वही तो लैन जात रहिन सरकार! अब्बै आइत है।

अखिल : अब जाओगे बाजार से शक्कर लेने! अब तक क्या सो रहे थे? तुम्हारी तो वही हालत है कि जब प्यास लगी, तब कुआँ खोदने चले। रहने दो, मुझे चाय नहीं पीनी है। सिनेमा को देर हो जाएगी। **(रुककर)** देखो कहीं सेफ़्टी-पिन हो तो दे दो। इस कमीज़ में बटन ही नहीं है।

बराती : सरकार सैफ्टीपिन नहीं, मुला आलपिन है। कहो तो उसे ही लगाय देई?

अखिल : आलपिन! अरे न बाबा, कहीं वह सीने में न घुस जाए।

बराती : घबराया जिन! हम बड़ी होसियारी से लगा देबै।

अखिल : अच्छा, बटन नहीं, तो आलपिन ही सही।

बराती : **(आलपिन लगाते हुए)** घर की हालत तो यह हुइए ही। न तौलिया, न साबुन, न बटन, न कमीज, न सूट—अब ई सब काम तो मेहररूअन के हय, हम कैसे करें। बस इसका सिर्फ एक इलाज है—तू ब्याह करके घरवाली ले आओ...

अखिल : **(चीखकर)** अरे बाप रे बाप! बेवकूफ, ऑलपिन चुभा दिया। मुझे नहीं लगवाना ऑलपिन! कमीज़ में बटन नहीं तो न सही। बड़ी सलाह देने चले हैं। ब्याह करके घरवाली ले आओ...

(बाहर दरवाजे पर खटखटाहट की आवाज)

अखिल : देख तो बराती, बाहर कौन आया है?

बराती : अच्छा सरकार! **(बायें द्वार से प्रस्थान)**

(थोड़ी देर बाद बराती बाहर से लिफाफा लिए वापिस लौटता है।)

बराती : **(बायें द्वार से प्रवेश)** सरकार डाकिया रहा। यह लिफाफा दे गया है।

अखिल : लाओ। **(लिफाफा खोलता है)**

बराती : **(उत्सुकता से)** किस की चिट्ठी है सरकार?

अखिल : बाबूजी की।

बराती : ख़ैरियत तो है सरकार?

अखिल : **(पढ़ते हुए)** हूँ, बाबूजी लिखते हैं कि उन्होंने मेरी शादी रायबहादुर बाबू जगदम्बा प्रसाद की लड़की से क़रीब-क़रीब तय कर दी है। माँ ने लड़की देख ली है, सुन्दर है। उन्हें उम्मीद है कि मुझे शादी मंजूर होगी। उन्होंने मेरी रज़ामन्दी माँगी है।

बराती : **(एकदम ख़ुशश होकर)** सादी! बियाह!! सच सरकार!!!

अखिल : हाँ, आज-कल में ससुर जी मुझसे मिलने यहीं आने वाले हैं। **(उपेक्षा से)** उँह! अरे तू कहाँ चला रे?

बराती : **(बराती बायें द्वार के पास से)** ही-ही-ही सरकार, आपके बियाह की खबर मोहल्ले वालों को बताने।

अखिल : **(बिगड़कर)** ए बेवकूफ़, यह बात अपने ही तक रख! इधर-उधर गाने की ज़रूरत नहीं।

बराती : **(आश्चर्य से)** का कहिते हो सरकार? फिर आपके ससुर जी भी तो आपको देखे आय रहे हैं। हाय सरकार, बड़े भाग से आते हैं ससुर जी देखने! हमारी मानो तो अब तू नाहीं न करौ। सीधे से राजी हो जाओ। फिर तो बाबू, घर के बाहर सहनाइयाँ, और घर के भीतर चूड़ियों की खनक, पायल की झनक!

अखिल : अच्छा चुप रह! **(दरवाजे पर दस्तक की आवाज)** देख तो, कौन खटखटा रहा है? कोई आया है।

बराती : **(मगन होकर)** लगता है आय गये ससुर जी!

(बायें द्वार से महेश का प्रवेश)

महेश : **(प्रवेश करके)** ससुर! यह क्या बदतमीज़ी है?

अखिल : **(झेंपकर)** अरे यार, यह तुम हो महेश!

महेश : हाँ-हाँ, मैं हूँ। माना कि मेरी शादी के तीन साल में चार लड़कियाँ हैं, मगर वह तो अभी छोटी हैं। अभी से कैसे मैं ससुर हो गया?

बराती : बात ई है सरकार, कि अब्बै बाबू जी के पिता की चिट्ठी आई रही। सो ऊमें लिखा रहा कि बाबू जी कै ससुर देखै आय रहे हैं। सो वही ससुर जी हम आपको समझे। यह देखो उनकी चिट्ठी। (पत्र देता है।)

महेश : **(पढ़कर)** राय बहादुर जगदम्बा प्रसाद! ओह, यह बात है! मैं तो घबरा गया था। अरे अखिल, खिलाओ मिठाई! ऐसे मौक़े जिन्दगी में बार-बार तो आते नहीं। लुटा दो जो कुछ है! ऐसे मौक़ों पर पहले बादशाह और नवाब अपना ख़ज़ाना ख़ाली कर देते थे।

अखिल : माफ़ कीजिए, न तो मैं बादाह हूँ और न नवाब।

महेश : बादशाह नवाब नहीं हो, तो भी मुँह तो मीठा कराओ ही। यह खुशी का मौक़ा...

अखिल : मुझे शादी नहीं करनी है।

महेश : कंजूस कहीं का! **(रुककर)** अरे, मिठाई नहीं खिलाना चाहते हो तो झूठ क्यों बोलते हो? अरे प्यारे, शादी वह जाल है जिसमें सब क्वाँरे फँसना चाहते हैं, और सब विवाहित निकलना चाहते हैं। मगर कौन इससे बच सका है? अच्छा चल, तू भी क्या कहेगा, किसी रईस से पाला पड़ा है। मैं ही तेरा मुँह मीठा कराता हूँ। **(पुकारते हुए)** बराती, यह लो सौ रुपये और बढ़िया-सी रस-मलाई पास वाली दुकान से ले आओ।

बराती : अभी लीजिए सरकार-लेकिन सरकार चाय के लिए सक्कर भी खतम हो गई है।

महेश : अच्छा-अच्छा, यह सौ रुपये और लो।

बराती : लाए सरकार! अभी दो मिल्ट में आया। **(प्रस्थान बायें द्वार से)**

अखिल : आज तो एकदम दरिया-दिल हो गये हो! क्या बात है महेश साहब?

महेश : मैंने सोचा, दोस्त के लिए कुछ ख़र्च ही कर दूँ। यह मौक़ा बार-बार तो आएगा नहीं।

अखिल : धन्य भाग मेरे! यह पहला मौक़ा है जब तुमने कुछ ख़र्च किया, वरना तो यही रोना रोया करते हो कि ख़र्चा नहीं चलता, चार-चार लड़कियाँ हैं—बुरा हो इस शादी का, गृहस्थी का बोझ बुरी तरह सर पर बैठ गया है।

महेश : ग़लत तो नहीं कहता! नाई-नाई बाल सामने ही आएँगे। जब तुम्हारी शादी हो जाएगी और तुम्हारे भी तीन साल में चार लड़कियाँ हो जाएँगी...

अखिल : **(काटते हुए)** भगवान के लिए अपनी यह दुआएँ अपने पास ही रखो।

महेश : लगे न चौंकने अभी से! अरे मियाँ, शादी के पहले सभी चौंकते हैं, मगर उसका चक्कर ही ऐसा होता है कि बड़े-बड़े अफलातूँ भी उसमें आ जाते हैं! भूल गये राग रंग, भूल गये चौकड़ी; तीन चीज़ याद रहीं नोन, तेल, लकड़ी! और जनाब इसके पहले कि आँखें खुलें, घर में तीन-चार साहबज़ादे अम्मा-बाबू पुकारने लगते हैं—जी हाँ, क्या समझे?

अखिल : देखो भाई महेश, अब अपना यह लेक्चर बन्द करो। मिस्टर रावत और उनकी मिसेज सिनेमा जाने के लिए मेरी प्रतीक्षा कर रहे होंगे। तुम चाय पियो—मुझे इजाज़त दो—मुझे जल्दी है।

महेश : यह कैसे हो सकता है? तुम्हारे बिना ऐसे ख़ुशी के मौक़े पर मैं अकेले चाय पिऊँ?

(गोविन्द और स्वराज का बायें द्वार से प्रवेश)

गोविन्द : अरे भाई कैसा ख़ुशी का मौक़ा है? हम भी तो जानें?

महेश : अरे आओ गोविन्द? ओह स्वराज, तुम भी हो! आओ-आओ। अखिल की शादी तय हो गई, इसके ससुर आज-कल में इससे मिलने आने वाले हैं। इसी की ख़ुशी में...

गोविन्द : **(काटते हुए)** ख़ुशी? हाँ, आज ख़ुशी तो है ही! कम से कम अखिल को तो ख़ुश होना ही चाहिए। मगर भाई, सच पूछो तो मेरी समझ में नहीं आता कि इसमें ख़ुशी की क्या बात है? अच्छे-भले खेलते-कूदते आदमी के पैरों में बेड़ी पड़ जाए—और तुम कहो ख़ुशी है।

स्वराज : किसी ने कहा है-विवाह वह जनाज़ा है जिसमें मुर्दा बोलता है।

गोविन्द : मुझसे कोई विवाह करने के पहले पूछे-विवाह करूँ या नहीं तो मैं कहूँगा—नहीं। तुम्हें मालूम है स्वराज, यूनिवर्सिटी में पढ़ाकर लौटने पर मेरे कोट की तलाशी ली जाती है। एक-एक

कागज़ देखा जाता है और अक्सर चीज़ें ग़ायब हो जाती हैं। मैं पत्नी से पूछता हूँ कि उन्होंने मेरे कोट की जेबें टटोली हैं, तो क़सम खाकर कहेंगी कि वह कोट के निकट तक ही नहीं गईं। मैं उनकी बात का विश्वास कर लेता हूँ, हालाँकि मैं जानता हूँ कि उन्होंने झूठी क़सम खाई है। क्या करूँ, किसी तरह से घर में शान्ति तो रखनी ही चाहिए।

महेश : और ज़रा मेरी पत्नी की शाहख़र्ची की हालत सुनो। सौ रुपये गज़ के बढ़िया कपड़े को यदि मैं श्रीमती जी को दस रुपये गज़ का बता के दिखाऊँ, और दस रुपये के घटिया कपड़े को सौ रुपये ग़ज का बताऊँ, तो वह घटिया कपड़े को ज़्यादा दाम का देखकर पसन्द कर लेंगी। बस वह तो दाम पर टूटती हैं—दाम पर! अपनी अक़्ल तो है ही नहीं।

स्वराज : अजी औरतों के अक़्ल ही कहाँ होती है। यही नहीं, सारे ख़र्चे ख़ुद ही करती हैं, मगर ताना यही रहेगा कि सारा रुपया तो तुम दोस्तों की चाय-पार्टी ही में फूँक देते हो।

महेश : हमारी बीवियों को हम लोगों के दोस्तों से सौतिया डाह होती है, सौतिया डाह!

अखिल : **(विवशता से)** भले आदमियो! मैं तुम लोगों के हाथ जोड़ता हूँ। बन्द करो यह पत्नी-पुराण! कोई दूसरे काम की बातें करो।

गोविन्द : ओह, हम लोग यह तो भूल ही गये थे कि तुम्हारी शादी तय होने जा रही है। क्या बेमौक़े अपना रोना लेकर बैठ गये। मगर भाई अखिल, एक दिन तो तुम्हें रोना पड़ेगा ही।

(बायें द्वार से बराती का प्रवेश)

बराती : यह लीजिए सरकार, ले आए मिठाई। शक्कर भी आय गई सरकार-दो मिल्ट में चाय। (मिठाई **मेज पर रखकर पीछे के द्वार से प्रस्थान)**

स्वराज : मिठाई? जियो अखिल, जियो! भगवान बार-बार यह दिन दिखाए।

गोविन्द : **(चौंककर)** क्या कह रहे हो स्वराज? बार-बार यह दिन दिखाए।

स्वराज : ओह माफ़ करना। बर्थ-डे की विश विवाह पर कह गया। **(बात बनाकर)** मेरा मतलब है कि मुझे बहुत ख़ुशी है।

गोविन्द : मगर यार अखिल, इतनी थोड़ी रसमलाइयों से क्या होगा?

कुछ और मँगाओ। आठ रसमलाइयाँ तो मैं अकेले ही खा जाऊँगा, और फिर नमकीन मुँह करने के लिए भी कुछ चाहिए।

महेश : **(शाही लहजे में)** घबराते क्यों हो? **(पुकारते हुए)** बराती!

बराती : **(हाथ में चाय की ट्रे लेकर प्रवेश)** हाँ सरकार!

महेश : चाय यहीं रख दो। देखो, गोविन्द और स्वराज बाबू भी आ गये हैं। पाँच सौ रुपये की मिठाई नमकीन और लेकर आओ। ज़्यादा नहीं होगी, अगर बचे तो वह तुम्हारे काम आ जाएगी। हाँ, जल्दी आना!

बराती : अभी लेओ सरकार, दो मिल्ट में! कुत्ते की चाल गये और बिल्ली की चाल आए। **(प्रस्थान बाहर)**

अखिल : भाई महेश, तुमने तो सचमुच कमाल कर दिया। आज एकाएक कैसे शाह-ख़र्च हो गये? क्या भाभीजी के बकस की चाबी हाथ लग गई?

महेश : नहीं भाई, यह सब तुम्हारी मेहरबानी है अखिल!

अखिल : मेरी मेहरबानी कैसे?

महेश : अरे पता लग जाएगा थोड़ी देर में। अरे हाँ, यह तो बताओ कि तुम्हारी भावी पत्नी पढ़ी कहाँ तक है?

अखिल : ख़ुदा जाने कहाँ तक पढ़ी है!

गोविन्द : कुछ भी पढ़ी हों-मगर मेरी मानों अखिल, एम.एस-सी. पास लड़की से कभी शादी न करना। साइन्स पढ़कर लड़कियाँ एकदम नीरस हो जाती हैं। मेरो सलाह मानो तो किसी हिन्दी में एम.ए. पास लड़की से शादी करना।

महेश : न बाबा न! एम.ए. हिन्दी लड़की से शादी तो कभी न करना! मैं तो पछता ही रहा हूँ। मैं नहीं चाहता कि कोई दूसरा बिचारा एम.ए. हिन्दी लड़की पर बलि चढ़े। एम.एस.सी. लड़की फिर भी अच्छी है गोविन्द! तुम्हारी पत्नी क्या बुरी है? मगर हिन्दी में एम.ए.? तौबा! तौबा! भगवान बचाए ऐसी लड़की से!

गोविन्द : नहीं महेश, हिन्दी में एम.ए. लड़की एम.एस-सी. पास से तो कहीं अच्छी होगी! वह सरस तो होगी! मानव मन की कोमल अनुभूतियों के लिए उसमें संवेदनाएँ तो होंगी!

महेश : अरे बस करो यार, यह ऊँची-ऊँची बातें! यही तो ले डूबती हैं। एक तो वैसे ही सब लड़कियाँ जन्म से कवयित्री होती

हैं, फिर अगर कहीं हिन्दी में एम.ए. कर लिया, तो बस हो गई छुट्टी। एक तो करेला और ऊपर से नीम चढ़े। मियाँ जी चूल्हा फूँक रहे हैं और देवीजी कविता बना रही हैं।

अखिल : अरे यार, फिर तुम्हारा रिकार्ड चालू! मुझे जाने दो। मिस्टर रावत और मिसेज रावत मेरा इन्तज़ार कर रहे होंगे। मैं तो चलता हूँ...

गोविन्द : नहीं, जब तक हम लोग चाय न पी लें, तुम नहीं जा सकते। समझे।

महेश : मेरे विचार से अगर शादी ही करनी है तो स्वराज की तरह किसी गाँव की बिना पढ़ी-लिखी-काली लड़की से करो। वह पति को परमेश्वर मानकर सेवा तो करेगी! जीवन तो सुखी हो जाएगा! क्यों है न स्वराज?

स्वराज : इस पर मैं न बोलूँ तभी अच्छा।

अखिल : **(विवश रुचि से)** नहीं साहब, आप ज़रूर बोलिए। अपनी राय प्रगट कीजिए।

स्वराज : इसके उत्तर में मैं केवल एक बात कहूँगा। मेरी दाढ़ी देखते हो तुम लोग!

सब : हाँ!

स्वराज : यही है मेरा उत्तर!

अखिल : हम समझे नहीं?

स्वराज : तो सुनो, मैंने इसी विचार से काली और बिना पढ़ी-लिखी लड़की से विवाह किया था कि जीवन तो सुखी होगा। किन्तु सुख तो और कोसों दूर चला गया! मेरी पत्नी को विश्वास ही नहीं होता कि मैं एक काली और अपढ़ लड़की से प्रेम कर सकता हूँ। इसी पर आए दिन झगड़ा होने लगा, और हारकर मैंने उसे विश्वास दिलाने के लिए कि मैं तुम्हारे सिवाय किसी से प्रेम नहीं करता, यह दाढ़ी रखाई है।

गोविन्द : तो यह राज़ है तुम्हारी दाढ़ी का!

स्वराज : हाँ! अखिल तुम एम.ए. हिन्दी से चाहे शादी कर लो...मगर काली लड़की से कभी न करना।

अखिल : **(रुचि लेते हुए)** तुम लोग भी खूब हो! सब एक-दूसरे की विरोधी बातें कर रहे हो।

महेश : सच तो यह है कि पत्नी एम.एस-सी. भी अच्छी, एम.ए. हिन्दी भी अच्छी और अपढ़ भी अच्छी। जो मिल जाए वही अच्छी।

स्वराज : शेक्सपियर ने कहा है मौत और पत्नी के पीछे सदा ही भाग्य कार्य करता है। इसीलिए बेकार दिमाग़ ख़राब नहीं करना चाहिए।

गोविन्द : और फिर जब एक बार विवाह हो गया, फिर क़िस्से सदा के वही। अगर रात को देर से लौटे तो पत्नी से झगड़ा, सिनेमा नहीं ले गये तो रोना, बाप के घर जाने की धमकी, उनकी पसन्द का कपड़ा न पहना तो खाना न खाना, फिर आपकी एक-एक हरकत पर जासूसी निगाह!

महेश : सच तो यह है अखिल, हर आदमी शादी करके पछताता है। सबसे आदर्श विवाह तो तभी हो सकता है, जब पत्नी अंधी हो और पति बहरा, नहीं तो जीवन-भर लड़ा करते हैं एक-दूसरे से। **(स्वर बदलकर)** मगर इसका यह मतलब नहीं अखिल कि तुम हताश हो जाओ। तुम अवश्य शादी करो।

अखिल : **(तलखी से)** जी धन्यवाद!

स्वराज : मगर यार, इन औरतों का कुछ भरोसा नहीं। चार आदमी एक साथ रह लें मगर दो औरतें कभी एक साथ नहीं रह सकतीं। अगर अखिल तुम्हें अपने किसी दोस्त से झगड़ा न करना हो तो अपनी पत्नी को उसकी पत्नी के साथ कभी न रहने देना—समझे न! इन औरतों का दिमाग़ दूसरा ही होता है। तुम तो अब तक क्वाँरे रहे, तुम क्या जानो इन्हें!

अखिल : बहुत-बहुत धन्यवाद तुम्हारा स्वराज, इन बिना माँगी सलाहों के लिए! लेकिन शायद तुम्हें यह जानकर धक्का पहुँचे, कि तुम्हारी सलाहें बेकार गईं। मैं विवाह नहीं करूँगा।

स्वराज : अरे जाओ, सब यों ही कहते हैं। हम लोग भी यों ही कहा करते थे। क्यों, है न गोविन्द?

गोविन्द : बिल्कुल ठीक! सब इसी तरह से...

(बराती का मिठाई लिए बायें द्वार से प्रवेश)

बराती : ले आए मिठाई बाबू जी।

महेश : बराती इज़ ग्रेट! **(सब मिठाई खाते हैं)**

गोविन्द : कुछ बिचारे अखिल को भी खिला दो। अभी खा-पी ले, आगे न जाने क्या हो।

महेश : तुम तो ऐसे कह रहे हो गोविन्द, जैसे बेचारा शेर की माँद में जा रहा हो।

गोविन्द : शेर की माँद तो है ही। **(मिठाई खाते हुए)** वाह, बहुत बढ़िया मिठाई है अखिल।

अखिल : महेश से कहो, आज न जाने कैसे उसने इतने रुपये ख़र्च कर ही दिये।

महेश : मैंने क्या किया? यह सब तुम्हारी मेहरबानी है अखिल!

अखिल : मेरी? कैसे?

महेश : यह लीजिए आपका बटुआ, इसमें से सिर्फ सात सौ रुपये ख़र्च हुए हैं।

अखिल : मेरा बटुआ! हे भगवान्, यू रैसकल! अब समझा यह शाहख़र्ची! दूसरों के घन पर सत्यनारायन! निकलिए आप लोग-काफ़ी हो गया...

गोविन्द : अखिल, मेहमानों की इज्ज़त करना सीखो।

अखिल : **(चिढ़कर)** बड़े मेहमान आए! जैसे देवता, वैसी पूजा। बहुत बेवकूफ़ बना चुके तुम लोग! निकलो जल्दी से, मुझे सिनेमा को देर हो रही है।

(नेपथ्य में मोटर के आकर रुकने की आवाज)

स्वराज : अखिल लगता है तुम्हारे यहाँ कार से कोई आया है।

अखिल : देख तो बराती, बाहर कौन है?

(बराती खिड़की से बाहर देखता है)

बराती : सरकार कौनौ बुड्ढ़ा-सा आदमी मोटर से आया है।

महेश : मोटर से? कौन बुड्ढ़ा-सा आदमी तुमसे मोटर से मिलने आएगा अखिल? मैं तो तुम्हारे सब दोस्तों को जानता हूँ।

गोविन्द : अरे महेश, वह अखिल का ससुर होगा। क्या नाम बताया था उसका? **(सोचकर)** याद आया—राय बहादुर जगदम्बा प्रसाद।

महेश : हाँ-हाँ वही होगा। **(अखिल से)** चलकर अपने भावी ससुर जी का स्वागत करो। अगवानी करने बढ़ो, पलक पाँवड़े बिछाओ।

जगदम्बा : **(नेपथ्य से-बायाँ द्वार खटखटाते हुए)** क्या मैं अन्दर आ सकता हूँ?

गोविन्द : **(बायों द्वार के बाहर जाकर बुलाते हुए)** आइए, आइए!

(जगदम्बा प्रसाद का प्रवेश)

जगदम्बा : (**बैठते हुए**) मैं मिस्टर अखिल से मिलना चाहता हूँ।

महेश : वह तो हम समझ ही गये थे। देखिए न, ठीक से बैठ जाइए।

जगदम्बा : मैं....

महेश : (**काटते हुए**) आप न बताइए, हम जानते हैं कि आप कौन हैं। देखिए तकल्लुफ़ न कीजिए। आराम से बैठ जाइए। यहाँ सब लोग अपने ही हैं। मेरा नाम महेश है।

स्वराज : मेरा नाम स्वराज है जी!

गोविन्द : लोग मुझे गोविन्द कहकर पुकारते हैं।

बराती : और हमारा नाम बराती है सरकार!

महेश : और यह है अखिल! अबे ए अखिल, नमस्ते कर!

अखिल : नमस्ते।

जगदम्बा : नमस्ते।

स्वराज : (**फुसफुसाते हुए**) अरे बेटा अखिल, ये ससुर हैं। पैर छू, पैर!

अखिल : चुप रहो!

गोविन्द : हम सब अखिल के दोस्त हैं। ही-ही-ही! सच पूछिए साहब, हम लोग आपकी ही प्रतीक्षा कर रहे थे और इसी ख़ुशी में हम अखिल की दावत कर रहे थे।

अखिल : गोविन्द!

गोविन्द : ओह माफ़ कीजिएगा, हम लोग नहीं, अखिल हम लोगों की दावत कर रहा था।

जगदम्बा : आप लोगों से मिलकर मुझे बड़ी ख़ुशी हुई।

महेश : होनी ही चाहिए...। यानी ख़ुशी हम लोगों को हुई। ही-ही-ही!

जगदम्बा : बात यह है कि....

स्वराज : (**काटते हुए**) अजी साहब, बात क्या है, सब ठीक ही समझिए। सच्ची बात तो यह है कि हमारा सबसे प्यारा और शरीफ़ दोस्त अखिल, स्वभाव से देवता है जी, देवता!

गोविन्द : बिल्कुल ठीक साहब! छल, फ़रेब और चालबाज़ी तो इसे छू नहीं गई है। दुनियादारी तो नाम को भी नहीं जानता। इसे तो जैसे किसी चीज़ से मतलब ही नहीं है।

स्वराज : मतलब क्या? अरे जनाब, अखिल तो कभी-कभी यह भी भूल जाता है कि आज उसने खाना खाया है कि नहीं। फिर जो मिल गया, वही खा लिया।

गोविन्द : फिर वही हाल बाबू जी, कपड़े का है। जो मिल गया तन पर डाल लिया। इसकी भी चिन्ता नहीं कि गन्दा है या साफ़, इस्त्री है कि नहीं।

महेश : सिधाई की हद तो यह है कि वह नहाना भी भूल जाता है। इसी का नतीजा है कि अखिल बस जुम्मे-जुम्मे ही नहाता है।

स्वराज : क्या बात करते हो महेश? अखिल और जुम्मे-जुम्मे!! अजी जनाब, बस इसके नहाने का नम्बर ईद-बकरीद ही आता है। साल में एक-दो बार।

(जगदम्बा प्रसाद खाँसते हैं)

अखिल : **(रोष से)** स्वराज!

स्वराज : क्या है अखिल? **(बात बनाते हुए)** देखा न जनाब आपने! अखिल बेचारा कितना शरीफ़ है। हम लोग जो इसकी तारीफ़ कर रहे हैं, इसलिए शरमा रहा है।...हैं-हैं-देखा, अपनी तारीफ़ अपने सामने सुनने में शर्माता है बिचरा!

गोविन्द : सच तो यह है जनाब, हमारा यह दोस्त अखिल सिधाई में तो एकदम गऊ है गऊ।

महेश : मगर साहब मेहनत से जी कभी नहीं चुराता। मेहनत करने में तो बैल से किसी हालत में कम नहीं है।

गोविन्द : ऐसा अच्छा लड़का तो आप चिराग लेकर भी ढूँढ़ें, तो न मिले। सब अच्छी आदतें हैं इसमें। सुबह मुँह अँधेरे उठने में तो एकदम मुर्गा है-मुर्गा...

स्वराज : और चौकन्नी नींद सोने में कुत्ता।

जगदम्बा : कुत्ता?

स्वराज : एकदम कुत्ता राय बहादुर जगदम्बा प्रसाद जी।

जगदम्बा : क्या कहा—राय बहादुर जगदम्बा प्रसाद? जी मेरा नाम उल्फत राय है। **(सब एकदम अचम्भे में ठगे स्वर में)**

सब : उल्फत राय!!!

जगदम्बा : जी हाँ, उल्फत राय। इंश्योरेन्स एज़ेन्ट।

महेश : **(कड़ुवा घूँट निगलते हुए)** इंशोरेन्स एजेन्ट! सुनिए इंशोरेन्स एजेन्ट साहब, यहाँ किसी को अपनी जिन्दगी का बीमा नहीं कराना है। आप तशरीफ़ ले जा सकते हैं।

जगदम्बा : लेकिन सुनिए तो साहब, हमारी कम्पनी के टर्म्स तो देख लीजिए।

स्वराज : **(बिगड़कर)** कह दिया न, हमारा समय ख़राब न कीजिए। बिचारे अखिल को इस समय सिनेमा जाना है। फिर कभी मिलिएगा।

जगदम्बा : जैसी आपकी आज्ञा। अच्छा नमस्ते **(प्रस्थान बायें द्वार से)**

स्वराज : गया...। कम्बख़्त ने सारा मज़ा किरकिरा कर दिया। उल्फ़त राय! इंशोरेन्स एजेन्ट! हम समझे ससुर जी हैं।

गोविद : अमां यह मुँह लटकाए क्यों बैठे हो, अखिल? यह इंशोरेन्स एजेन्ट निकला तो इसमें ग़म क्यों करते हो। ससुर जी अभी नहीं आए तो आज-कल में आते ही होंगे।

स्वराज : बिचारा उदास हो गया। मगर एक बात है गोविन्द, उदासी में अखिल का सौन्दर्य और निखर आता है।

महेश : काश, ससुर जी अखिल का यह रूप देख पाते, तो एकदम लट्टू होकर कहते-बेटा अखिल, मैं अपनी एक नहीं तीन-तीन लड़कियों की शादी तुमसे करने को तैयार हूँ।

अखिल : अच्छा-अच्छा, काफ़ी मज़ाक हो गया। अब आप लोग फ़ौरन तारीफ़ ले जाइए। मुझे सिनेमा देखने जाना है।

गोविन्द : हम लोग तुरन्त चले जाएँगे, मगर एक शर्त पर।

अखिल : वह क्या?

गोविन्द : देखो, तुम्हारे ससुर आने वाले हैं! उसकी ख़ुशी में वादा करो कि डिनर खिलाओगे!

अखिल : डिनर-विनर कुछ नहीं! अब आप लोग खिसकिये।

गोविन्द : **(चुनौती के स्वर में)** तो यह बात है अखिल? तुम्हारे ससुर क्या आने वाले हैं, तुम्हारे मिजाज़ चढ़ गये। हम नहीं जाते।

महेश : हम लोग नहीं जाते।

स्वराज : सत्याग्रह! हम लोग नहीं जाते।

अखिल : **(अनुनय के स्वर में)** अच्छा बाबा, इस समय तो चलो। जब कहोगे, जहाँ कहोगे, वहाँ तुम लोगों की डिनर पक्की रही।

गोविन्द : जियो अखिल, जियो। अच्छा, अब हम लोग चलें। मगर जाने के पहले नारा तो लगा लें-ससुर जी...

सब : जिन्दाबाद!

अखिल : रैस्कल्स!

स्वराज : चलें यार अखिल बेस्ट ऑफ़ लक—**(सबका बायें द्वार से प्रस्थान)**

अखिल : कम्बख़्त टले तो! एकदम पीछे लग गये थे।

बराती : हमारी मानौ सरकार, तू अब बियाह कर लेओ। बाबा तुलसीदास कह गये हैं-बिन घरनी घर भूत का डेरा।

अखिल : **(हँसकर)** बात तो तुम ठीक कहते हो बराती। यह महेश, गोविन्द और स्वराज किन भूतों से कम हैं। **(रुककर)** सोचता हूँ शादी कर ही लूँ।

बराती : **(प्रसन्नता से डदलकर)** सच बाबू, तू राजी हो? दुलहनिया छल-छम-छम। **(रुककर)** लेओ सरकार, यही ख़ुशी में एक प्याला चाय और पीयो।

(अखिल हँसता है-तभी द्वार पर दस्तक)

अखिल : देख तो बराती, बाहर कौन आया है?

बराती : अच्छा सरकार!

(बराती बायें द्वार से बाहर जाकर लौटता है)

बराती : सरकार, पास के होटल से एक आदमी यह चिट्ठी लाया है।

अखिल : लाओ देखूँ। **(पढ़ते हुए)** रायबहादुर जगदम्बा प्रसाद!

बराती : ससुर जी की चिट्ठी? काव लिखा है?

अखिल : **(मायूस स्वर में)** बराती!!

बराती : सरकार?

अखिल : अरे वह इंशोरेन्स एजेन्ट नहीं, ससुर जी थे। **(डूबते स्वर में)** वह लिखते हैं कि उन्हें अब शादी नामंजूर है।

बराती : **(चौंककर)** सरकार!! **(सम्हलकर अखिल को सांत्वना देते हुए)** कौनौ बात नाही सरकार! लो तू चाय पियो।

अखिल : **(उसी डूबी आवाज में)** अरे बराती, चाय नहीं, पानी पिला, ठंडा पानी!

(यवनिका)

प्रेम-कथा

पात्र

पंचायत मंत्री : आयु लगभग 30 वर्ष।

मंत्राणी : पंचायत मंत्री की पत्नी, आयु 28 वर्ष।

मास्टरनी : मंत्राणी की मित्र, आयु 35 वर्ष।

स्थान : उत्तर प्रदेश का एक कस्बा।

समय : वर्तमान।

मंचसज्जा : ***पंचायत मंत्री के घर का दृष्य। मंच पर बायीं तरफ पीछे खपरैल का एक कमरा दिखाई देता है। उस कमरे का एक दरवाजा और खिड़की ही दिखाई पड़ती है। उसका शेष भाग नेपथ्य में है। दायीं ओर तथा पीछे की तरफ आँगन की चारदीवारी है, जिसमें दायीं तरफ एक दरवाजा है, जो घर के बाहर खुलता है।***

(दायें दरवाजे पर खटखटाने की आवाज)

मास्टरनी : **(बाहर से)** दरवाजा खोलो! दरवाजा खोलो! पंचायत मंत्रानी, दरवाजा खोलो!

(पंचायत मंत्राणी कमरे के भीतर से दरवाजा खोलकर मंच पर आती है। उसकी आँखों से लगता है कि वह सो रही थी। जम्हाई लेती वह बाहर का दरवाजा खोलती है।)

मंत्राणी : **(दरवाजा खोलकर)** क्या है?

मास्टरनी : **(प्रवेश करके, क्रोध से)** सुनाई नहीं पड़ता?

मंत्राणी : मैं तो...

मास्टरनी : इतनी देर से दरवाजा पीटती खड़ी रही। महारानी बनी है।

मंत्राणी : क्या है?

मास्टरनी : मैं तो गुलाम हूँ। खटखटाती खड़ी रहूँ...

मंत्राणी : **(चिढ़कर)** क्या मास्टरनी, ज़रा दरवाजा खोलने में देर हो गई तो गरम हुई जा रही हो? हमारा घर है। घर में दरवाजा न बन्द करें तो क्या सड़क पर खड़ी रहें?

मास्टरनी : बड़ी घरवाली बनी हो। तुम्हारा क्या?

मंत्राणी : क्यों?

मास्टरनी : जहाँ बैठ जाओ, वहीं घर!

मंत्राणी : जबान सम्हाल कर बात करो मास्टरनी!

मास्टरनी : मैं झूठ कहूँ, तो जबान गिर पड़े। पहले सईदपुर वाले बूढ़े का घर तुम्हारा घर था...

मंत्राणी : **(काटते हुए)** क्या कहती हो...?

मास्टरनी : बिस्तर समेटकर पंचायत मंत्री के घर आ बैठीं तो यह घर तुम्हारा हो गया?

मंत्राणी : झगड़ा करने का मन है?

मास्टरनी : बस, बन गई पंचायत मंत्रनी! **(नफरत से)** मंत्रानी नहीं तो!

मंत्राणी : **(क्रोध से)** तुम तो बड़ी दूध की धोई हो! बिल्ली चली हज करने, चूहा खाए पचहत्तर!

मास्टरनी : मैंने कौन घर बदला? उसी आदमी का हाथ पकड़े बैठी हूँ, जिसका हाथ एक बार पकड़ा।

मंत्राणी : बहुत कहलाओ मत! मैं सब जानती हूँ।

मास्टरनी : क्या जानती हो? कह सको तो कहो।

मंत्राणी : चमेली को देखा है? अम्माँ की कमी पूरी...

मास्टरनी : **(दहाड़कर)** क्या देखा?

मंत्राणी : 'बीडियो' साहब के लड़के के साथ ताका-झाँकी करती थी।

मास्टरनी : खबरदार, जो हमारी क्वाँरी लड़की को ऐब लगाया! भगवान देखेंगे, हाँ।

मंत्राणी : भगवान तो देखते ही हैं।

मास्टरनी : किस मुँहजले ने कहा? मैं उसके दाँत उखाड़ लूँगी।

मंत्राणी : किसी ने कहा, तब ही न!

मास्टरनी : नाम बताओ। किस हरामजादे के नाती ने...

मंत्राणी : गाली न दो।

मास्टरनी : क्यों न दें? मैं तो दूँगी। उसके खानदान का सत्यानास हो जाए।

मंत्राणी : सच कह दिया तो मिरच लग गई।

मास्टरनी : **(चुनौती में)** किसने देखा?

मंत्राणी : हमारे आदमी ने देखा। अपनी दो आँखों से देखा।

मास्टरनी : **(हिकारत से)** तुम्हारा आदमी...वही पंचायत मंत्री?

मंत्राणी : हाँ, पंचायत मंत्री जी! बीडियो साहब भी जानते हैं।

मास्टरनी : तुम्हारे आदमी की आदत गई नहीं। अब भी दूसरे की बिटिया-बहू ताकता फिरता है!

मंत्राणी : **(चुनौती में)** अब बोलो?

मास्टरनी : पंचायत मंत्री के मुँह में खून लग गया है। सईदपुर के बूढ़े के यहाँ से तुम्हें भगा के उसके मुँह में खून लग गया है।

मंत्राणी : बड़ी सती-सावित्री बनती हो! अब बोलो। लड़की तुम्हारे मुँह पर कलई कर रही है।

मास्टरनी : तुम्हारा आदमी तो छँटा गुण्डा है।

मंत्राणी : खबरदार, हमारे मरद को कुछ कहा तो।

मास्टरनी : हमने कहा, उसे समझा लो।

मंत्राणी : **(उपेक्षा से)** क्या समझा लें?

मास्टरनी : समझा लो। **(गंभीरता से)** अभी पानी सर से ऊपर नहीं है।

मंत्राणी : क्या बात हुई? पहेली बुझाती हो?

मास्टरनी : कह दो हमारे पीछे न पड़ें।

मंत्राणी : **(आहत)** क्या?

मास्टरनी : डोरा न डाले हम पर।

मंत्राणी : सच बहन?

मास्टरनी : तो क्या मैं झूठ कहती हूँ?

मंत्राणी : **(क्रोध से)** उसके यह लच्छन!

मास्टरनी : तुम्हें अब पता लगा?

मंत्राणी : यही सब करने के लिए सईदपुर के बूढ़े के यहाँ से भगा के लाया था मुझे?

मास्टरनी : तुम ही जानों।

मंत्राणी : बड़ा चुप्पा है।

मास्टरनी : पेट का गहरा है।

मंत्राणी : ऊपर से देखो, बस चिकनी-चुपड़ी बोलता है।

मास्टरनी : **(नकल करते हुए)** नमस्ते जी!

मंत्राणी : टोपी लगाकर बन गया पंचायत मंत्री! मैं बीडियो साहब से कहूँगी।

मास्टरनी : सम्हलकर रहो। मैंने कहा उसके मुँह में खून लग गया है। औरों का चक्कर काटता है।

मंत्राणी : आने दो पंचायत मंत्री को, दो झाड़ू में ठीक कर दूँगी।

मास्टरनी : बड़ा मरद बनता है।

मंत्राणी : सारी उसकी सेखी ठीक न कर दी तो हमारा नाम नहीं।

मास्टरनी : मैंने कहा, तुम मेरी छोटी बहिन हो। भगवान तुम्हारा घर बनाए रखें। अपने आदमी पर आँख रखो।

मंत्राणी : **(सोचते हुए संदेह से)** मैं कहती हूँ, मेरा मरद तो ऐसा नहीं है।

मास्टरनी : पंचायत मंत्रानी, तुम अपने मरद को नहीं जानती हो।

मंत्राणी : मैं अपने मरद को नहीं जानती तो क्या तुम हमारे मरद को जानती हो?

मास्टरनी : **(आत्मविश्वास से)** हाँ जानती हूँ।

मंत्राणी : वह तो ऐसा सीधा है...कहीं तुम ही तो उस पर डोरे नहीं डालतीं?

मास्टरनी : **(आश्चर्य से)** क्या कह रही हो!

मंत्राणी : तुम्हारी नस-नस मैं पहचानती हूँ। यह छरछंद किसी और को दिखाना।

मास्टरनी : तुम्हारी कसम।

मंत्राणी : मंत्री जी तो मुझसे एक बोल भी नहीं बोल पाते मास्टरनी! यह सब तुम्हारा ही काम है।

मास्टरनी : देखो मंत्रानी...

मंत्राणी : "तिरिया चरित्तर न जाने कोई। खसम मार के सत्ती होई।" खुद ही मंत्री जी पर डोरे डालती हो और कहती हो वह मुझ पर डोरे डालता है।

मास्टरनी : खबरदार, जो मुझे ऐब लगाया।

मंत्राणी : क्या मैं तुमसे डरती हूँ?

मास्टरनी : मेरी लड़की पर ऐब लगाया, समझो मुझ पर ऐब लगाया—मैं कहे देती हूँ...

मत्राणी : कुटनी, मंतर मारती फिरती है...

मास्टरनी : जबान सम्हालकर बात करो।

मंत्राणी : झूठ बोलूँ तो मेरी उँगलियाँ सड़ जाएँ।

मंत्राणी : राजा हरिसचन्दर के मरने के बाद तू ही तो पैदा हुई है।

मास्टरनी : भरोसा न हो तो मेरी पीठ देख लो मंत्रानी। मारते-मारते दम निकाल दिया है।

मंत्राणी : यह उसने मारा है?

मास्टरनी : हाँ।

मंत्राणी : पंचायत मंत्री जी ने?

मास्टरनी : वह मारता, तो मैं उसकी जान न ले लेती, हाँ!

मंत्राणी : तब?

मास्टरनी : भला उसकी इतनी हिम्मत।

मंत्राणी : तब किसने मारा?

मास्टरनी : हमारे मास्टर जी ने मारा। क्या मुझे कोई दूसरा मरद मार सकता है?

मंत्राणी : क्यों मारा?

मास्टरनी : यह अपने खसम से पूछो।

मंत्राणी : तुम बताओ।

मास्टरनी : मैं कहती हूँ, वह मेरा आदमी है। चाहे मारे, चाहे काटकर रख दे, किसी और का कलेजा क्यों जलता है?

मंत्राणी : क्या हुआ?

मास्टरनी : मुकदमा किया है।

मंत्राणी : किसने?

मास्टरनी : तुम्हारे आदमी ने, हमारे मास्टर जी पर।

मंत्राणी : मुकदमा?

मास्टरनी : मैं कहती हूँ, अगर मरद है तो सराब पिएगा ही!

मंत्राणी : हाँ।

मास्टरनी : सराब पिएगा तो नसा भी आएगा ही।

मंत्राणी : बेसक।

मास्टरनी : नसा आएगा तो मारेगा भी ज़रूर।

मंत्राणी : ज़रूर।

मास्टरनी : मारने के लिए वह क्या पराई औरत के पास जाएगा?

मंत्राणी : नहीं।

मास्टरनी : अपनी औरत को ही तो मारेगा?

मंत्राणी : और क्या!

मास्टरनी : तब मंत्री जी के पेट में क्यों दरद होता है? क्यों उन्होंने हमारे मरद पर मुकदमा किया?

मंत्राणी : आने दो मंत्री जी को।

मास्टरनी : सभापति जी से कहकर हमारे आदमी पर पंचायत में मुकदमा कर दिया। मास्टर जी ने सुना, तो मुझ पर खौल पड़े। बोले-मंत्री जी की तू कौन लगती है, जो उन्होंने मुकदमा करा?

मंत्राणी : तुमने क्या कहा?

मास्टरनी : मैं क्या कहती! मैंने कहा उसके मुँह में खून लग गया है।

मंत्राणी : आने दो पंचायत मंत्री को-वह खबर लूँगी...वह खबर लूँगी... **(सटकर)** इससे अच्छा तो वह बूढ़ा था...

मास्टरनी : कौन?

मंत्राणी : वह सईदपुर का बूढ़ा-मेरा पहला मरद।

मास्टरनी : कैसे?

मंत्राणी : पंचायत मंत्री भी कोई मरद है!

मास्टरनी : **(अविश्वास से)** क्या कह रही हो?

मंत्राणी : झगड़ा होने लगता है, तो ऐसे चुप्पी मारता है, जैसे जबान ही नहीं।

मास्टरनी : चुप्पा है।

मंत्राणी : इससे तो अच्छा वह सईदपुर वाला था। वैसे तो बेकार था, पर झगड़ा होने पर बराबर से झगड़ता था। यह नहीं कि मुँह बन्द किया और घर से भाग गये।

मास्टरनी : मैं तो कह रही हूँ, चुप्पा है। मन-ही-मन घुटा करता है। मेरे आदमी ने सुना, तो बिगड़े और लगे मारने।

मंत्राणी : फिर मारा क्या?

मास्टरनी : हाँ, फिर मारा। मारते-मारते लकड़ी तोड़ दी। बोला—जा अपने पंचायत मंत्री जी के पास! कर दे दूसरा मुकदमा! हाँ...यह लो आ गये।

(मंत्री जी बाहर से प्रवेश करते हैं। मास्टरनी को देखकर उनके मुख पर शिष्टाचार की मुस्कराहट फैल जाती है। मास्टरनी मंत्री जी की तरफ घूँघट तानती है।)

मंत्री : **(मास्टरनी से)** भाभीं जी, नमस्ते।

मंत्राणी : अरे मैंने कहा मंत्री जी, मास्टरनी आपकी भौजाई कब से हो गई?

मंत्री : क्यों?

मंत्राणी : मास्टर जी तुम्हारे सगे भाई हैं?

मंत्री : मेरा मतलब है...कस्बे की...हैं।

मंत्राणी : कस्बे की सब औरतें तुम्हारी भौजाई हैं। और सबके तुम देवर हो। होली खेलो।

मंत्री : क्या कह रही हो।

मंत्राणी : खेलो होली देवर-भौजाई।

मास्टरनी : मेरा कोई मुँहझौंसा देवर नहीं है।

मंत्राणी : मगर ये तो हैं। मान न मान मैं तेरा देवर।

मंत्री : यह सब क्या वाहियात बोल रही हो?

मंत्राणी : वाहियात! अंग्रेजी बोलने लगे।

मास्टरनी : मेरे मास्टरजी पहलवानी करते हैं। बता दो बहन इनको।

मंत्राणी : अरे उससे क्या?

मास्टरनी : एक हाथ में ही नानी याद आ जाएगी। मैं तो उसकी मार जानती हूँ।

मंत्राणी : मेरे पंचायत मंत्री ऐसे नहीं जो डर जाएँ। उन्होंने तो आसिकी बाना पहना है। वह बायस्कोप देखा था? क्या गाना था...

मंत्री : क्या हो गया है तुमको?

मंत्राणी : हाय, जबान पर रखा है...

मास्टरनी : कौन-सा बायस्कोप?

मंत्राणी : ...याद आया...प्यार किया तो डरना क्या! **(चिढ़ाते हुए)** क्यों मंत्री जी, प्यार किया तो डरना कैसा?

मास्टरनी : मास्टर जी के एक ही मुक्के में जान निकल जाएगी।

मंत्राणी : तो क्या? लोग कहेंगे-आसिक का जनाजा है, ज़रा सान से निकले!

मंत्री : **(क्रोध से)** तुम्हारा दिमाग ख़राब हो गया है। न जाने क्या बकती जा रही हो! जबान में जैसे लगाम ही नहीं है! मैं जाता हूँ।

मंत्राणी : अरे, कहाँ चले मजनूँ के बाप! कौन तुम्हारी राधा बाट जोहती बैठी हैं?

मंत्री : कैसी राधा!

मंत्राणी : बड़े भोले हो मंत्री जी तुम तो! कुछ जानते भी नहीं।

मास्टरनी : बहन मैं चलती हूँ।

मंत्राणी : लो मंत्री जी, तुम्हारी सग्गी तो चल दीं।

मास्टरनी : नासपिटा?

मंत्राणी : हाय-हाय, तुम खड़े देख रहे हो? मास्टरनी जा रही हैं! दौड़कर पैर तो पकड़ो, और कहो—न, जाओ मेरी लाल परी!

मास्टरनी : मेरे रास्ते जो आया, उसकी ख़ैरियत नहीं। हाँ!
(प्रस्थान बाहर)

मंत्राणी : हाय चली गई तुम्हारी!

मंत्री : जब से आया हूँ, तब से बकवास कर रही हो!

मंत्राणी : तुम्हारे मुँह में खून लग गया है।

मंत्री : क्या?

मंत्राणी : अब तो दूसरों की बहू-बेटी ताकना छोड़ो।

मंत्री : मैं किसी की बहू-बेटी नहीं ताकता।

मंत्राणी : सईदपुर के बूढ़े के यहाँ से मुझको क्या भगा लाए, समझते हो हर एक की औरत भगा ले जाओगे।

मंत्री : तुम्हारा दिमाग़ किसी ने भर दिया है। ऐसी झूठी बातें...

मंत्राणी : झूठी बातें?

मंत्री : हाँ, झूठी बातें।

मंत्राणी : बताओ, तुम मास्टरनी के पीछे नहीं पड़े हो?

मंत्री : बिल्कुल नहीं।

मंत्राणी : तब वह तुम्हारी कौन लगती है? क्या रिस्ता है तुम्हारा?

मंत्री : कोई नहीं लगती। कोई रिश्ता नहीं!

मंत्राणी : तब तुमने मास्टर जी पर मुक़दमा क्यों किया?

मंत्री : वह उसको शराब पीकर मारता है।

मंत्राणी : वह उसका मरद है, चाहे मारे चाहे चूमे। तुम्हें उसका क्या? तुम्हारा हिया क्यों पिराता है उसके लिए?

मंत्री : समाज में नारी पर अत्याचार देखना भी पाप है।

मंत्राणी : हाय, हाय! दुनिया-भर की नारियों का ठेका तो तुम्हीं ने ले रखा है।

मंत्री : मैं समाज-सुधारक हूँ।

मंत्राणी : हाय! बूढ़े के यहाँ से मुझे भगा लाए, क्या यह भी समाज-सुधार किया है?

मंत्री : हाँ किया है। **(दृढ़ता से)** समाज-सुधार तो किया है।

मंत्राणी : कैसे?

मंत्री : वह बूढ़ा तुमसे चालीस साल बड़ा था। अनमेल विवाह भी तो नारी पर अत्याचार होता है।

मंत्राणी : वाह मेरे वाजिदअली साह! जहाँ-जहाँ नारी पर अत्याचार देखो, उसे भगा लाओ। बड़ा अच्छा है तुम्हारा समाज-सुधार! मास्टरनी ठीक कहती हैं। तुम्हारे मुँह में खून लग गया है। तो मास्टरनी को भी भगा लाओ!

मंत्री : **(सफाई में)** मेरा मतलब यह नहीं है...

मंत्राणी : करो समाज-सुधार! भगा ले जाओ मास्टरनी को। उसका आदमी उसे मारता है।

मंत्री : तुम हमेशा गलत समझती हो।

मंत्राणी : नारी के बचावनहार तो तुम्हीं हो किरसन कन्हैया! करो सोलह हजार, एक सौ आठ ब्याह!

मंत्री : मैं जाता हूँ। **(चलने को बढ़ता है।)**

मंत्राणी : भाग कहाँ रहे हो मंत्रीजी? रुककर सीधे से बात का जवाब दो। तो मुझको भगाकर तुमने समाज-सुधार किया है?

मंत्री : तुमको मैंने नहीं भगाया।

मंत्राणी : **(विस्मित-सी)** क्या?

मंत्री : तुम तो खुद ही भाग आईं।

मंत्राणी : हाय-हाय, कोई तुम्हारे दूध के दाँत तो देखे! तुमने मुझे नहीं फुसलाया?

मंत्री : तुम ही आकर मुझसे बूढ़े की बुराई किया करती थीं।

मंत्राणी : हाय लो, बुराई करती थी या अपना जी हल्का करती थी?

मंत्री : वही मतलब।

मंत्राणी : कोई दुखियारी तुमसे अपना दुख रोये तो तुम समझो कि वह तुम्हारे साथ भागना चाहती है।

मंत्री : जब बूढ़ा घर पर नहीं रहता था, तब ही तुम मेरे पास आती थीं।

मंत्राणी : तुम्हें मैं भला आदमी समझती थी। मुझे क्या मालूम था कि तुम्हारे बिस का डंक है।

मंत्री : **(चिढ़कर)** तुम बनती तो बहुत सीधी हो। तुम्हीं ने मुझको उकसाया था।

मंत्राणी : हाय मइया, कोई इनकी सुनो! तुम्हें हनुमान स्वामी की कसम! सच-सच बताओ। मैंने तुमसे कहा था कि मुझे भगा ले चलो?

मंत्री : सब कुछ कहने से नहीं होता है।

मंत्राणी : **(चुनौती में)** अब कह दो, सब झूठ है। तुमने पहले मेरा हाथ नहीं पकड़ा?...कहो झूठ... है...! अगर मैं झूठ बोलूँ तो मेरी जबान कटकर गिर पड़े। पहले तुम्हीं ने मेरा हाथ पकड़ा।

मंत्री : हाँ पकड़ा, लेकिन हाथ पकड़ने से ही सब कुछ नहीं होता...

मंत्राणी : तो काहे से होता है?

मंत्री : मैं तो तुमसे दूर-दूर ही रहना चाहता था...

मंत्राणी : तब काहे हाथ पकड़ा? क्यों भगा लाए?

मंत्री : तुम मुझे ऐसी निगाहों से देखती थीं...ऐसी घायल-घायल आँखों से मुझे उकसाती थीं कि ऋषि-मुनि भी पिघल जाएँ...

मंत्राणी : **(हताश)** सारा दोस मेरा ही है पंचायत मंत्री, तुम तो साबुन के धुले हो! हे भगवान, यही दिन देखने को मुझे जिन्दा रखा! हे परमेसर, उठा लो मुझे!

मंत्री : क्या शोर कर रही हो?

मंत्राणी : अब मेरी बात सोर हो गई! मन ऊब गया मुझसे! **(रुआँसी-सी)** मेरी तो किस्मत ही फूट गई।

मंत्री : जब से घर में आया हूँ, मुसीबत कर दी है। चुप भी रहो।

मंत्राणी : नहीं चुप रहती। तुम क्या करोगे? क्या मैं तुम्हारी नौकरानी हूँ? बड़े लाट कमंडल बन गये। (ऊँचे स्वर में रोती हुई) मुझे तो सईदपुर के बूढ़े की आंह लग गई। इस नासपिटे ने जिन्दगी जहर कर दी! मुँहज़रा अब आँखें दिखाता है। हे राम!

मंत्री : **(क्रोध से)** खबरदार, मुझे गाली मत देना।

मत्राणी : दूँगी गाली। हजार बार दूँगी। हरामखोर, उचक्का, बेईमान...

मंत्री : **(अतीव क्रोध से)** मैं...मैं...

मंत्राणी : क्या कर लोगे तुम? जाओ नारी की घायल आँखें देखो...

मंत्री : नहीं मानती तो ले...**(पास पड़ी छड़ी उठाकर मारता है)** ले ससुरी... **(फिर मारता है)** हरामजादी...

मंत्राणी : **(चीखती हुई)** हाय, हाय मार डाला! मुँहजरे ने मार डाला...

(मंत्राणी जितना चिल्लाती है, मंत्री उतना ही और मारता है। मंत्राणी भागकर पीछे कमरे में चली जाती है। मंत्री गुस्से में पीछा करता उसके पीछे कमरे में जाता है। भीतर से कुछ देर मारने और चिल्लाने की आवाज आती है। थोड़ी देर में टूटा बेंत लिए मंत्री कोठरी से बाहर निकलता है। बेंत एक ओर फेंककर वह घर के बाहर निकल जाता है। भीतर से मंत्राणी के चीखने रोने और गाली देने की आवाज आती रहती है।)

(थोड़ी देर में मंत्राणी का रोना बन्द हो जाता है। मास्टरनी इधर-उधर देखती सशंकित, बाहर से घर में घुसती है। तब ही लँगड़ाती, बाल और कपड़े बिखेरे मंत्राणी कमरे से बाहर निकलकर आँगन में आती है। मास्टरनी दौड़कर उसे बाँहों में पकड़कर सम्भालती हैं। मंत्राणी इशारे से पानी माँगती है। मास्टरनी दोड़कर पानी लाती है। मंत्राणी पानी पीती है।)

मास्टरनी : हाय, बहन, बेंत तोड़ दिया! मैं बाहर छिपी खड़ी थी। आज तो पंचायत मंत्री जी ने बहुत मारा। हाय राम, बहुत मारा!

मंत्राणी : **(पानी पीकर, अतीव सन्तुष्टि की की मुस्कान से)** बहन आज मालूम पड़ा-मरद है।

(यवनिका)

नाक का सवाल

पात्र

ठाकुर साहब : आयु लगभग 55 वर्ष।
कुँवर : ठाकुर साहब का पुत्र, आयु 22 वर्ष।
पाण्डे जी : ठाकुर साहब के समवयस्क मित्र।
समय : वर्तमान।
स्थान : *गाँव में ठाकुर साहब की चौपाल।*

ठाकुर साहब तख्त पर गाव तकिया लगाए बैठे हैं तथा हुक्का पी रहे हैं। उनका लड़का कुँवर-पास ही बैठा किताब पढ़ रहा है।

(बाहर से पाण्डे जी का प्रवेश)

पाण्डे : राम राम, ठाकुर!
ठाकुर : अरे पाण्डे जी! आओ, आओ, बैठो! पायलागी!
पाण्डे : **(बैठते हुए)** प्रसन्न रहो।
ठाकुर : **(कुँवर से)** अरे कुँवर, पाण्डे जी को पायलागी कर।
कुँवर : पायलागी ताऊ!
ठाकुर : **(नकल करते हुए)** पायलागी ताऊ! **(बिगड़कर)** बी.ए. पास हो गया, मगर अक़्ल नहीं आई। यह भी कोई ढंग है। ढाई सेर की खोपड़ी नहीं झुकाई गई। **(कुँवर हँसता है)** पैर छूने से तू छोटा नहीं हो जाएगा।
पाण्डे : आजकल के लड़के हैं ठाकुर!
ठाकुर : पाण्डे जी के चरन छूकर पायलागी कह।
(कुँवर हँसता हुआ पाण्डे जी के पैर छूता है।)
कुँवर : पायलागी ताऊ!

पाण्डे : **(गदगद स्वर में)** बहुत बड़ी आयु पाओ बेटा। **(स्वर बदल कर)** और कहो ठाकुर, सब कुसल-मंगल तो है?

ठाकुर : आपका आशीर्वाद है पाण्डेजी! **(चिन्तित-सा)** बड़कू की चिट्ठी नहीं आई।

पाण्डे : तुम तो कह रहे थे कि वह आने वाला है?

ठाकुर : हाँ, आने वाला तो है ही। उसने पिछली चिट्ठी में लिखा था कि इस महीने के आख़िर तक पहुँच जाएगा। महीना खत्म होने को आ रहा है...

पाण्डे : **(बीच में ही)** आने की तारीख नहीं लिखी थी?

ठाकुर : नहीं। लिखा था कि पहुँचने की तारीख बाद में लिख भेजूँगा। सो उसी चिट्ठी का इन्तजार कर रहा हूँ।

पाण्डे : आती ही होगी ठाकुर! तुम चिन्तित मत हो। चिट्ठी रास्ता भी तो भूल सकती है।

कुँवर : ताऊ, चिट्ठी भी रास्ता भूल सकती है?

पाण्डे : क्यों? क्यों नहीं भूल सकती? **(रुककर)** हमारे गाँव से शहर कितनी दूर है? बोलो? उत्तर दो!

कुँवर : सत्रह मील।

पाण्डे : और पतालपुरी कितनी दूर है?

कुँवर : पतालपुरी?...**(सोचते हुए)** यानी अमरीका?

पाण्डे : सहस्रों योजन दूर। है कि नहीं?

कुँवर : **(अनिश्चित-सा)** हाँ।

पाण्डे : जब मैं यहाँ से सत्रह मील सहर जाने में रास्ता भूल जाता हूँ, तो क्या चिट्ठी पातालपुरी से यहाँ तक सहस्रों योजन की यात्रा में रास्ता नहीं भूल सकती? **(कुँवर हँसता है। उससे चिढ़कर)** हँसते क्या हो?

ठाकुर : **(स्थिति सँभालते हुए)** बिल्कुल भूल सकती है, पाण्डे जी! **(रुककर)** हँसते क्यों हो कुँवर! पाण्डे जी बात अनुभव से करते हैं।

पाण्डे : अभी बात इसकी समझ में नहीं आएगी।

ठाकुर : बच्चा है। **(कुँवर से)** हुक्का तो बिल्कुल ठंडा है। जाओ, चिलम तो ताजा कर लाओ।

कुँवर : अच्छा बप्पा। **(हँसते हुए प्रस्थान)**

पाण्डे : **(रौब से)** अरे बताओ, इतनी दूर से चिट्ठी आती है, हजारों आदमियों के हाथ में होकर! कहीं इधर-उधर नहीं हो सकती?

ठाकुर : कहा न मैंने पाण्डे जी, बच्चा है अभी तक। उसके कहे कहा बुरा न मानिएगा। **(विषय बदलते हुए)** आपका बेटा तो इंजीनियरी पास हो गया। कहीं नौकरी-वौकरी का कुछ सिलसिला...?

पाण्डे : तुम्हारे बड़कू ने तो गाँव के सब लड़कों के दिमाग ख़राब कर दिये हैं...

ठाकुर : **(आश्चर्य से)** बड़कू ने?

पाण्डे : हाँ-हाँ, बड़कू ने! बड़कू ने ही सब लड़कों के दिमाग में उड़न-खटोला बैठाया। अब तुम्हीं बताओ, हमारे यहाँ हजारों साल से जजमानी होती आ रही है, मगर मेरे सुपुत्र बोले—मैं जजमानी नहीं करूँगा। **(लड़के की नकल करते हुए)** मैं तो पढ़ूँगा-बड़कू भइया की तरह!

ठाकुर : बड़कू को मैं भी नहीं पढ़ाना चाहता था। घर पर खेत हैं, ढोर हैं। क्या ज़रूरत पढ़ाई की। मगर नहीं माना, लड़-झगड़कर अपने आप ही स्कूल में नाम लिखा लिया।

पाण्डे : **(अपने लड़के की नकल करते हुए)** बड़कू भइया कॉलिज में पढ़े हैं, तो मैं भी पढ़ूँगा।...पढ़ लिया। मगर सुपुत्र जी को अब भी सन्तोष नहीं। बड़कू भइया अमरीका गये हैं, मैं भी जाऊँगा।

ठाकुर : लड़के हैं। जवान हैं। देश-विदेश देखना चाहते हैं। इसमें बुराई क्या है पाण्डे जी!

पाण्डे : **(व्यंग्य से)** पण्डित रामनारायण पाण्डे का पुत्र, पण्डित कालिका सरन पाण्डे का पौत्र, पण्डित हरिकीर्तन पाण्डे का प्रपौत्र पाताल लोक जाना चाहता है। आहा, इसमें कोई बुराई नहीं!! अरे ठाकुर, जब राजा रामगढ़ के बाबा पहली बार विलायत से लौटे, तो हमारे ही पितामह पण्डित हरिकीर्तन पाण्डे ने उनको गोमूत्र और गोबर से सुद्ध किया था। अब इसी पाण्डे परिवार का लड़का समुन्दर पार करेगा!! राम राम! हरिओम्! लोग सुनेंगे तो क्या कहेंगे?

ठाकुर : अगर लड़का जाने पर ही उतारू हो गया, तो तुम क्या कर लोगे पाण्डे जी? **(समझाते हुए)** अब ज़माना बदल रहा है।

पाण्डे : ज़माना तो बदल ही रहा है। नहीं तो पाण्डे-परिवार में कोई जजमानी छोड़कर फिरंगी भासा पढ़ता!

ठाकुर : जाने दो उसे अमरीका। जब लौटकर आए, तो उसे भी गोमूत्र और गोबर खिलाकर शुद्ध कर लेना।

पाण्डे : मैं तो मान लूँ, लेकिन पण्डिताइन क्या कहेंगी?

ठाकुर : पाण्डे जी, सब वक़्त की बात है। हर चीज़ बदल जाती है। हमने सुना है कि हमारे बाबा मिट्टी का तेल घर में नहीं आने देते थे!

पाण्डे : क्यों?

ठाकुर : मिट्टी का तेल अंग्रेज लाए थे। लालटेन भी वे ही लाए थे।

पाण्डे : सुना पहले अंडी का तेल जलता था।

ठाकुर : हमारे बाबा कहते थे कि मिट्टी के तेल की रोशनी आँखों की रोशनी मिट्टी कर देती है।

पाण्डे : नहीं तो।

ठाकुर : गलत तो है ही। मगर उस समय बाबा यही समझते थे। क्या मजाल कि उनके समय में मिट्टी का तेल घर में आ पाता। वह कहा करते थे–

जब से चला लंप अंग्रेजी
मिटने लगी आँख की तेज़ी।

सो जिस घर में मिट्टी का तेल नहीं जा सकता था, वहाँ अब बिजली भी लग गई।

(कुँवर का प्रवेश। वह एक हाथ में चिलम तथा दूसरे में पान की तश्तरी लिए है। चिलम हुक्के पर रखकर पान पाण्डे जी को देता है।)

कुँवर : ताऊ, पान लो।

पाण्डे : **(पान खाकर)** समय होत बलवान। **(रुककर)** मैंने सुना है, वहाँ पाताल-लोक में बहुत बड़ी-बड़ी इमारतें हैं।

कुँवर : ताऊ, इतनी बड़ी, इतनी ऊँची कि उनकी चोटी देखना चाहो तो सिर की टोपी गिर जाए फिर भी न देख पाओ।

पाण्डे : कैसे बनती हैं इतनी ऊँची इमारतें? कोई पिसाच सिद्ध किया लगता है।

ठाकुर : **(सर्वज्ञ की भाँति)** सब 'सैंस' का कमाल है।

कुँवर : वहाँ सड़कों पर इतनी भीड़ होती है, इतनी सवारी होती है ताऊ, कि पूछो न! एक मिनट को सिपाही सवारी रोक दे, तो मीलों लंबी मोटरों की लाइन लग जाए।

ठाकुर : **(वितृष्णा से)** हर समय मोटरों की पों-पों मची रहती होगी।

पाण्डे : वह भी कोई जगह है, जहाँ एक मिनट भी सान्ती नहीं।

कुँवर : वहाँ सड़क पार करना तो एकदम नामुमकिन-सा है। एक के पीछे एक मोटर हर समय लगी रहती है, और वह भी साठ-सत्तर मील की रफ़्तार से।

पाण्डे : तो लोग सड़क कैसे पार करते हैं?

कुँवर : इस पर ताऊ एक कहानी याद आ गई। एक हिन्दुस्तानी अमरीका गया। वहाँ वह अपने एक अमरीकी दोस्त से मिलने उसके घर जा रहा था। रास्ते में उसे सड़क पार करनी थी। सड़क पर बराबर तीर-सी मोटरें दौड़ रही थीं। वह घंटों वहीं खड़ा रहा लेकिन सड़क पार नहीं कर पाया।

पाण्डे : **(रुचि से)** तो? तो उसने क्या किया?

कुँवर : ताऊ, तब ही उसे अपना अमरीकी दोस्त सड़क के दूसरी तरफ दिखाई पड़ा। उसने अपने दोस्त से चिल्लाकर पूछा—तुम सड़क के उस पार कैसे गये?

पाण्डे : उसने क्या जवाब दिया?

कुँवर : वह बोला—मैं सड़क के इस तरफ पैदा हुआ हूँ?

पाण्डे : हरि ओम्! हरि ओम्!

ठाकुर : **(जोर से एकदम हँसकर)** यानी सड़क पार करने के लिए दूसरा जनम लो, तब ही सड़क के दूसरी तरफ पहुँच सकते हो। क्या समझे पाण्डे जी?

पाण्डे : मैं तो अगर वहाँ जाऊँ तो पागल ही हो जाऊँ। सुनते हैं, वहाँ औरतें बिल्कुल परदा नहीं करतीं! क्या यह सही है?

कुँवर : ताऊ परदा करना तो दूर है, वहाँ औरतें यह भी नहीं जानतीं कि परदा क्या होता है।

पाण्डे : ठाकुर, हमारी पण्डिताइन बुढ़ा गई, लेकिन अब तक मुँह पर से घूँघट नहीं गया।

कुँवर : वहाँ मर्द और औरत बिल्कुल बराबर हैं। दोनों में कोई फर्क नहीं।

पाण्डे : सुना है, औरतें फर्राटे से मोटर चलाती हैं?

कुँवर : ताऊ, हवाई जहाज़ चलाती हैं।

पाण्डे : **(आश्चर्य चकित)** हवाई जहाज भी?

कुँवर : हाँ, हाँ ताऊ। औरतें वहाँ वह सब काम करती हैं, जो आदमी करते हैं। दफ़्तरों में अफ़सर होती हैं; डॉक्टर, इंजीनियर होती हैं; सब काम करती हैं।

ठाकुर : अपने देश में भी औरतें सब काम करने लग गई हैं।

पाण्डे : कौन मैं रोज़-रोज़ सहर जाता हूँ, जो जानूँ। जजमानी से फुर्सत ही नहीं मिलती।

ठाकुर : बड़कू ने लिखा था कि उसके कॉलिज की प्रिन्सिपल औरत है।

पाण्डे : एक बार तो मुझे भी एक औरत मिली **(समझाते हुए)** विलायती औरत...मेम!

कुँवर : तुमको ताऊ!

पाण्डे : हरिद्वार जा रहा था। किसी स्टेसन पर एक मेम मेरे ही डिब्बे में चढ़ी।

ठाकुर : **(अविश्वास से)** तुम्हारे डिब्बे में? तीसरे दर्जे में?

पाण्डे : हाँ ठाकुर। तुम्हारी सौगन्ध।

कुँवर : बप्पा, विलायत में जब से कंगाली बढ़ी है, बहुत-सी मेमें तीसरे दर्जे में चढ़ने लगी हैं।

ठाकुर : तो?

पाण्डे : बस, वह मेम मेरे पास आकर बैठ गई। मेरी तो ऊपर की साँस ऊपर, और नीचे की नीचे।

कुँवर : क्यों ताऊ?

पाण्डे : हाथ-पैर काँपने लगे, दिल धकधकाने लगा। अगर कहीं पण्डिताइन देख लेतीं तो...

ठाकुर : **(परिहास में)** तो पाण्डे जी के सिर में एक बाल न बचता।

पाण्डे : ठाकुर, मैं तो सचमुच घबरा गया। पहली बार किसी औरत के बगल में बैठा था...

ठाकुर : **(मुस्कराकर)** क्यों, पण्डिताइन के साथ कभी नहीं बैठे?

पाण्डे : **(झिड़कते हुए)** पण्डिताइन से क्या मतलब! मैं तो औरत की

बात कह रहा हूँ, पण्डिताइन की नहीं। **(स्वर बदलकर)** फिर वह मेम बैठी ही रहती, तब भी गनीमत होती। वह तो मुझसे बोलने लगी।

कुँवर : क्या बोली ताऊ?

पाण्डे : हिन्दी में बोली। बिल्कुल हिन्दी में—"गाड़ी हरडवार कब पहुँचटा?"

कुँवर : आपने क्या जवाब दिया?

पाण्डे : मैंने सोचा जब यह मेम होकर हिन्दी में बोलती है, तो मैं भी अंग्रेजी में जवाब दूँ।

ठाकुर : अंग्रेजी में? आप जानते हैं अंग्रेजी?

पाण्डे : **(गर्व से)** मेरा लड़का इंजीनियर पास हो गया है। थोड़ी-बहुत तो जानता ही हूँ।

कुँवर : क्या कहा आपने अंग्रेजी में?

पाण्डे : जब उसने दुबारा पूछा—"गाड़ी हरडवार कब पहुँचटा?" तो मैंने फ़ौरन अंग्रेजी में जबाव दिया-"थैंक यू।"

(कुँवर और ठाकुर एकदम हँसते हैं।)

कुँवर : वाह ताऊ, खूब जवाब दिया!

पाण्डे : **(नेपथ्य में मंच की एक तरफ देखते हुए)** वह देखो, डाकिया आ रहा है।

ठाकुर : **(उधर देखते हुए)** हाँ, डाकिया इधर ही आ रहा है। कुँवर चिट्ठी तो लेकर आ उससे!

(कुँवर का नेपथ्य में प्रस्थान)

पाण्डे : मेरा हृदय बोल रहा है कि बड़कू की चिट्ठी है।

ठाकुर : आपके मुँह में घी-शक्कर।

(दोनों उत्सुकता से नेपथ्य की ओर देखते हैं। थोड़ी देर बाद चिट्ठी लिए कुँवर का प्रवेश)

ठाकुर : यह तो बड़कू की ही चिट्ठी लगती है।

कुँवर : **(पत्र खोलते हुए)** हाँ बप्पा, उन्हीं की है।

पाण्डे : मेरा हृदय बोल रहा था।

ठाकुर : पढ़के तो सुना बेटा!

कुँवर : **(पत्र पढ़ते हुए)** आदरणीय बाबू जी, सादर चरण-स्पर्श!

ठाकुर : **(पिता के गर्व से)** जीते रहो! **(स्वर बदलकर)** हाँ, आगे पढ़ो।

कुँवर : **(पढ़ते हुए)** मैं 31 सितम्बर को दिल्ली के पालम हवाई अड्डे पर हवाई जहाज से सुबह सवा आठ बजे पहुँच जाऊँगा।

ठाकुर : **(खुशी से)** 31 को!

पाण्डे : सब भगवान की किरपा है। चार साल बाद बेटा आ रहा है।

ठाकुर : सिर्फ चार दिन बाद! मैंने तो पाण्डे जी, सत्यनारायण की कथा बोली है।

पाण्डे : तुम्हारे विचार बड़े धार्मिक हैं, तब ही तो इतना आज्ञाकारी बेटा पाया। सात समन्दर पार हो आया, किन्तु पत्र में लिखता है-'चरन-स्पर्स'! धन्य है।

ठाकुर : मेरा बड़कू बड़ा लायक है। कोई भी बुरी आदत नहीं। पढ़ाई और पढ़ाई। बस! अमरीका जाने लगा तो बड़कू की अम्मा बोलीं-कहीं मेम न ले आए।

पाण्डे : इसी डर से तो पण्डिताइन अपने बेटे को पातालपुरी नहीं भेजना चाहतीं।

ठाकुर : मैंने कहा—बड़कू की अम्मा, बड़कू बिना मुझसे पूछे कहीं शादी नहीं कर सकता। बात सही निकली। चार साल अमरीका में रहा, लेकिन सिवाय पढ़ाई के, और कहीं मन नहीं भरमाया। तब ही तो हमेशा अव्वल आया! **(रुककर)** हाँ कुँवर, आगे पढ़ो।

कुँवर : **(पत्र पढ़ते हुए)** मैं अपने साथ बहुत सारा सामान ला रहा हूँ। बप्पा, आपके लिए ऐसी दियासलाई ला रहा हूँ, जो कभी खत्म न हो।

पाण्डे : **(चकित-सा)** यह कैसी दियासलाई है?

ठाकुर : सब 'सैंस' का करिश्मा है। आगे पढ़ो कुँवर!

कुँवर : **(पत्र पढ़ते हुए)** अम्मा के लिए एक ऐसी पतीली ला रहा हूँ, जिसमें दाल पाँच मिनट में पक जाए।

ठाकुर : सब 'सैंस' का कमाल है।

पाण्डे : हमारे यहाँ से ही विद्या चुरा ले गये हैं, ये सब। हमारे वेदों में क्या नहीं था!

कुँवर : **(पढ़ते हुए)** एक ऐसी अलमारी ला रहा हूँ, जिसमें खाना हफ़्तों रखा जा सकता है—फिर भी न सड़े।

पाण्डे : वाह-वाह!

कुँवर : एक ऐसी मशीन ला रहा हूँ जिसमें गन्दे कपड़े डालो और पाँच मिनट में अपने आप ही धुल जाएँ।

ठाकुर : **(असन्तोष से)** इसकी क्या ज़रूरत थी! क्या धोबी उठ गये हैं! ख़ैर, आगे पढ़ो।

कुँवर : **(पढ़ते हुए)** बहन के लिए एक ऐसा बाजा ला रहा हूँ कि इधर वह गाए, उधर उसमें वही गाना भर जाए। फिर चाहे हजारों बार वही गाना सुनो। कुँवर के लिए ऐसी दाढ़ी बनाने की मशीन ला रहा हूँ कि आधे मिनट में ही दाढ़ी बन जाए।

पाण्डे : **(विनोद में)** यह लो, नाई की छुट्टी हो गई।

ठाकुर : सब 'सैंस' की माया है।

कुँवर : **(पढ़ते हुए)** बाबूजी, अपने लिए भी एक चीज़ ला रहा हूँ। आशा है, आप मुझे क्षमा कर देंगे।

ठाकुर : **(विमूढ़-सा)** क्षमा कर देंगे!!

पाण्डे : ऐसी क्या चीज़ ला रहा है?

ठाकुर : **(गम्भीर स्वर में)** आगे पढ़ो कुँवर! **(कुँवर नहीं पढ़ता, तो आदेश से)** पढ़ो! पढ़ते क्यों नहीं?

कुँवर : **(पढ़ते हुए)** मैं अपने लिए एक अमरीकी पत्नी ला रहा हूँ।

ठाकुर : **(बिगड़कर)** पत्नी ला रहा है? नालायक! गधा!!

पाण्डे : **(समझाते हुए)** ज़माना खराब है, ठाकुर!

ठाकुर : क्या ख़राब है? नालायक़ है।

पाण्डे : सब समय की बात है। समय से कोई बड़ा नहीं।

ठाकुर : मेरा बेटा—इसने तो मेरी नाक ही काट दी। नालायक कहीं का।

पाण्डे : सबर करो ठाकुर! जवानी में ग़लती हो ही जाती है।

ठाकुर : लानत है ऐसी जवानी पर! सबसे नीचे लिखता है—अपने लिए एक अमरीकी पत्नी ला रहा हूँ!

पाण्डे : सर्माता होगा बिचारा। कैसे बाप को लिखे!

ठाकुर : इसमें शर्माना क्या पाण्डे जी? अगर हम होते तो सबसे पहले लिखते-बाबूजी, मैंने अमरीकी लड़की से शादी कर ली है।

पाण्डे : **(स्तंभित)** ठाकुर!

ठाकुर : हाँ और क्या? इसमें शर्माना कैसा! नालायक, डरपोक! सबसे बाद में लिखा है। अरे पाण्डे जी, तुम मुँह फाड़कर क्या

देख रहे हो? राजा दशरथ की रानी सुमित्रा-सुमात्रा देश की थीं-बर्मा के भी आगे जो देश है, वहाँ की। आने दो बड़कू को! मेम-बहू के साथ बैठाकर उसको सत्यनारायण की कथा सुनवाऊँगा। पाण्डे जी, तुम चाहो तो मेम-बहू को गोबर और गोमूत्र से शुद्ध कर देना।

(हँसता है। पाण्डे जी मुँह फाड़कर ठाकुर को देखते हैं।)

(यवनिका)

रीत-विपरीत

पात्र

मनोज : 25 वर्षीय युवक।
मंटो : मनोज का समवयस्क मित्र।
रामनरेश : मनोज के पिता, आयु 50 वर्ष।
कन्हैया लाल, **सैयद महमूद** : रामनरेश के मित्र।
शम्भू : रामनरेश का नौकर।
माँ : नामनरेश की पत्नी।
पूजा : रामनरेश की पुत्री; आयु 22 वर्ष
समय : वर्तमान।
स्थान : बाबू रामनरेश के मकान की बैठक।

पर्दा खुलने पर बाबू रामनरेश के मकान की मध्यवर्गीय बैठक दिखाई पड़ती है। इसका एक द्वार घर के भीतर खुलता है तथा दूसरा द्वार घर के बाहर। इसमें एक कुर्सी पर बैठा, मंटो पत्रिका के पन्ने पलटता दिखाई पड़ता हैं बीच में कभी वह हाथ की घड़ी देखता है, तो कभी घर के भीतर जाने वाले द्वार को। इससे स्पष्ट है कि वह समय काटने के लिए पत्रिका देख रहा है, और अब ऊब रहा है।

मंटो : **(जम्हाई लेकर पुकारते हुए)** अरे-ए-मनोज!
मनोज : **(नेपथ्य से)** आया।
मंटो : **(नाराजगी से)** अरे, आ तो तुम एक घंटे से रहे हो, जल्दी करो।
मनोज : **(नेपथ्य से ही)** बस मंटो, अभी आया थोड़ी देर में।

मंटो : कमाल है, ज़रा से कपड़े बदलने में इतनी देर! तुमने तो लड़कियों को भी मात कर दिया। पूरे एक घंटे से इन्तज़ार कर रहा हूँ और आप हैं—अन्दर से ही कह देंगे—**(आवाज की नकल करते हुए)** आ रहा हूँ!

मनोज : **(प्रवेश करके)** नाराज़ न हो मंटो! लो आ गया—ज़रा देर हो गई।

मंटो : **(आश्चर्य से)** अभी तक तुमने जूते भी नहीं पहने! हाथ में लिए चले आ रहे हो। सूट पहन लिया है, लेकिन टाई कंधे पर पड़ी है। तुम भी कहोगे कि तुम्हें एक टट्टू मोल ले दें।

मनोज : **(हिचकते हुए)** इसे तुम...**(हाथ में लिए जूते मंटो को दिखाता है)**

मंटो : **(तेज़ी से बात काटते हुए)** क्या कहा? मैं तुम्हें जूते पहनाऊँ? ए मिस्टर, जब तुम्हारी शादी हो जाए, तब इस काम के लिए अपनी श्रीमती से कहना। मुझे समझा क्या है?

मनोज : ओह, आई एम सॉरी! जूते नहीं मंटो, मेरा मतलब है—देखो न दिमाग कितना अपसेट है—मेरा मतलब है कि टाई तुम बाँध दो। इतनी देर से बांध रहा हूँ मगर बँध ही नहीं रही है।

मंटो : क्यों नहीं बँध रही है? रोज़ कौन बाँधता था?

मनोज : रोज़ तो मैं ही बाँध लेता था, लेकिन आज न जाने क्या बात है कि ठीक नॉट ही नहीं लग रही है।

मंटो : वाह मनोज, अभी से यह हाल है नरवसनेस का! आगे-आगे देखिए, होता है क्या! **(तनिक रौब से)** अपने आप टाई बाँधो, मैं नहीं बाँधता।

मनोज : **(रूष्टता से)** अच्छा...! **(अपने आप टाई बाँधता है)**

मंटो : **(पत्रिका में से पढ़ते हुए)** किसी दार्शनिक ने कहा है कि विवाह वह फाँसी है जिसे लोग गा-बजाकर अपने आप गले में डालते हैं। **(तनिक रुककर)** और एक दूसरे दार्शनिक ने कहा है कि विवाह के पहले 6 महीने पति बोलता है और पत्नी सुनती है। फिर अगले 6 महीने पत्नी बोलती है और पति सुनता है। उसके बाद दोनों बोलते हैं और पड़ोसी सुनते हैं।

मनोज : **(बहुत हीं असन्तुष्टि के स्वर में)** मंटो! तुम्हें बस यही पढ़ने को रह गया है?

मंटो : मैं क्या करूँ, यह तो पत्रिका में लिखा है, मैं उसी को पढ़ रहा हूँ। यह देखो।

मनोज : झूठ मत बोलो। लाओ देखूँ पत्रिका।

मंटो : अरे हटाओ भी, उसमें कुछ नहीं लिखा है। मैं यों ही कह रहा था। मगर भाई मनोज, जल्दी करो। कोई तुम्हारा इन्तज़ार कर रहा होगा। तुम्हारी प्रतीक्षा की बेसब्री में किसी का हर पल युग बन रहा होगा।

मनोज : **(शिकायत के स्वर में)** मंटो!

मंटो : सच मानो मनोज, तुम बहुत जँच रहे हो। जिधर से निकल जाओगे, उधर से बेहोश हो जाने वालों के लिए स्पेशल ऐम्बुलेन्स का प्रबन्ध करना पड़ेगा। और फिर सेठ मानिकचन्द...वह तो...

मनोज : ओह धीरे बोलो, अगर कहीं बाबूजी आ गये और उन्होंने सुन लिया तो...

रामनरेश : **(बाहर से प्रवेश करते हुए)** कौन-सी बात बाबूजी से छिपाई जा रही है?

मंटो : कुछ नहीं जी...कुछ नहीं!

रामनरेश : कुछ बात तो ज़रूर है? क्यों मनोज क्या बात है?

मनोज : **(किंकर्त्तव्यविमूढ़-सा)** बात तो कुछ नहीं है, लेकिन बात यह है कि वह जो हैं न...

रामनरेश : कौन हैं न?

मनोज : वही...सेठ मालिकचन्द...तो...तो सेठ मानिकचन्द की...सेठ मानिकचन्द की...

मंटो : **(बात सम्हालते हुए)** सेठ मानिकचन्द की फ़र्म में एक नौकरी का इन्टरव्यू है...उसी के लिए...

रामनरेश : नौकरी का इन्टरव्यू है? क्या तुमने एप्लाई किया था?

मनोज : जी हाँ! जी हाँ!!

रामनरेश : तो इसमें छिपाने की क्या बात थी?

मनोज : बात असल यह थी...बाबूजी...कि बात यों थी कि...

मंटो : सरप्राइज़!

मनोज : जी हाँ, बिल्कुल यही बाबूजी, मैं आपको सरप्राइज़ देना चाहता था, और फिर मैंने सोचा कि नहीं लिए गये तो इन्सल्ट होगी इसीलिए—

रामनरेश : ओह, यह बात है! मैं समझा कुछ और! क्या नौकरी है?

मनोज : नौकरी क्या है...क्या है...उसका नाम?

मंटो : वैलफ़ेयर ऑफ़ीसर।

मनोज : जी हाँ,-सेठ मानिकचन्द की फ़र्म में वैलफ़ेयर ऑफ़ीसर का काम है।

रामनरेश : तनख़्वाह क्या है?

मनोज : जी, बस यही समझिए...पाँच हज़ार रुपया।

रामनरेश : पाँच हज़ार रुपये? सिर्फ पाँच हज़ार रुपये?

मंटो : यह तो सिर्फ एलाउन्स है। तनख्वाह तो बीस हज़ार रुपया है, इस तरह कुल मिलाकर पचीस हज़ार होते हैं।

मनोज : जी हाँ, इस तरह पचीस हज़ार होते हैं।

रामनरेश : तब तो ठीक है। **(पुकारते हुए)** पूजा की माँ...पूजा की माँ! **(मनोज से)** सुनते हैं मनोज, सेठ मानिकचन्द बहुत ही कंजूस और बेईमान आदमी हैं...

मनोज : जी हाँ, लेकिन उसके अलावा उसके घर का कोई आदमी ऐसा नहीं है। और सब बेहद अच्छे और शरीफ़ हैं...

रामनरेश : उसके घरवालों से तुम्हें क्या मतलब?

मंटो : हाँ बाबू जी ठीक ही तो कह रहे हैं! उसके घरवालों से तुम्हें क्या मतलब? काम तो तुम्हें उससे पड़ेगा।

माँ : **(भीतर प्रवेश करके)** क्या है जी? कैसे बुलाया?

रामनरेश : देखो तो पूजा की माँ...अपने सुपुत्र मनोज को! नौकरी के इन्टरव्यू में जा रहे हैं, लेकिन सबसे छिपकर...जैसे कोई चोरी हो...

माँ : क्या नौकरी है?

रामनरेश : वैलफ़ियर ऑफ़ीसर की! पचीस हज़ार रुपया तनख़्वाह।

माँ : नौकरी तो अच्छी है। मेरा लड़का अफसर बनेगा। अरे सुनता है...**(पुकारते हुए)** शम्भू...**(फिर अपने आप से)** आज कौन दिन है?

रामनरेश : शुक्र।

शम्भू : **(भीतर से प्रवेश करते हुए)** हमें बुलाइन का, बहू जी?

माँ : हाँ, देख...शम्भू, ज़रा-सा दही ले आ। जा देख...स्टोर रूम में गेहूँ के घड़े के ऊपर अलमारी में...तीसरे खाने में जो हँडिया है, उसी में रक्खा है।

शम्भू : अच्छा, बहूजी! **(शम्भू का घर के भीतर प्रस्थान)**

मनोज : माँ, दही का क्या होगा?

माँ : तू तो कुछ समझता ही नहीं।

रवि को पान, सोम को दर्पन।
मंगल को गुड़ खिलवाई।
बुध को धनिया, बीफे राई।
शूक कहे मोहे दही सुहाई।
शनी कहे जो अदरक पाऊँ,
रन को जीत तुरत ले आऊँ।

(पुकारते हुए) शम्भू, जल्दी कर!

शम्भू : **(प्रवेश कर)** लीजिए बहूजी। **(कटोरी में दही देता है।)**

माँ : और देख शम्भू...एक भरा घड़ा लेकर दुवार पर खड़ा हो जा। शुभ होता है। लो मनोज इसे खा लो।

मनोज : अच्छा माँ! **(दही खाकर)** देर हो जाएगी, माँ, अब चलेंगे...

पूजा : **(प्रवेश करते हुए)** भइया कहाँ जा रहे हो?

माँ : **(बिगड़कर)** जा रहे हैं तेरी ससुराल! पूजा, तू इतनी बड़ी हो गई, बी.ए. पास हो गई, मगर इतनी भी तमीज नहीं आई कि जब कोई जाता है तो उसे टोकना नहीं चाहिए। न जाने क्या पढ़ाते हैं यूनीवर्सिटी में? **(शम्भू भीतर से घड़ा लिए आता है और बाहर के दरवाजे के पास खड़ा हो जाता है।)**

मंटो : माँ जी...मुझे छींक आने वाली है। **(परेशानी से नाक-मुँह सिकोड़ता है।)**

माँ : **(क्रोध से भड़ककर)** ऐ लो मंटो, तुझे भी छींक इसी समय आने को रह गई थी!

मंटो : छींक आई...आई...आई...गई। गई माँ जी! **(सब हँसते हैं।)**

मनोज : तो अब चलूँ माँ!

रामनरेश : हाँ, लेकिन माँ को प्रणाम करो। बड़ों का आशीर्वाद सदैव सफलता देता है।

मंटो : **(चापलूसी के स्वर में)** और बाबूजी को भी प्रणाम करो मनोज! बाबूजी सबसे बड़े हैं...उनका आशीर्वाद सबसे बड़ा होगा।

मनोज : बाबूजी प्रणाम!

रामनरेश : **(प्रसन्न होकर)** भगवान तुम्हारी सफलता का मार्ग प्रशस्त करें।

मनोज : चलो मंटो। **(बाबू रामनरेश मन्त्र पढ़ते हैं। मनोज मंटो घर के बाहर जाते हैं।)**

माँ : भगवान करे कि हमारे मनोज को नौकरी आज मिल जाए।

रामनरेश : नहीं पूजा की माँ, मेरी बेटी से कुछ न कहो—**(भावुकता से)** अब यह यहाँ रहेगी ही कितने दिन? कुछ ही दिनों में पराई हो जाएगी।

माँ : तभी तो और कहती हूँ कि तौर-तरीके सीख ले, नहीं तो ससुराल में जाकर नाक कटाएगी। लोग कहेंगे कि माँ ने कुछ नहीं सिखाया।

(पूजा तुनककर घर के भीतर चली जाती है।)

रामनरेश : **(भावुकता से)** देखो, देखो...पूजा बेटी नाराज़ होके चली गई। मैं कहता हूँ पूजा की माँ, कुछ तो ख़्याल करो! उसके सामने ससुराल का नाम न लिया करो। उसे दुःख होता है।

माँ : दुनिया में सभी लड़कियाँ ससुराल जाती हैं। सभी को माँ-बाप छोड़ने पड़ते हैं। वह कोई अनोखी तो है नहीं!

रामनरेश : **(चिढ़ाते हुए)** पूजा की माँ, सबको तुम अपने जैसा समझती हो। जिस तरह तुम्हारे बाप-भाई तुम्हें प्यार नहीं करते थे, उस तरह तुम समझती हो...

माँ : **(बिगड़कर)** कौन कहता है कि मेरे बाप-भाई मुझे प्यार नहीं करते थे? मैं अपने बाप की दुलारी इकलौती बेटी थी! मेरी माँ बेचारी शादी के एक महीने पहले से ही रो-रोकर आँखें ख़राब किये ले रही थीं।

रामनरेश : आँखें ख़राब करे ले रहीं थीं! चू चू चू...अरे सचमुच आँखें ख़राब कर लेतीं तो हम कुछ समझते भी?

माँ : हटो भी, तुम बड़े वैसे हो! बाबू जी बेचारे तो शादी होते ही बीमार पड़ गये, फिर महीने भर उठ नहीं सके। मेरा भी रोते-रोते बुरा हाल था। शादी के एक हफ्ते पहले से मैंने खाना नहीं खाया था।

रामनरेश : **(बनावटी दुःख से)** तब तो तुम एकदम दुबली हो गई होगी, एकदमी सींक-सी! सींक-सी दुबली तो तुम अभी हो, हालांकि वजन तुम्हारा सिर्फ दो मन तीस सेर होगा।

माँ : फिर वही! लड़की की शादी आजकल में होने वाली है, लड़के को नौकरी मिलने वाली है और तुम हो कि हर समय मजाक! हटो भी, बुढ़ापे में यह मजाक अच्छा नहीं लगता।

रामनरेश : अरे पूजा की माँ, बुढ़ापे में मज़ाक ही तो रह जाता है! **(रुककर)** मैंने तो अपनी शादी के एक हफ़्ते पहले से खूब खाया था, शायद तुम्हारा हिस्सा भी खा लिया करता हूँगा। फिर सिरमौर लगाकर ठाठ से घोड़े पर बैठकर आया था बरात में! आजकल के लोग तो मोटर में बैठकर जाते हैं।

माँ : मैंने छत से देखा था, सखियों से छुपकर।

रामनरेश : सच बताओ, कैसा लग रहा था मैं? जँच रहा था कि नहीं?

माँ : तुम तो ऐसे अकड़े बैठे थे, जैसे लड़ाई में जा रहे हो!

रामनरेश : तुम्हारी सब सखियाँ सोच रही थीं कि ऐसे छबीले दूल्हे से मेरी शादी क्यों नहीं हुई?

माँ : **(बिगड़कर)** हाँ-हाँ, वह तो सोच ही रहीं थीं। **(व्यंग्य से)** कभी सूरत देखी थी आईने में? **(दरवाजे पर दस्तक)**

रामनरेश : शायद, डाकिया आया।

माँ : हाँ, डाकिया ही होगा।

रामनरेश : बाबू भरोसेलाल की मंजूरी की चिट्ठी आई होगी। तो खिलाओ मिठाई! पूजा की शादी तय हो गई। **(पुकारते हुए)** शम्भू...शम्भू...**(शम्भू का उत्तर नेपथ्य से–''आया सरकार!'')**

माँ : जितनी चाहे उतनी मिठाई खाओ। काम भी तो तुम्हें ही करना पड़ेगा! शहनाई वाले, बाजे वाले, हलवाई, दरजी, सुनार–अरे, लड़की की शादी कोई मजाक नहीं है।

शम्भू : **(प्रवेश करके)** जी सरकार!

रामनरेश : देखो शम्भू, बाहर डाकिया आया है, उससे चिट्ठी ले आओ।

शम्भू : जी अच्छा, सरकार!

(शम्भू का बाहर प्रस्थान)

माँ : पूजा के ब्याह और मनोज की नौकरी के लिए मैंने सतनारायन की कथा और देवी की चुनरी मानी थी। भगवान मेरी मनौती पूरी करें।

रामनरेश : मैं भी प्रसाद चढ़ाऊँगा। ये दो ही तो बच्चे हैं, इनका किसी

तरह ठीक ठिकाना लग जाए, मैं तो वृन्दावन जाके साधू हो जाऊँगा।

(शम्भू का बाहर से प्रवेश)

रामनरेश : अरे शम्भू, चिट्ठी कहाँ है?

शम्भू : वह डाकिया नहीं रहा सरकार! वह तो बाबू अवध बिहारी का पता पूछता रहा, सो हम बता दिया।

रामनरेश : अच्छा जाओ। मैं समझा डाकिया था। बड़ा धोखा हुआ। पूजा की माँ, आजकल हिन्दुस्तान में दो बड़ी समस्याएँ हैं—लड़कों को नौकरी और लड़की की शादी। **(शम्भू का घर के भीतर प्रस्थान)**

माँ : अरे हमारे मनोज की नौकरी लग जाए और पूजा का ब्याह हो जाए तो हमें क्या पड़ी है सारे हिन्दुस्तान की!

रामनरेश : तुम्हीं देखो, पूजा की शादी के लिए छह महीनों से कितनी दौड़-धूप कर रहा हूँ...और मनोज की नौकरी—वह तो ऐसी है जैसे गूलर के फूल देखने की कोशिश। रोज़-रोज़ सर्टीफ़िकेट छपते हैं। अटेस्ट होते हैं, अख़बारों में वाण्टेड के कॉलम देखे जाते हैं, अर्ज़ियाँ जाती हैं—मगर सब बेकार।

माँ : भगवान ने चाहा तो आज उसे नौकरी मिल जाएगी। सेठ मानिकचन्द की लड़की नीला, पूजा की दोस्त है। उसके साथ बैडमिण्टन खेलती है।

रामनरेश : और इसे भी भाग्य ही कहो कि पूजा के लिए बाबू भरोसेलाल भरोसा दिला गये हैं।

माँ : मगर मुझे यह लड़का उतना पसन्द नहीं, जितना दूसरा था, जो कलेक्टरी के इम्तहान में बैठ रहा था।

रामनरेश : अरे पूजा की माँ, ये सब लड़के कलेक्टरी में सिर्फ़ इसलिए बैठ जाते हैं कि किसी अच्छी जगह ब्याह हो जाए। पढ़ता-लिखता कौन है इनमें! और फिर यह लड़का भी क्या बुरा है? सब-एडीटर है। पूजा की माँ, लड़का इन्टेलेक्चुअल है।

माँ : यह क्या होता है?

रामनरेश : इन्टेलेक्चुअल नहीं जानती तुम? यों समझो...यों समझो—इन्टेलेक्चुअल वे लोग होते हैं जिनका दिमाग़ भरा और पेट ख़ाली होता है; जैसे पत्रकार, लेखक, कवि, आर्टिस्ट और

मास्टर—(**रुककर**) और फिर आजकल लड़के मिलते ही कहाँ हैं? कितना मुश्किल है आजकल लड़कियों का विवाह करना—लड़के वाले तो दस-बीस लाख से कम माँगते ही नहीं—इसलिए मैं कहता था कि कम ख़र्च करो—किफायत से चलो।

माँ : लगे मुझे कहने, जैसे मैं सब ख़र्च कर डालती हूँ। तुम्हारे ही ख़र्च लगे रहते हैं। आज यह दोस्त है तो कल वह, इसकी ख़ातिरदारी तो उसकी मेहमानदारी—फिर सबके लड़कियाँ हैं, उनकी शादी में भेंट—तोहफ़े!

रामनरेश : क्या तुमने अपने भाई की शादी में तोहफ़े नहीं दिये?

माँ : (**बिगड़कर**) बस, मुझे यह पसन्द नहीं। मेरे इकलौते भाई की शादी भी तुम्हारी आँखों में खटकने लगी! मुझे नहीं मतलब आपकी गृहस्थी से! कसम है जो अब एक पैसा भी इस घर का लूँ।

रामनरेश : अरे रे—नाराज न हो, मैं तो सिर्फ एक बात कह रहा था। मेरा मतलब और कुछ तो था नहीं—तुम—तुम—मैं तो चाहता था कि कुछ किफ़ायत हो, इसी से 'कम ख़र्च कैसे करें' की किताब लाकर तुम्हें दी थी। लेकिन तुमने—(**बाहर से आवाज —रामनरेश बाबू!**)

माँ : आ गये आपके मित्र लोग, लगता है जैसे बिना आपसे मिले इनका खाना नहीं हजम होता।

रामनरेश : देखो पूजा की माँ, मुझे अपने दोस्तों के खिलाफ एक शब्द भी नहीं सुनना है। (**रुककर**) अच्छा भीतर से इनके लिए पान-सिगरेट भेज देना।

माँ : सिगरेट और पान बन्द।

रामनरेश : (**चौंककर**) क्यों? क्यों?

माँ : किफायत।

रामनरेश : किफायत! कैसी किफायत?

माँ : आप ही ने 'कम ख़र्च कैसे करें' की किताब लाकर दी है, यह उसी का पहला पाठ है।

रामनरेश : हैं? उसका पहला पाठ है! लेकिन...लेकिन...(**बाहर से आवाज-रामनरेश बाबू!**)

रामनरेश : आया जी-अभी आया! (**पत्नी से**) लेकिन सुनो तो...

माँ : सुनना-सुनाना कुछ नहीं। आप ही कहते हैं कि मैं किफायत नहीं करती। बस, मैं यही कर रही हूँ।

(प्रस्थान घर के भीतर)

रामनरेश : उँह चली गई। **(बाहर से आवाज आती है-रामनरेश बाबू!)**

रामनरेश : आया-आया **(बाहर का दरवाजा खोलकर)** अरे तुम हो कन्हैयालाल, अरे आओ भाई-आओ आओ!

कन्हैयालाल : **(प्रवेश करके)** क्या कर रहे थे?

रामनरेश : अजी कर क्या रहा था-अन्धेर हो गया-अन्धेर!

कन्हैयालाल : ख़ैरियत तो है!

रामनरेश : ख़ैरियत की न पूछो, तभी बेहतर है। ठीक से बैठ जाओ। देखो न यह पेटीकोट सरकार की एकदम ज़्यादती है, अन्याय है। मैंने 'कम ख़र्च कैसे करें' नाम की किताब पूजा की माँ को लाकर दी। सोचा कि उस किताब को पढ़कर शायद वह कुछ किफायत करे। मगर भाई साहब, मियाँ की जूती मियाँ की चाँद! अपने खर्चे में तो कोई कमी आई नहीं, लेकिन मेरी सिगरेट और पान दोनों बन्द। अब आप पूछते हैं–ख़ैरियत तो है!

कन्हैयालाल : अरे साहब, इन सब औरतों का यही हाल है। असल बात तो यह है कि इनको स्वयं तो कमाना पड़ता नहीं है। बचपन में माँ-बाप, बड़े होने पर पति, और बुढ़ापे में बेटे। अब आप ही बताइए, ये सब कैसे जानें रुपये की क़ीमत? उसे तो धूल समझकर उड़ाती हैं।

रामनरेश : आजकल तो साहब, लिपस्टिक, पाउडर, रूज़-ऊज़ न जाने क्या-क्या निकला है, जिनका कि मैं नाम भी नहीं जानता।

कन्हैयालाल : अरे भाई, दूर क्यों जाते हो! अपनी भाभी-यानी मेरी पत्नी ही को लो। नाम है आपका–लक्ष्मी। मैंने सोचा, चलो अच्छा है। नाम का कुछ तो असर होगा ही, मगर साहब, भगवान की कुछ ऐसी उल्टी कृपा हुई कि छः लक्ष्मियाँ और आ गईं।

रामनरेश : छः! तब तो वाक़ई में समस्या होगी। मेरे तो भगवान की कृपा से एक ही लड़की है, लेकिन उसके लिए बाबू भरोसेलाल भरोसा दिला गये हैं।

कन्हैयालाल : बाबू रामनरेश साहब, आप क्या समझते हैं, लड़कियों की

शादी करना बच्चों का खेल है? और फिर साहब, आजकल के लड़कों के तो मिजाज़ ही नही मिलते। चाहते हैं कि लड़की एकदम हूर हो।

रामनरेश : इस सिनेमा ने सबके दिमाग़ ख़राब कर दिये हैं। सिनेमा देख-देखकर सब लड़के चाहते हैं कि लड़की...क्या नाम है **(याद करते हुए)** याद आया–लड़की एकदम मरलिन मनरो हो।

कन्हैयालाल : जी हाँ, सब सिनेमा का ही असर है। तो मैं कह रहा था कि लड़के चाहते हैं कि लड़की–क्या नाम बताया आपने?

रामनरेश : मरलिन मनरो ।

कन्हैयालाल : मरलिन मनरो -जी हाँ, लड़के चाहते हैं कि लड़की वह हो और ऊपर से दहेज पाँच लाख रुपया हो। यही नहीं जनाब और सुनिए-लड़की एम.ए. पास हो और उमर सिर्फ 15 साल हो! अब आप ही बताइए कि एम.ए. के सोलह साल होते हैं, तो वह पहला दरजा क्या पेट से पास करके आए?

रामनरेश : **(मुस्कराकर)** इस सवाल का जवाब तो वाक़ई मुश्किल है।

कन्हैयालाल : पिछली दफ़े का हाल सुनिए, जब मैं अपनी बड़ी लड़की की शादी तय करने बलिया गया था। लड़के का बाप निहायत ही काइयाँ इन्सान था। मुझसे बोला–बाबू कन्हैयालाल, हमें न सामान चाहिए, न रुपया। हम तो इन्सान देखते हैं और उसका दिल। आप आला ख़ानदान के हैं, हम तो आपकी सज्जनता पर लट्टू हैं। अगर आप दहेज़ में कंकड़-पत्थर भी दे देंगे तो हम सर–आँखों पर रख लेंगे।

रामनरेश : बातें तो बड़ी अच्छी करता था!

कन्हैयालाल : बात ही बात थी। मैंने कहा–ऐसी बातें क्यों कहते हैं? जब सब कुछ आपने हमारे ऊपर छोड़ दिया है तो कंकड़-पत्थर क्यों, जहाँ तक होगा वहाँ तक मैं जान लड़ाकर सोना-चाँदी दूँगा और फिर सबसे बढ़कर हीरा जैसी बेटी कन्यादान में दूँगा।

रामनरेश : तब वह क्या बोला?

कन्हैयालाल : तब वह कहने लगा–कन्यादान तो संसार का सबसे बड़ा दान है। जब आप यह दे रहे हैं तो मैं अपना लड़का ही आपको दे

दूँगा। लेकिन हाँ, लड़का विलायत जाना चाहता है, उसमें पाँच लाख रुपये लगेंगे। जब वह आपका ही लड़का हो गया तो आप उसकी इच्छा पूरी करेंगे ही। और उसकी अब तक की पढ़ाई में दस लाख रुपये मकान गिरवी रखकर ख़र्च किये हैं। जब मैंने आपको अपना लड़का ही दे दिया तो आप मेरा मकान छुड़वा ही देंगे।

रामनरेश : पाँच और दस—कुल पन्द्रह लाख रुपया!

कन्हैयालाल : यही नहीं, इनके अलावा, लड़के के चाचा, भाई, बाबा, नाना, मामा इन सबकी आशाएँ और उम्मीदें। चूँकि उन्होंने मुझे वह लड़का दे ही दिया है, इसलिए मैं सबकी आशाएँ पूरी करूँगा। इस तरह कुल मिलाकर दस लाख की चोट थी। मैंने कहा—मैं सब कुछ दे दूँगा। लड़के के विलायत जाने का खर्चा, आपके गिरवी रखे मकान को छुड़ाने का रुपया और बाबा, चाचा, नाना और मामा-सबका। मैं सब कुछ दूँगा अगर आप सिर्फ एक चीज़ देने का वायदा करें। वह बोला—क्या? मैंने कहा-एक कटोरा और एक डंडा ताकि मैं सड़क पर भीख माँग सकूँ।

रामनरेश : **(हँसकर)** भई वाह कन्हैयाला, तुमने कहा खूब! फिर उसने क्या जवाब दिया?

कन्हैयालाल : जवाब क्या देता? अपना-सा मुँह लेकर चुप हो गया।

रामनरेश : वाक़ई साहब! बड़ी परेशानी है। ख़ैर मेरे तो एक ही लड़की है। उसके लिए बाबू भरोसेलाल भरोसा दे गये हैं।

कन्हैयालाल : **(दिलचस्पी से)** क्या कहा बाबू रामनरेश, पूजा बेटी की शादी तय हो गई?

रामनरेश : तय तो नहीं, तय ही समझिए। मेरा मतलब है—एक तरह से तय ही हो गई है। बाबू भरोसेलाल अच्छे आदमी हैं। वह भरोसा दे गये हैं कि जाते ही मंजूरी की चिट्ठी भेजेंगे।

कन्हैयालाल : यह बाबू भरोसेलाल कौन हैं?

रामनरेश : लड़के के चाचा।

कन्हैयालाल : लड़का क्या करता है?

रामनरेश : लड़का लखनऊ में एक अख़बार में सब-एडीटर है। देखने-सुनने में अच्छा ख़ासा है। लड़की को सुख से रखेगा।

कन्हैयालाल : अरे, और चाहिए क्या! लड़की को सुख से रखे। **(धीमे स्वर में)** लड़के ने लड़की की फ़ोटो देख ली है?

रामनरेश : फ़ोटो! लगता है बाबू कन्हैयालाल, आपको अब भी अपना ज़माना याद है। अरे साहब, वह ज़माने लद गये, जब जहाँ भी बाप तय करते थे वहाँ आँखें बन्द करके शादी कर लेते थे। आजकल के लड़के तो फ़ोटो सबसे पहले देखते हैं। **(रुककर)** फ़ोटो ही से सब्र हो जाए तो भी ठीक है। कहेंगे–लड़की को मैं खुद देखूँगा–इन्टरव्यू करूँगा।

कन्हैयालाल : इन्टरव्यू! बहुत खूब! अभी तक नौकरी का ही इन्टरव्यू सुना था, शादी का भी शुरू हो गया। गोया की शादी भी नौकरी हो गई।

रामनरेश : मैं क्या बताऊँ आपको! तरह-तरह के पोज़ों में लड़की के फ़ोटो खिंचवाए! बीसियों जगह उनको भेजा, लेकिन कहीं से कोई नुक़्स निकल आता है, तो कहीं से दूसरा। इसके अलावा जन्मपत्री का दूसरा रोना है। कहीं बीस गुण, तो कहीं बाईस गुण, कहीं सब अवगुण। मैं तो परेशान हो गया।

कन्हैयालाल : यह जो एक ग़लती हमने और आपने की थी, उसी की सजा है।

रामनरेश : कौन-सी ग़लती?

कन्हैयालाल : शादी! दुनिया की सबसे बड़ी ग़लती है–शादी। न शादी करते और न यह मुसीबत मोल लेते!

रामनरेश : हाँ साहब, वाक़ई ग़लती हो गई। शादी सचमुच सबसे बड़ी ग़लती है। फिर उन जैसी लड़की से शादी-भगवान बचाए–एकदम डिक्टेटर हैं। उनके डर से तो भूत भागते हैं! **(उसीसमय भीतर दरवाजे की कुण्डी जोर से खटकती है)** अरे कहीं उन्होंने सुन तो नहीं लिया?...नहीं–मैं यह कह रहा था कन्हैयालाल कि तुम्हारी भाभी का स्वभाव ऐसा मीठा है जैसे शहद। **(कुण्डी फिर खटकती है, तो पुकारकर)** कौन-पूजा की माँ–तुम हो? ये कन्हैयालाल आए हैं-और यह तुमसे नमस्ते कहते हैं।

कन्हैयालाल : भाभी जी नमस्ते!

रामनरेश : देखो कन्हैयालाल, मैं अभी तुम्हारी भाभी के स्वभाव की कितनी प्रशंसा कर रहा था!

कन्हैयालाल : हाँ, बाबू रामनरेश कह रहे थे कि भाभी का मुक़ाबिला दुनिया में नहीं है।

रामनरेश : एकदम सच है! सुनती हो-ज़रा बाबू कन्हैयालाल के लिए पान भिजवा दो। **(रुककर)** शायद गई। **(सोचकर)** अगर कहीं सुन लिया होगा तो सचमुच अपनी तो मुसीबत है।

कन्हैयालाल : बाबू रामनरेश, यह तो विवाहित जीवन का गहना है। मेरा तो जिस दिन पत्नी से झगड़ा नहीं होता, मैं समझता हूँ वह दिन अधूरा रह गया। हटाओ इसे-यह बताओ, लड़का पूजा बेटी को देख गया?

रामनरेश : नहीं, लड़के ने तो सिर्फ फ़ोटो देखी है, लेकिन उसके चाचा बाबू भरोसाल देख गये हैं, और वह भरोसा दे गये हैं कि पूजा बेटी उन्हें पसन्द है। घर जाते ही मंज़ूरी की चिट्ठी भेज देंगे।

शम्भू : **(भीतर से प्रवेश करते हुए)** बहू जी आपको बुलावत हैं, सरकार!

रामनरेश : बहू जी! **(घबराकर)** कह दो उनसे कि थोड़ी देर बाद आएँगे। बाबू कन्हैयालाल आने ही नहीं दे रहे हैं-हाँ, उनसे कह दो कि पान नहीं चाहिए—जाओ। **(बाहर दरवाजे पर दस्तक)** देखो शम्भू, शायद पोस्टमैन आया है।

सैयद महमूद : **(बाहर से ही)** पोस्टमैन नहीं आया क़िबला...**(प्रवेश करते हुए)** यह मैं हूँ सैयद महमूद।

रामनरेश : तुम हो भाई? माफ़ करना। मैं समझा-पोस्टमैन।

सैयद महमूद : ओ हो, बाबू कन्हैयालाल भी यहीं हैं! मियाँ यह पोस्टमैन की याद कैसे सता रही है? बाबू रामनरेश साहब, क्या भाभीजान मायके में हैं?

रामनरेश : **(हँसकर झेंप मिटाते हुए)** नहीं नहीं—बात यह है कि मेरी लड़की पूजा की शादी को लड़के के चाचा बाबू भरोसेलाल भरोसा दिला गये हैं कि जाते ही मंजूरी की चिट्ठी डालेंगे—सो उन्हीं की चिट्ठी का इन्तज़ार कर रहे हैं।

सैयद महमूद : बड़ी ख़ुशी की बात है। और साहबज़ादे—क्या नाम है उनका, ख़ुदा उन्हें उम्र-दराज़ करे, मनोज साहब के क्या हालचाल हैं?

रामनरेश : वह आपकी इनायत से अच्छा है। आज उसकी नौकरी का इण्टरव्यू है। भगवान ने चाहा तो नौकरी मिल जाएगी।

सैयद महमूद : बड़े ख़ुशक़िस्मत हो यार! लड़के की नौकरी—और लड़की की शादी। म्याँ ख़ुदा का ख़ास साया है तुम्हारे ऊपर!

रामनरेश : सब आप ही लोगों की मेहरबानी है।

सैयद महमूद : मेरे साहबज़ादे सलीम के हाल सुनिए। बी.ए. में चार साल से फ़ेल हो रहे हैं—क्या उम्मीद करूँ उनसे?

रामनरेश : उसे समझा दीजिए सैयद महमूद साहब! लड़का वह बड़ा अच्छा है।

सैयद महमूद : ख़ाक अच्छा है! यह सब सोहबत का नतीजा है। न पढ़ाई में अच्छे, न खेल-कूद में। अरे, किसी में न सही, नाच-गाने में ही अच्छे होते तो सब्र होता! अरे किसी चीज़ में महारत हासिल करो—मगर वह सबमें गोल हैं। सिनेमा देखेंगे, कॉफ़ी हाउस में बेकार घंटों बैठे रहेंगे और टाई लगाकर सिविल लाइन्स में टहलेंगे। गोया जिन्दगी बहुत बड़ा क्लब है, जिसमें कोई काम है ही नहीं। निकम्मे! कामचोर!

रामनरेश : यह तो चिन्ता की बात है।

सैयद महमूद : और सुनिए—आज के नए ज़माने में ये दो चीज़ नई पैदा हो गई हैं—एक मोहबबत, दूसरा मूड। लाहोलविलाक़ूवत! हम लोगों के ज़माने में तो यह कुछ था ही नहीं। आजकल जिसे देखिए, मोहब्बत और मूड मे मरज में मुब्तिला है। **(सब हँसते हैं)**

रामनरेश : मुझे तो अक्सर आजकल के नौजवानों को देखकर दुःख होता है।

सैयद महमूद : खुदा का नाम लीजिए रामनरेश साहब! इन लोगों को आप जवान कहते हैं—सींक से बदन वालों को? टिटहरी जैसे! लाहोलविलाकूवत—एक फूँक मारिए तो उड़ जावें। सच पूछिए बाबू रामनरेश साहब, और बाबू कन्हैयालाल साहब, आज के ज़माने में सिर्फ दो चीज़ें होती हैं—बचपन और बुढ़ापा! जवानी नाम की चीज़ तो अब होती ही नहीं।

कन्हैयालाल : नहीं, आप ग़लत कह रहे हैं। आजकल जैसे इन एटमबमों की वजह से मौसम का कुछ ठीक नहीं, कि कब जाड़ा पड़ने लगे

और कब गरमी हो जाए—इसी तरह जवानी का ठीक नहीं कि किस उमर में आए। मिसाल के तौर पर सैयद महमूद साहब, जवानी आपको...बुढ़ापे में आ रही है।

सैयद महमूद : **(नाराजगी से)** क्या मतलब, बाबू कन्हैयालाल?

कन्हैयालाल : **(रामनरेश से)** बाबू रामनरेश, ज़रा सैयद महमूद साहब की दाढ़ी देखिए। लगता है जैसे पूनों का चाँद तार-तार होके दाढ़ी बन गया है, और पूछिए मुन्ना कै महीने का है?

सैयद महमूद : मुझे यह मज़ाक क़तई पसन्द नहीं।

कन्हैयालाल : पसन्द कैसे आए? सच कह दिया! आप ही जैसे लोगों की वजह से हिन्दुस्तान में इतनी मुसीबतें हैं—फ़ूड प्रोब्लम, बेकारी, महँगाई—और आप हैं कि हिन्दुस्तान की आाबदी बेशुमार बढ़ाए जा रहे हैं।

सैयद महमूद : ओह भाई रामनरेश, मुझे अचानक एक काम याद आ गया। चलता हूँ फिर आऊँगा...

रामनरेश : थोड़ी देर और बैठिए।

सैयद महमूद : नहीं भाई चलूँगा। बड़ा ज़रूरी काम है। अच्छा आदाब अर्ज़! **(उठकर घर से बाहर जाता है)**

कन्हैयालाल : शायद मेरी बातों का बुरा मान गये मौलाना। मेरी बला से! अपने लड़के को बुरा-भला कह रहे थे। अब बताइए, वह ख़राब क्यों न होगा? कभी उसकी ओर ध्यान दिया है? अपनी शादियों से फ़ुरसत मिले तो ध्यान दें। यह चौथा निकाह है मौलाना का! बाप बनना आसान है, लेकिन उसकी ज़िम्मेदारी निभाना आसान नहीं है। लड़कों की ज़्यादातर कमियों के लिए ज़िम्मेदार उनके माँ-बाप होते हैं। अच्छा अब चलूँगा। **(उठकर खड़े होते हैं)**

रामनरेश : अरे थोड़ी देर तो और बैठो! पान-वान...?

कन्हैयालाल : पान-वान का झंझट छोड़ो। फिर कभी खाएँगे। लेकिन इस समय तो जाने ही दो। **(हँसकर)** और फिर भाभी का भी...

रामनरेश : चलो तुम्हें बाहर तक पहुँचा दूँ। **(बाहर के दरवाजे तक पहुँचाकर लौटता है।)**

रामनरेश : **(पुकारते हुए)** शम्भू! शम्भू, इधर तो आना!

शम्भू : **(प्रवेश करके)** जी सरकार!

रामनरेश : खाने का इन्तज़ाम करो। **(बाहर के दरवाजे पर दस्तक)** देख शम्भू बाहर कौन है?

(शम्भू बाहर जाकर दो चिट्ठियाँ लेकर आता है।)

शम्भू : ये चिट्ठियाँ आई हैं सरकार!

रामनरेश : **(खुश होकर)** अब की तो सचमुच डाकिया ही है—यह बाबू भरोसेलाल की चिट्ठी है। **(पुकारते हुए)** पूजा की माँ! पूजा की माँ!!

पूजा : **(भीतर से प्रवेश करके)** माँ पूछ रही हैं कि क्या बात है?

रामनरेश : देखो पूजा, जल्दी से अपनी माँ को भेज दो। कह दो बड़ा ज़रूरी काम है। हाँ, और देखो पूजा, एक चिट्ठी तुम्हारे नाम है।

(पूजा चिट्ठी लेकर भीतर जाती है।)

माँ : **(भीतर से प्रवेश करके)** क्या बात है?

रामनरेश : हे भगवान, तेरा लाख-लाख शुक्रिया। देखो भगवान ने हमारी सुन ली। बाबू भरोसेलाल की चिट्ठी है। मैं कहता था न—बाबू भरोसेलाल भरोसा दिला गये हैं।

(चिट्ठी का लिफाफा फाड़ता है)

माँ : देखो जी, देवी को चुनरी चढ़ाना और सत्यनारायण की कथा कहना न भूलना! नहीं तो लीलावती और कलावती की कहानी तो तुम जानते ही हो!

रामनरेश : बस फ़िक्र मत करो, पूजा की माँ! भगवान यह दिन दिखा रहा है तो मैं किसी तरह की कमी नहीं करूँगा। **(चिट्ठी पढ़ता है)**

माँ : कौन-सी तारीख लिखी है? भई, मैं तो शादी जाड़े में ही करूँगी। गर्मियों में तो लू-लपट—और सब तरह की तकलीफ...

रामनरेश : **(क्रोध से)** नालायक़ गधे...बेईमान हैं...

माँ : क्या हुआ जी? क्या हुआ? कुछ तो बताओ!

रामनरेश : क्या बताएँ? बहाना करते हैं। लिखा है—भाई साहब अभी शादी के लिए तैयार नहीं हैं। लड़का मना करता है। धोखेबाज़ **(मुँह बनाते हुए)** भरोसेलाल जी भरोसा दिला गये थे!

माँ : हे भगवन, अब क्या होगा?

रामनरेश : **(क्रोध से)** मैं तो पहले ही समझ गया था कि सब रंगे सियार हैं। बातों की चिकनी मखमल में मतलब की छुरी रखते हैं। **(बाहर खटखटाहट की आवाज)** कौन है?

मंटो : **(नेपथ्य से)** मैं हूँ मंटो! अन्दर आ जाऊँ?

रामनरेश : आ जाओ। **(मंटो का बाहर से प्रवेश)** क्या है?

मंटो : **(प्रवेश करके)** यह चिट्ठी है।

रामनरेश : लाओ देखूँ। **(चिट्ठी पढ़कर)** मंटो, यह सलाह तुमने मनोज को दी होगी?

मंटो : जी!

रामनरेश : आख़िर को तो दोस्त हो। दोस्त ही अपने दोस्त के भले के लिए सलाह देता ही है।

मंटो : जी हाँ, यह सलाह मैंने ही दी थी। आख़िर दोस्त होने पर यह मेरा फ़र्ज़ ही था। आप वैसे तो आज्ञा देते नहीं, इसलिए मैंने सोचा कि जब नीला और मनोज, मनोज और नीला एक-दूसरे से...

रामनरेश : **(जैसे भूकम्प फूट पड़ा)** निकल जाओ...!

मंटो : **(इधर-उधर देखते हुए)** यहाँ तो कोई नहीं है! आप किससे कह रहे हैं—निकल जाओ?

रामनरेश : तुमसे! निकल जाओ!

मंटो : मुझसे? अच्छा मैं निकला जा रहा हूँ। **(प्रस्थान बाहर)**

माँ : **(विमूढ़-सी)** क्या है? क्या है यह सब?

रामनरेश : सुना तुमने, तुम्हारे मनोज नौकरी करने नहीं, शादी करने गये हैं। कह रहे थे कि सेठ मानिकचन्द की फ़र्म में नौकरी है...झूठा! उनकी लड़की नीला से कचहरी में जाकर सिविल मैरिज कर ली है। लिखते हैं—पिता जी यदि आप क्षमा कर देंगे और आग्रह करेंगे तो हम लोग वैदिक रीति से दोबारा विवाह कर लेंगे।

माँ : मनोज ने ब्याह कर लिया, बिना माँ-बाप को बताए? **(बैठते हुए)** क्या ज़माना आ लगा है—हे भगवान!

रामनरेश : शादी पूजा की होने वाली थी, खुद शादी करके बैठ गया। नौकरी की कोई चिन्ता नहीं! अब बहू को और लाके बिठा देगा हम लोगों के सिर!

(पूजा का भीतर से प्रवेश)

पूजा : बाबू जी, आप भाभी की कोई फ़िक्र न करें, और न मेरे लिए ही कोई चिन्ता कीजिए। मैंने कुछ दिनों पहले नौकरी के लिए

एप्लाई किया था, वह नौकरी मुझे मिल गई है। यह देखिए, अपाइन्टमेंट लैटर।

माँ : ऐं-क्या? पूजा तूने नौकरी कर ली? हे भगवान! (**बेहोश होकर गिरती है**)

रामनरेश : (**घबराकर**) अरे दौड़ो! पानी लाओ! यह तो बेहोश हो गईं।

(यवनिका)

जहाँगीर ने कहा था

पात्र

रंजीत : 27-28 साल का नवयुवक।
डॉली : रंजीत की पत्नी।
धीर : रंजीत का मित्र।

प्रथम दृश्य

समय : वर्तमान।

स्थान : रंजीत का उच्चवर्गीय ड्राइंग-रूम। इस कमरे में दो दरवाजे हैं। एक दरवाजा घर के बाहर खुलता है तथा दूसरा घर के भीतर।

प्रारंभ : ***पर्दा खुलने पर, बाहर वाले दरवाजे के निकट, कुर्सी डाले डॉली बैठी बुनाई कर रही है। उसके हाथों की गति से लगता है कि वह क्रोधित है। बार-बार दरवाजे को देखती है।***
थोड़ी देर बाद नेपथ्य में कार रुकने की आवाज आती है।
(बाहर से रंजीत का प्रवेश)

रंजीत : ओह डॉली, तुम!

डॉली : हाँ हाँ मैं। तुम चौंक क्यों गये मुझ को देखकर?

रंजीत : यही कि दरवाजे पर ऐसे बैठी हो जैसे चौकीदारी कर रही हो।

डॉली : चोर को सब चौकीदार ही नज़र आते हैं। तुम्हारी घड़ी कहाँ है?

रंजीत : क्यों? मेरे हाथ में है।

डॉली : घड़ी फ़ैशन के लिए लगाई जाती है या कभी देखी भी जाती है? क्या बजा है?

रंजीत : छै, **(अचानक प्रश्न का अर्थ समझकर)** आज ज़रा दफ़्तर में देर हो गई।

डॉली : कोई नया बहाना करो। **(रुककर)** आज तुमने दफ़्तर कितने बजे छोड़ा था?

रंजीत : मैंने?

डॉली : मैं बताती हूँ चार बजे छोड़ा था और अब छः बजे हैं, जब तुम वापिस घर आ रहे हो।

रंजीत : मैं घूमने नहीं गया था। वहाँ से चीफ़ इंजीनियर के दफ़्तर गया था।

डॉली : तो तुम सीधे चीफ़ इंजीनियर के दफ़्तर से आ रहे हो?

रंजीत : और नहीं तो क्या?

डॉली : तुम्हारे जैसा झूठा आदमी इस दुनिया में नहीं मिलेगा। मैं सब जानती हूँ, लेकिन मैं तुम्हारे मुँह से सुनना चाहती हूँ।

रंजीत : कह तो दिया एक बार। बार-बार मेरा दिमाग़ क्यों चाट रही हो!

डॉली : तुम नहीं मानोगे, तो सुनो। चार बजे तुम अपने दफ़्तर से चलकर चार बजकर पाँच मिनट पर चीफ़ इंजीनियर के दफ़्तर पहुँचे। वहाँ बीस मिनट तक रुककर तुम चार बजकर पच्चीस मिनट पर चल दिये। पाँच बजे तुम्हारी मोटर कॉफ़ी हाउस पर देखी गई।

रंजीत : **(चापलूसी में)** कमाल है, डॉली डार्लिंग, कमाल है। तुमको तो सरकार के जासूस विभाग का हैड बनाना चाहिए।

डॉली : टेलीफ़ोन से मैंने सब पता लगा लिया।

रंजीत : लेकिन यह कैसे पता लगा कि मैं कॉफ़ी हाउस गया हूँ?

डॉली : मेरी एक सहेली के मकान से कॉफ़ी हाउस दिखाई पड़ता है। उसने अपने घर से वहाँ तुम्हारी मोटर खड़ी देखी और मुझे तुरन्त फ़ोन किया।

रंजीत : बहुत खूब! इसके माने ये हुए कि आप अकेली जासूस नहीं हैं, बल्कि जासूसों के दल की सरदार हैं। सारे शहर में आपके सहयोगियों का जाल है। हिटलर के गेस्टापो के बाद आपका ही जासूस दल है।

डॉली : आख़िर आप झूठ किसलिए बोलते हैं?

रंजीत : इस उम्मीद में कि पकड़ा नहीं जाऊँगा।

डॉली : आज तो पकड़े गये!

रंजीत : दस दिन में यदि एक दिन पकड़े भी जाएँ तो क्या होता है।

डॉली : (**आहत**) क्या? तो आप हर रोज़ झूठ बोलते हैं। आपको शर्म नहीं आती? पत्नी से झूठ बोलते हैं।

रंजीत : यह किस किताब में लिखा है कि पत्नी से झूठ नहीं बोलो और अगर बोलो तो शर्माओ।

डॉली : चोरी और फिर सीनाज़ोरी! एक तो झूठ बोलते हैं और बजाए इसके कि शर्माएँ उल्टा मुझको धौंस देते हैं। शराफ़त भी कोई चीज़ है। मैं बीवी नहीं, नौकरानी हूँ, जिसे अपने खाने, कपड़े और घर के इन्तज़ाम के अलावा किसी चीज़ से कोई मतलब नहीं। अगर मैं कुछ पूछने या जानने की कोशिश करूँ तो मेरी गुस्ताख़ी है।

रंजीत : तुम तो नाराज़ होने लगीं।

डॉली : मैं आपसे कुछ नहीं पूछूँगी। आप जहाँ चाहें जाइए, जो चाहे कीजिए। कभी नहीं पूछूँगी।

रंजीत : तुम तो सचमुच नाराज़ हो गईं। लो भाई, क़सम खाई। उधर घड़ी पाँच बजाएगी, इधर मैं सीधा घर को चल दूँगा...चलो उठो, उठो न, अभी धीर आता होगा।

डॉली : क्यों?

रंजीत : मुझको लिवाने। आज हम लोगों का, दोस्तों का पुराना गुट इकट्ठा होगा।

डॉली : (**एकदम क्रोध से**) अगर वह आएँगे तो नौकर से निकलवा दूँगी। आप नहीं जाएँगे। आपको नहीं जाना है, समझे।

रंजीत : जाना तो है ही।

डॉली : तो जाइए। जाना था तो आए ही क्यों? जाइए, बाहर ही रहिए। घर के भीतर आने की कोई ज़रूरत नहीं। (**घर के भीतर जाकर दरवाजा बन्द करती है**)

रंजीत : (**दरवाजा खटखटाते हुए**) डॉली! दरवाजा खोलो! दरवाजा खोलो। (**दरवाजा खटखटाता है**)

(**धीर का बाहर से प्रवेश**)

धीर : यह क्या रंजीत! अभी तक तुम तैयार नहीं हुए। चलना नहीं है क्या?

रंजीत : हमारी श्रीमती जी का पारा आसमान पर है। एक तो देर से आज घर आया, फिर जाने को कहा, तो जैसे आग में घी

पड़ गया। अन्दर से दरवाजा बन्द कर लिया है।

धीर : तभी तुम यहाँ बाहर के कमरे में अब तक हो?

रंजीत : क्या करूँ? मैंने कहा धीर लिवाने आएगा, तो बोली उसे नौकर से निकलवा दूँगी।

धीर : बाप रे बाप! तो मैं नौकर से निकलवाया जाऊँगा।

रंजीत : इसीलिए कहता हूँ जल्दी यहाँ से चले जाओ।

धीर : अगर यह बात है रंजीत, तो अपने राम भी आज नहीं हटेंगे यहाँ से।

रंजीत : क्यों अपने सर शामत मोल लेते हो धीर, साथ साथ मुझे भी मुसीबत में डालोगे।

धीर : अच्छा है, थोड़ा शुगल रहेगा।

डॉली : **(दरवाजा खोलकर प्रवेश करते हुए)** मैं इस रामलाल को एक मिनट और नौकर नहीं रख सकती। आज ही इसका हिसाब कीजिए।

धीर : भाभी जी नमस्ते।

डॉली : ओह धीर भाई! तो आप आ गये? इनको बुलाने?

रंजीत : चलो बच्चू धीर, अब तुम्हारा नम्बर है।

धीर : बुलाने आने वाला था लेकिन अब नहीं आया हूँ।

डॉली : तब आप कैसे आए हैं?

धीर : यह कहने आया हूँ कि मैं न जा सकूँगा। रंजीत अकेला चला जाए।

डॉली : आप क्यों नहीं जा रहे हैं?

धीर : बात यह है कि मेरी पत्नी ने मना कर दिया है। इसलिए नहीं जा रहा हूँ।

डॉली : पत्नी ने मना कर दिया और आप मान गये?

धीर : मानता कैसे नहीं? पत्नी तो आख़िर पत्नी है—धर्मपत्नी।

डॉली : सुनते हैं, धीर भाई की पत्नी ने मना किया और यह बेचारे नहीं जा रहे हैं।

रंजीत : बेचारे!

डॉली : और एक आप हैं जो महाभारत करने पर उतारू हो जाते हैं।

धीर : यह तो बड़ी ख़राब बात है रंजीत! भाभी का कहना तुम्हें मानना चाहिए।

डॉली : धीर भाई आप चाय पीजिए।

धीर : नहीं, चाय पीकर आया हूँ। **(रंजीत से)** तुम कितने भाग्यवान हो रंजीत, जो भाभी जी जैसी कुशल और योग्य पत्नी मिलीं। इनका तो तुमको मान करना चाहिए।

डॉली : भाई साहब, चाय तो आपको पीनी ही पड़ेगी और हाँ, कल बड़े मामा आगरे से पेठा और दालमोठ लाए हैं वह भी आपको खाने पड़ेंगे। **(जाते हुए)** बस, एक मिनट में चाय लाई। **(प्रस्थान घर के भीतर)**

रंजीत : धीर, तुम तो बड़े उस्ताद हो, लगे हाँ में हाँ मिलाने।

धीर : हाँ में हाँ न मिलाता, तो नौकर से धक्के खाता। मुझे तो दालमोठ और पेठा खाना ज़्यादा पसन्द है।

रंजीत : एक दिन की बात हो तो मैं भी फुसला लूँ मगर यार यहाँ तो चौबीस घण्टों की मुसीबत है। **(मेज से डॉली की तस्वीर उठाकर)** यह डॉली की शादी से पहले की तस्वीर हैं। यह तस्वीर मेरी पसन्द के लिए भेजी गई थी।

धीर : तस्वीर अच्छी है।

रंजीत : कभी इस तस्वीर को देखकर लगता है कि नाज़ुक कली-सी इस तस्वीर वाली के दिमाग़ में एटम बम्ब है!

धीर : तुम बड़े मज़ेदार हो रंजीत।

रंजीत : और कली-सी नाज़ुक लड़कियाँ शादी के बाद अपने असली रूप में आती हैं...पति की पर्सनलिटी को धीरे-धीरे तब तक तोड़ना, जब तक वह बिल्कुल नष्ट न हो जाए, अपना प्रथम कर्त्तव्य समझती हैं।

धीर : मेहमूद ग़ज़नवी की तरह बुतशिकन।

रंजीत : शादी के दो-तीन साल बाद किसी भी आदमी को देख लो, क्या रह जाता है उसमें! बीवियाँ इस बीच मारपीट कर एकदम घरेलू बछिय सा बना लेती हैं।

धीर : आज तो रंजीत यार, तुमको बला की ब्रेन-वेव आ रही है।

रंजीत : अगर किसी पति ने इसका विरोध किया, उसने पत्नी के सामने अपनी पर्सनालिटी बचाए रखने की कोशिश की, तो बस, महायुद्ध-महाभारत।

धीर : पतियों के झण्डे को तुम थामे हो, बीवियों के आगे गिरने नहीं

दिया, इसके लिए तो तुम्हें परमवीर चक्र मिलना चाहिए।

रंजीत : मज़ाक छोड़ो। इस रोज़-रोज़ के झगड़े ने तो जिन्दगी ज़हर कर दी है।

डॉली : **(प्रवेश करते हुए)** मैंने जिन्दगी ज़हर कर दी है?

रंजीत : मैंने कहा झगड़ों ने।

डॉली : मैं झगड़ों के लिए बिल्कुल भी ज़िम्मेदार नहीं हूँ।

रंजीत : **(रोष से)** सारी ज़िम्मेदारी मेरी है?

डॉली : हाँ आपकी। धीर भाई, आप ही बताइए, अगर ये दफ़्तर से देर से आएँ और मैं ज़रा-सा पूछ बैठूँ, तो बस यह बिगड़कर झगड़ा कर बैठें, तो इसमें मेरी क्या ज़िम्मेदारी है?

रंजीत : मेरा एक दोस्त तो कहता है, रंजीत मेरी शादी क्या हुई, जन्म क़ैद हो गई।

धीर : **(हँसकर)** पूरी जिन्दगी की बामुशक्क़त सज़ा...

डॉली : **(चिढ़कर)** मैं तो जैसे चक्की चलवाती हूँ? शाम को जल्दी घर आने को कह दो तो जेल हो गई।

रंजीत : मैं तुम्हें क्या बताऊँ धीर, मेरी अजब साइकोलोजी हो गई है। हर समय लगता है कि कोई मुझे बन्द कर देना चाहता है। एक तरह की घबराहट, एक तरह की हौलदिली छाई रहती है। दहशत-सी बैठ गई है। ऐसा लगता है कि मेरे चारों ओर मुझे पकड़कर बन्द कर देने की साज़िश हो रही है।

डॉली : **(व्यंग्य से)** मैं तुम्हें बन्द कर देना चाहती हूँ?

रंजीत : डॉली, यह सब तुम्हारी बदौलत है। अगर मैं पागल हुआ तो तुम्हीं कारण होगी। धीर, मैं हर रात सपना देखता हूँ कि कोई मुझे चूहेदान में बन्द कर देना चाहता है। मैं भागता हूँ, मगर चूहेदान के पैर हैं। वह मेरे पीछे-पीछे भागता है।

डॉली : यह सब मैं खूब समझती हूँ। धीर भाई, इनको जुआँ खेलने का चस्का है, वह मैं खेलने नहीं देती। बस इसी की शिकायत है।

रंजीत : मैं क्लब में रमी खेलने जाता हूँ, उसे यह जुआँ कहती हैं। अपनी-अपनी अक़ल है।

डॉली : रमी जुआँ तो है ही।

रंजीत : क्लब में क्लेक्टर, जज, एस.पी, सब ही रमी खेलते हैं।

डॉली : खेलते हैं तो सब जुआँरी हैं। मैं अगर पुलिस में होती तो सबको जेल में डाल देती।

रंजीत : खुदा गंजे को नाखून न दे।

डॉली : **(क्रोध से)** देखा धीर भाई! कुछ न मिला तो गाली-गलौज पर उतारू हो गये। जुआँरी भला बातों से माने हैं। **(पैर पटकते हुए घर के भीतर प्रस्थान)**

रंजीत : देखा तुमने? देखा तुमने धीर! बात-बात में कुछ कह दो तो दनदनाती हुई उठ करके चल देंगी। मुझसे तो नहीं निभता यह रोज़-रोज़ का नरक।

धीर : बादशाह जहाँगीर पर भी ऐसी ही मुसीबत आई थी।

रंजीत : क्या?

धीर : जहाँगीर ने अपने दरबार के रत्नों से मशवरा किया। उन्होंने बताया-दरअसल औरत एक माँ होती है। वह पति को भी अपना बच्चा ही समझती है। जिस तरह माँ चिन्तित रहती है कि उसका बच्चा अच्छा बने, उसी तरह पत्नी अपने पति को अच्छा बनाने के लिए चिन्तित रहती है।

रंजीत : **(उपेक्षा से)** उँह!

धीर : शादी होते ही पत्नी सोचती है कि उसका पति बिना उसकी देख-रेख के इतना बड़ा हुआ है तो ज़रूर ख़राब हो गया होगा। इसलिए वह शादी होते ही उसको ठीक करने का बीड़ा उठा लेती है।

रंजीत : इससे छुटकारा कहाँ है?

धीर : अगर किसी तरह पति पत्नी को यह विश्वास दिला दे कि शादी के पहले वह कितना ही ख़राब क्यों न रहा हो, अब उसके संरक्षण में सुधार गया है, तो पत्नी अपनी नकेल ढीली कर देगी। न हो, उसे एक महीने अज़्माकर देखो।

रंजीत : **(ठण्डी साँस से)** एक महीने!

धीर : हाँ, सिर्फ एक महीने।

(यवनिका)

द्वितीय दृश्य

समय : प्रथम अंक के समय के एक माह पश्चात्।

स्थान : वही-प्रथम अंक के समान।

पर्दा खुलने पर डॉली कमरे में बैठी बुनाई करती दिखाई पड़ती है। उसके चेहरे पर मुस्कराहट है। तभी बाहर कार रुकने की आवाज। थोड़ी देर पश्चात् हाथों में तस्वीरों का बंडल लिए रंजीत बाहर से प्रवेश करता है।

रंजीत : **(आते हुए)** गुड ईवनिंग मेम साहब। जब मैं दफ़्तर से आता हूँ तब ठीक पाँच बजकर पाँच मिनट होते हैं। अगर आपकी घड़ी में कुछ और हो तो वह ग़लत है।

डॉली : पिछले एक महीने से तो आप बिल्कुल बदल गये हैं। चलिए आपकी ख़िदमत में गर्मागर्म चाय तैयार है। **(रुककर)** आपके हाथ में क्या है?

रंजीत : तस्वीरें।

डॉली : तस्वीरें? लाइए देखें तो। **(हाथ से तस्वीर लेकर देखती है)**

डॉली : यह किसकी तस्वीरें हैं?

रंजीत : जहाँगीर की।

डॉली : इतनी सब! इनका क्या होगा?

रंजीत : घर में लगाई जाएँगी।

डॉली : यह आपको क्या सूझा! जहाँगीर की तस्वीर में ऐसी क्या बात है जो उसकी तस्वीरें लगा रहे हैं।

रंजीत : कोई ख़ास बात है तभी तो...

डॉली : मैं भी तो सुनूँ।

रंजीत : **(झिझकते हुए)** आज दफ़्तर से लंच में मैं एक मीटिंग में चला गया था **(सफाई में)** मैं तुमसे बिना पूछे तो कहीं जाता नहीं। ज़बरदस्ती पकड़ ले गये थे। तुम्हारी क़सम!

डॉली : मीटिंग? किस बात की थी?

रंजीत : हेन पेक्ड हसबैंड्ज की?

डॉली : हेन पेक्ड हसबैंड्ज की?

रंजीत : शहर-भर के जोरू के गुलाम वहाँ पर मौजूद थे।

डॉली : लेकिन आप तो हॅन-पॅक्ड नहीं हैं।

रंजीत : हाँ, मैंने भी उन लोगों से यह कहा कि क्योंकि मेरी बीवी मुझे हॅन-पॅक्ड नहीं कहती, इसलिए मैं हॅन-पॅक्ड नहीं हूँ।

डॉली : तो?

रंजीत : इस पर वे बोले कि तुम असली जोरू के गुलाम हो और मुझे ज़बरदस्ती पकड़ ले गये। वहाँ आफ़िस-बियरर्स का चुनाव हो रहा था। एक ने मेरा नाम प्रस्तावित किया दूसरे ने समर्थन किया और मैं देखते-ही-देखते जोरू के गुलामों का वाइस-प्रेसीडेंट चुन लिया गया।

डॉली : आप वाइस-प्रेसीडेंट हो गये!

रंजीत : **(सफाई के स्वर में)** लेकिन मैंने तुरन्त इनकार कर दिया। मैंने साफ़-साफ़ कह दिया कि मैं अपनी बीवी से बिना पूछे वाइस-प्रेसीडेंट नहीं बन सकता।

डॉली : फिर?

रंजीत : बस इस पर उन लोगों ने मुझे प्रेसीडेन्ट चुन लिया।

डॉली : प्रेसीडेन्ट?

रंजीत : हाँ डॉली, अब मैं पत्नी-दास-सभा का सभापति हूँ। उर्दू में कहा जाए तो गुलामे-जोरू जमात का सदर हूँ।

डॉली : अच्छा मज़ाक है।

रंजीत : डॉली, तुम नाराज़ न हो। प्रेसीडेंटशिप मैंने इसी शर्त पर स्वीकार की है कि अगर तुम मना कर दोगी तो मैं रिज़ाइन कर दूँगा।

डॉली : ये तस्वीरें कैसी हैं?

रंजीत : हमारी एसोसिएशन के हर सदस्य को जहाँगीर की तस्वीर अपने धर में लगानी पड़ती है, क्योंकि जहाँगीर अपने समय का सबसे बड़ा जोरू का गुलाम था। वैसे हम लोगों को प्रेरणा तो भगवान राम से प्राप्त हुई है।

डॉली : **(साश्चर्य से)** भगवान राम से?

रंजीत : भगवान राम तो स्वयं ईश्वर थे। अन्तर्यामी थे। सब कुछ जानते थे, लेकिन जब सोने का हिरन देखकर सीता जी ने उसकी खाल माँगी, तो जानते हुए भी कि हिरन माया का है वह उसे मारने दौड़ पड़े। इसका अर्थ यह हुआ कि भगवान मनुष्य के रूप सब कुछ उसी प्रकार कर रहे थे जिस प्रकार

मनुष्य को करना चाहिए। जोरू का इशारा पाते ही वह आदर्श मनुष्य-धर्म निबाहते हुए एक पत्नी के गुलाम की भाँति हिरन के पीछे भाग निकले।

डॉली : **(परिहास में)** फिर राम की तस्वीरें क्यों नहीं लगाते?

रंजीत : भगवान राम हिन्दुओं के देवता हैं। हमारा हॅन-पॅक्ड एसोसिएशन धर्मनिरपेक्ष है। जोरू धर्म सब धर्मों से बड़ा धर्म है। वह काल, दिशा, देश आदि के भेदभावों को नहीं मानता। उसका कारण भी है। जोरू के गुलाम हर देश में मिल जाएँगे। चाहे वह काला अफ्रीका हो या गोरा यूरोप, भूरा हिन्दुस्तान या पीला जापान।

डॉली : तो फिर?

रंजीत : कम्युनिस्ट रूस और पूँजीवादी अमरीका में भी जोरू के गुलामों की कमी नहीं, इसीलिए तो हमारे एसोसिएशन का नारा है—दुनिया के जोरू के गुलाम एक हों।

डॉली : अच्छा, अच्छा, समझ गई। लेकिन जहाँगीर को क्यों अपना देवता चुना?

रंजीत : जब कोई धार्मिक देवता आदर्श नहीं बन सकता, तो कोई ऐतिहासिक सम्राट चुनना था। साफ़ बात है कि जहाँगीर के बराबर का जोरू का गुलाम कोई दूसरा बादशाह दुनिया के किसी देश में पैदा नहीं हुआ।

डॉली : **(संशय से)** अच्छा!

रंजीत : जहाँगीर के जलाल का डंका पूरे हिन्दुस्तान में बजता था। उसकी धाक ईरान और तूरान के शाही तख़्तों पर थी। उसकी दौलत और शानोशौक़त की शोहरत सात समुन्दर पार करके विलायत पहुँची और वहाँ से सर टामस हज़ारों मुसीबतें झेलता जहाँगीर के हुज़ूर में जुहार करने पहुँचा। ऐसे पुरनूर हुज़ूरे आला, शहंशाह की पाक शोहरत का राज़ जानती हो क्या था? वह एक फ़रमाबरदार जोरू का गुलाम था।
(दोनों घुटनों पर बैठकर सर झुकाता है)

डॉली : आप अच्छे एक्टर बन सकते हैं।

रंजीत : शुक्रिया! हाँ, तो मैं कह रहा था कि जहाँगीर ने अपने ख़्वाबों की महबूबा, हसीना दिलरुबा नूरजहाँ के आगे घुटने टेककर

कहा—मेरे दिलोजान की मलिका, यह ताजोतख़्त तो सब तुम्हारा है। तुम्हारे रहमोकरम से एक जाम शराब और एक अदद गोली अफ़ीम मिल जाए तो मेरे लिए बहुत है। मुझे और कुछ नहीं चाहिए। मैं तुम्हारा एक अदना ग़ुलाम हूँ।

डॉली : बातें ही बनाएँगे या चाय भी पीनी है।

रंजीत : तुम चलो, मैं एक मिनट में आया तस्वीर लगाकर।

डॉली : क्या सचमुच तस्वीर लगाएँगे?

रंजीत : क्या मैं मज़ाक कर रहा था!

डॉली : **(आमोदित)** अच्छा तो लगाइए तस्वीर। मैं अन्दर चाय ठीक करती हूँ। **(प्रस्थान-अन्दर)**

(रंजीत जहाँगीर की तस्वीर टाँगता है, तब ही बाहर से धीर का प्रवेश)

धीर : **(प्रवेश करते हुए)** लग गई जहाँगीर की तस्वीर।

रंजीत : आओ धीर, आओ।

धीर : रंजीत, जहाँगीर की तस्वीर का कुछ असर हुआ?

रंजीत : असर? थैंक यू वेरीमच धीर।

धीर : क़ैदी पर पहरा कुछ कम हुआ?

रंजीत : जेलख़ाने की कोठरी में खिड़कियाँ बन गई हैं।

धीर : अच्छा?

रंजीत : कभी-कभी खिड़कियों से एक आध भटकती किरण भी आ जाती है।

धीर : क़ैदी कभी-कभी गुड कन्डक्ट पर पेरोल पर भी छोड़े जाते हैं।

रंजीत : मैं तो रिहाई की उम्मीद लगाए बैठा हूँ।

धीर : तब तो जेलर बहुत ही ख़ुश हैं?

रंजीत : और नहीं तो क्या!

धीर : तब तो आज मौक़ा अच्छा है। इजाज़त माँगकर देखो।

डॉली : **(प्रवेश करके)** चाय तैयार है। ओह धीर भाई! आप कितने दिन बाद आज आए!

धीर : भाभी जी, रंजीत भी तो उधर एक महीने बिल्कुल दिखाई नहीं पड़ा।

रंजीत : धीर, मैंने आवारगी छोड़ दी है। ठीक है ना डॉली?

धीर : लगता है भाभी जी, आपने बिचारे पर मन्तर पढ़ दिया है।

रंजीत : मुझे खुद ही समझ आ गई है। अब बताओ, दिन-भर निठल्लों की तरह कॉफ़ी हाउस में समय बरबाद करने में क्या तुक है। ठीक जवाब दिया न डॉली?

डॉली : कामकाजी आदमी को इतनी फ़ुरसत कहाँ?

धीर : क्लब में तुम्हारी बहुत याद होती थी रंजीत। गुप्ता कह रहा था कि अगर तुम्हारी तरह उसे क्लब न आने को मिले तो वह तो बोरडम से ही मर जाए।

डॉली : उनकी अभी शादी नहीं हुई है, तब ही ऐसी बातें करते हैं।

रंजीत : गुप्ता अभी जानता नहीं कि शादी के बाद घर पर कितना मन लगता है। घरेलू बातें कम रोचक नहीं होतीं। आजकल तरकारियों के दाम बढ़ गये हैं। नौकर बड़े लाट साहब हो गये हैं। पड़ोसिन की लड़की बड़ी पापुलर हो रही है वग़ैरह-वग़ैरह। कभी-कभी तो ज्ञानवर्द्धक डिस्कशन हो जाते हैं। बेसन की पकोड़ी घी में ज़्यादा अच्छी बनती है, या तेल में। नीले ड्राइंग-रूम में नीले पर्दे ज़्यादा अच्छे लगेंगे या पीले। अब बताओ, ऐसी इन्टेलेक्चुअल बातें घर के अलावा कहीं और मिल सकती हैं?

धीर : कभी नहीं।

रंजीत : कल हम लोगों का पिक्चर का प्रोग्राम है।

धीर : कौन-सी पिक्चर?

रंजीत : क्या नाम है उसका डॉली?

डॉली : प्यार की चकाचौंध।

रंजीत : आहा, क्या नाम है! प्यार की चकाचौंध!!

धीर : रंजीत, तुमने हिन्दी पिक्चरें कब से देखनी शुरू कर दी हैं।

रंजीत : जब से अक़ल आई। क्यों ठीक कहा ना डॉली?

डॉली : अंग्रेज़ी फ़िल्में कितनी ही अच्छी क्यों न हों, उनमें वह इन्टरटेनमेंट नहीं होता, जो हिन्दी फ़िल्मों में होता है।

रंजीत : बम्बइया फ़िल्में तो इन्टरटेनमेंट में कमाल कर देती हैं। कुछ दिनों पहले हम लोगों ने एक पिक्चर देखी। नाम था 'जिगर और खंजर'। उसमें जब हीरोइन को अपने प्रेमी के मरने की ख़बर मिली तो एकदम गाना गाने लगी। क्या दर्दनाक ग़ज़ल

थी। पूरा हॉल रोने लगा। डॉली ने भी आँसूओं से रूमाल भिगो दिया। बताओ, अंग्रेज़ी फ़िल्म में हीरोइन रोने की जगह गाना गा सकती है। ठीक कहा न डॉली?

डॉली : आप मेरा मज़ाक बना रहे हैं?

रंजीत : धीर, इनकी यही बात बुरी लग जाती है। सच कहता हूँ, दिल पर जो चोट लगती है बताई नहीं जा सकती।

धीर : क्या बात?

रंजीत : यही हर समय मुझ पर शक करना! मैं कितनी ही गम्भीरता से बात कहूँ, तुम्हारी भाभी हमेशा ही कहेंगी, मैं मज़ाक कर रहा हूँ।

धीर : यह बात तो ठीक नहीं है भाभी जी। रंजीत बेचारा तो हमेशा आपके गुणों की गाथा गाया करता था।

डॉली : **(रुचि से)** अच्छा!

धीर : हाँ और क्या! जब बात करो, तो यही कहेगा कि मेरी बीवी ने मेरी जिन्दगी बना दी। शादी के पहले मैंने हज़ारों रुपये उड़ा दिये। मुझे उसने अच्छे बुरे में फ़र्क़ करने की तमीज़ दी। मुझे आँखें दी, कान दिये। आपको तो कहता है बस देवी हैं देवी। स्वर्ग से सीधी उतरकर मेरा उद्धार करने चली आईं।

डॉली : **(प्रसन्नता को छिपाने का प्रयास करती हुई)** अरे यों ही कह दिया होगा।

धीर : मुँह पर तो सभी तारीफ़ करते हैं। पीठ पीछे जो तारीफ़ करे, सच्ची तारीफ़ वही है।

रंजीत : **(रौब से)** मैं यों ही कहूँगा। मैं गुलामे जोरू-जमात का सदर यों ही कहूँगा?

धीर : किसके सदर?

रंजीत : दुनिया जानती है कि डॉली ने मेरे नकेल डाल दी है। मैं कौन-सा काम अपने-आप करता हूँ, तुम्हीं बताओ धीर।

धीर : इसे हटाओ रंजीत! यह बताओ, आज पार्टी में चल रहे हो?

रंजीत : नहीं भाई। मैंने डॉली से पूछा नहीं है।

डॉली : कौन-सी पार्टी?

धीर : हम लोगों का एक दोस्त पाँच साल बाद अमरीका से वापस आया है। उसी के लिए गुप्ता डिनर थ्रो कर रहा है। ऑल

मेल पार्टी जिसमें स्त्रियाँ सम्मिलित नहीं हो सकतीं। मेरा मतलब समझ गई होंगी आप?

डॉली : समझ गई मतलब।

धीर : अगर आप इजाज़त दें, तो रंजीत भी शामिल हो आए उसमें।

डॉली : आप जाना चाहते हैं?

रंजीत : बिल्कुल नहीं। भला तुम्हें छोड़कर जाने की इच्छा होगी मेरी!

डॉली : मन-मन भावे मुड़ी हिलावे। जाइए, हो आइए।

रंजीत : तुम कहती हो तो चला जाऊँगा।

डॉली : हाँ मन बदल जाएगा। मैं भी चलूँ। मुझे भी बहुत काम करने हैं **(जाते हुए दूर से)** और डिनर के बाद दोस्त लोग कहें, तो रमी भी खेल लीजिएगा। **(प्रस्थान)**

रंजीत : **(रुककर)** धीर, तुमने वही सुना जो मैंने सुना? डॉली ने कहा रमी खेल लीजिएगा।

धीर : (हँसकर) जेलर ने रिहाई का ऐलान किया है, जहाँगीर का शुक्रिया अदा करो।

रंजीत : जय जहाँगीर। **(जहाँगीर की तस्वीर के सामने सर झुकाता है)**

(यवनिका)

पंचतंत्र (बाल नाटक)

सब बच्चों को
रीना, बेबी, पराग, रजत, अनुराग,
भीम, प्रतीची, वासवी, वाग्वी,
सौम्या, शुभांगी, शारंग, यशार्थ,
ध्रुव और मानसी को जो अब
बड़े हो गये हैं

भूमिका

'पंचतंत्र' की जगत्-प्रसिद्ध कथाओं का हिन्दी में यह अभिनेय नाट्य-रूपान्तर सर्वप्रथम हुआ है। हिन्दी में अभिनेय नाटकों का प्रायः अभाव है, किन्तु मंच के लिए हिन्दी अभिनेय नाटक तो सर्वथा अलभ्य हैं। यह नाटक बालकों की आवश्यकता की पूर्ति करेंगे और साथ ही नवसाक्षरों और प्रौढ़ों के लिए भी, जिनके अविकसित मस्तिष्क की मानसिक आयु लगभग बालकों के ही स्तर की होती है—उपयोगी सिद्ध होंगे, ऐसा मेरा विश्वास है।

यह नाटक अभिनीत किये जाने के लिए लिखे गये हैं। पिछले कई वर्षों से मैं रंगमंच से सम्बद्ध हूँ। नाटक के अभिनय, निर्देशन, निर्माण और लेखन का मुझे सौभाग्य से पर्याप्त अवसर प्राप्त हुआ है। अपने उसी अनुभव को 'पंचतंत्र' की शिक्षात्मक कहानियों को अभिनयात्मक नाटकों के रूप में प्रस्तुत कर रहा हूँ।

इन नाटकों के पात्र प्रतीकात्मक हैं, अतः जो निर्देशक इन्हें मंचित करें, पात्रों की रूप-सज्जा, वेश-सज्जा तथा प्रस्तुतीकरण में प्रतीक शैली का ही उपयोग करें। प्रतीक-नाटकों में रस-सृजन और उनकी सफलता बहुत अंशों में दर्शकों की कल्पना और रसानुभूति-शक्ति पर निर्भर होती है; अतः इनकी सफलता अवश्यम्भावी है।

—दया प्रकाश सिन्हा

अनुक्रम

कौआ और काला साँप
103
सिंह और खरगोश
108
चंडरव गीदड़
114
बया और बन्दर
121
दो दोस्त
125
बन्दर और मगर
129
चार दोस्त
133

कौआ और काला साँप

नाटक के पात्र

नगाड़ेवला
कौआ
कव्वी
गीदड़
आदमी

(पर्दा खुलने पर, मंच पर एक कोने में, दर्शकों के निकट नगाड़ेवाला, नगाड़ा बजाता दिखाई देता है।)

नगाड़ेवाला : सुनो-सुनो बच्चों, भाइयों और दोस्तों...
सुनो, क्या कहता है नगाड़ेवाला।
(नगाड़ा बजाता है)
कहता है नगाड़ेवाला एक कहानी-
जिसे सुनाती है तुम्हारी नानी;
जो न इसे सुने उसकी सास कानी।
(नगाड़ा बजाता है)
बहुत दिन हुए
एक बरगद के ऊपर–
रहता था एक कव्वा, उसकी स्त्री और बच्चे।
और एक साँप भी रहता वहीं उसी पेड़ के नीचे।
वह साँप बड़ा ज़हरीला था,
बड़ा दुष्ट था,
खा जाता था उन कव्वों के–
नन्हे-नन्हे बच्चे।

(नगाड़ा बजाता है)

वह देखो आता है साँप यहीं पर—

(साँप का प्रवेश)

जिसके काले-काले डरावने फन से आती है फुंकार;
खाकर आया है इस समय वह कव्वे के बच्चों को,
इसीलिए तो मगन-मगन वह लेता है कैसी डकार।

(साँप डकार लेता है)

साँप : मैं हूँ साँप
देखो मुझको।
मैं काला, चमकीला,
मेरा फन, मेरी लपलपाती जीभ
देखो इनको।
मैं रहता हूँ बरगद के पेड़ के नीचे,
खा जाता हूँ मैं कव्वे के सब बच्चे।
ह ह ह ह

(साँप हंसता हुआ मंच पर पीछे एक कोने में चला जाता है।)

नगाड़ेवाला : **(नगाड़ा बजाकर)**
और आती है कव्वी वह देखो।
खा लिया इस दुष्ट साँप ने उसके बच्चों को।
रो रही है वह—
बिलख-बिलख कर,
फूट-फूट कर।

कव्वी : **(प्रवेश करके)** हाय, यह साँप मेरे सब बच्चे खा लेता है। हाय! (रोती है)।

नगाड़ेवाला : और वह देखो, कव्वी का पति, कौआ भी आता है—इधर ही।

कौआ : क्यों रो रही हो, कव्वी! क्या बात है जो इस तरह से तुम रो रही हो?

कव्वी : हे कव्वे, यह साँप बड़ा दुष्ट है। जब हम लोग भोजन की तलाश में गये थे, तब इसने हमारे सब बच्चों को खा लिया।

कौआ : **(दुखी होकर)** क्या? उसने हमारे बच्चों को खा लिया? हे भगवान, अब हम लोग क्या करें।

कव्वी : हमारे बच्चों की रक्षा का कोई उपाय नहीं। यह साँप हमेशा

ही हमारे बच्चों को डकार कर चैन की नींद सोता है।

कौआ : वह हमसे बहुत शक्तिशाली है। हम उससे कभी पीछा नहीं छुड़ा सकते।

(गीदड़ का प्रवेश)

गीदड़ : अरे कव्वे भाई, तुम ऐसे दुखी क्यों हो? कव्वी भाभी, तुम इतनी उदास क्यों होती हो?

कव्वी : गीदड़ भाई, तुम्हें क्या बताऊँ, हम लोग बड़े कष्ट में हैं।

गीदड़ : मुझसे कहो, मैं तुम्हारा मित्र हूँ; कष्ट में मित्र ही मित्र के काम आता है।

कव्वी : हाँ, मित्र की पहचान कष्ट में ही होती है। जो मित्र कष्ट में, बुरे दिनों में काम आये, वही सच्चा मित्र है।

गीदड़ : इसीलिए तो कव्वे भाई, मैं तुमसे कहता हूँ, मुझसे कहो। मैं तुम्हारी, जितनी हो सकती है, सहायता करूँगा। मैं तुम्हारा मित्र हूँ।

कौआ : तो सुनो मित्र, जिस बरगद के पेड़ पर हमारा घोंसला है, वहीं पर उसी पेड़ की खोखल में साँप रहता है; वह बड़ा दुष्ट है, क्योंकि जो दूसरों को कष्ट पहुँचाये वह दुष्ट ही कहलायेगा। सारा संसार उसकी बुराई करेगा।

कव्वी : जब हम लोग भोजन की खोज में जाते हैं, तो वह हमारे बच्चों को खा जाता है।

कौआ : वह हमसे अधिक शक्तिशाली है। हम उससे किसी तरह छुटकारा नहीं पा सकते।

गीदड़ : हिम्मत न हारो। बुद्धिमान पुरुष कभी भी, चाहे कितना ही कष्ट क्यों न पड़े हिम्मत नहीं हारते। वह सदैव प्रयत्न करते रहते हैं।

कव्वी : तब बताओ, हम लोग क्या कर सकते हैं?

गीदड़ : तुम लोग दुखी न हो। वह साँप बड़ा लोभी है, वह अवश्य मारा जायेगा। लालची आदमी का अन्त बुरा होता है।

कौआ : उस साँप का अन्त कैसे हो सकता है?

गीदड़ : इस साँप से युद्ध करने में हम लोगों की पराजय होगी। इसलिए इसे उपाय से परास्त करना होगा। सुनो...तुम किसी राजा के नगर में जाओ और वहाँ से राजा के किसी सावधान आदमी की सोने की जंज़ीर लेकर, उस साँप की

खोखल में डाल दो। और जब उसका मालिक जंज़ीर ढूँढता हुआ वहाँ आयेगा तो खोखल में साँप को देखकर मार डालेगा।

कव्वी : यह तरकीब तो बड़ी अच्छी है।

कौआ : मैं अभी राजा के नगर में जाकर किसी आदमी की सोने की जंज़ीर लेकर आता हूँ।

कव्वी : राजा के नगर नहीं, नदी के किनारे जाओ। वहाँ लोग सोने की जंज़ीर उतार कर, किनारे रख के, नदी में नहा रहे होंगे। तुम उनकी जंज़ीर आसानी से उठा सकते हो।

कौआ : हाँ, यह बिल्कुल ठीक है। देखो मैं जाता हूँ और नदी में नहाने वाले किसी आदमी की जंज़ीर किनारे से उठाकर उस साँप के बिल में डाल देता हूँ। **(कव्वे का प्रस्थान)**

(नगाड़े की ध्वनि)

नगाड़ेवाला : यह कहकर उड़ गया कौआ, आसमान में,
और घूमता-घूमता पहुँचा नदी के तीर—
जहाँ नहा रहा था एक आदमी नदी में,
और वहीं किनारे पड़ी थी, चमकती सोने की जंज़ीर।
कव्वे ने एक झपट्टा मारा,
पलक झांपते,
देखते ही देखते,
ले उड़ा कौआ सोने की जंज़ीर।

(नगाड़े की ध्वनि)

'भागो, पकड़ो, दौड़ो-'
आगे आगे कौआ
और पीछे-पीछे आदमी,
वह लिए हाथ में लाठी,
आता चिल्लाता।

(कव्वे के मुँह में जंजीर लिए मंच पर प्रवेश। वह आगे-आगे भागता है और पीछे-पीछे नंगे बदन हाथ में लाठी लिए वह आदमी भागता है। वे दो एक बार मंच पर चक्कर लगाते हैं और अन्त में कौआ जंजीर को साँप के पास फेंक कर भाग जाता है। वह आदमी साँप के पास से जंजीर उठाना चाहता है, तो साँप एकदम उठ खड़ा होता है।)

साँप : फूँ फूँ फूँ फूँ
मैं काला साँप हूँ...हूँ।

खबरदार, दूर हटो,
मैं डस सकता हूँ तुमको;
देखो मुझको,
मैं काला, चमकीला
मेरा फन, मेरी लपलपाती जीभ,
देखो इनको।
फूँ फूँ फूँ फूँ।

आदमी : ओह, यह बड़ा भयानक साँप है। शत्रु और रोग को कभी छोटा नहीं समझना चाहिए। मैं इसे तुरन्त मारे डालता हूँ। **(फिर लाठी के प्रहार से साँप को मारता है। साँप पहले फुंफकारता है और बाद में मर कर गिर जाता है। आदमी सोने की जंजीर लेकर चला जाता है।)**

कौआ : (उल्लास से) काला साँप मर गया।

कव्वी : **(उल्लास से)** काला साँप मर गया।

कौआ : हमारे दुख के दिन गये।

कव्वी : अब हमारे बच्चे साँप के भय से सुरक्षित रहेंगे।

कौआ : धन्यवाद भाई गीदड़, तुम्हारी तरकीब से हम लोग अब सुख से रहेंगे।

गीदड़ : मुझे धन्यवाद न दो भाई कौए। तुम तो मेरे मित्र हो। मित्र की सहायता करना मित्र का कर्तव्य है। इसमें धन्यवाद देने की क्या जरूरत है।

(नगाड़े की ध्वनि)

नगाड़ेवाला : इस तरह मर गया काला साँप
और छँट गये काले बादल दुख के
कौआ-कव्वी के जीवन के।
सब कुछ हो सकता है उपाय से—
बुद्धिमानों के लिए नहीं कुछ असाध्य।
है जिस पर बुद्धि, उसी पर बल,
है नहीं बड़ा बुद्धि से बल।

(नगाड़ा बजता है।)

यवनिका

सिंह और खरगोश

नाटक के पात्र

नगाड़ेवला
भासुरक सिंह
बन्दर
खरगोश

(पर्दा खुलने पर, दर्शकों के निकट, मंच पर एक कोने में, नगाड़ेवाला, नगाड़ा बजाता दिखाई देता है।)

नगाड़ेवाला : सुनो-सुनो बच्चो, भाइयो और दोस्तो...
सुनो, क्या कहता है नगाड़ेवाला।

(नगाड़ा बजाता है)

कहता है नगाड़ेवाला एक कहानी—
जिसे सुनाती है तुम्हारी नानी;
जो न इसे सुने, उसकी सास कानी!

(नगाड़ा बजाता है)

नगाड़ेवाला : बहुत दिन हुए
रहता था जंगल में
एक सिंह;
नाम था भासुरक उसका,
था वह जंगल का राजा।
देखो वह खुद ही इधर आता।

(नगाड़े की ध्वनि के बीच सिंह का प्रवेश)

सिंह : मेरा नाम भासुरक सिंह है। मैं इस जंगल का राजा हूँ। मैं सबसे अधिक शक्तिशाली हूँ। कोई मेरा सामना नहीं कर

सकता। सारा जंगल मेरे नाम से काँपता है। मेरी जब जितनी इच्छा होती है, उतने जानवरों को मैं मार डालता हूँ।

(बन्दर का प्रवेश)

बन्दर : जंगल के राजा, भासुरक सिंह को प्रणाम।

सिंह : रे बन्दर, तेरी इतनी हिम्मत किस तरह हुई कि मेरे पास इस तरह चला आया? क्या तुझे डर नहीं लगता? मैं चाहूँ तो एक पल में तुझे चकनाचूर कर दूँ।

बन्दर : महाराज, मैं दूत बनकर सन्देशा लेकर आपके पास आया हूँ। आप दूत को नहीं मारेंगे, मुझे विश्वास है।

सिंह : तुम दूत हो?

बन्दर : जी महाराज।

सिंह : किसके?

बन्दर : जंगल के सब जानवरों के। मैं उनकी प्रार्थना लेकर आपके पास आया हूँ।

सिंह : कहो, क्या बात है?

बन्दर : हे स्वामी, हर रोज बहुत से जानवरों को मारने से क्या लाभ है तुम्हारा? तुम्हारा पेट तो एक ही जानवर से भर सकता है। हमसे जानवरों के न मारने की प्रतिज्ञा करो, तो एक जानवर रोज हम तुम्हें खुद ही पहुँचा दिया करेंगे। ऐसा करने से तुम्हें तकलीफ भी न होगी और हम सब भी बिना बात नहीं मारे जायेंगे?

सिंह : हूँ, तुम ठीक कहते हो। परन्तु किसी दिन घर बैठे ही मेरे पास जानवर नहीं आया तो मैं तुम सबको खा जाऊँगा!

बन्दर : हाँ स्वामी, ऐसा ही होगा।

(नगाड़े की ध्वनि बज उठती है सिंह और बन्दर विपरीत दिशाओं में मंच के बाहर चले जाते हैं।)

नगाड़ेवाला : और इस तरह
घर बैठे ही बैठे,
पहुँच जाता था सिंह के पास
एक जानवर।
किन्तु एक दिन
जब बारी आई एक खरगोश की,

रोने लगा वह फफक-फफक कर,
बहने लगे आँख से उसके आँसू।
किन्तु रोने से कब कटी मुसीबत,
हँसा सके कब किसे किसी के आँसू!
और आँसू पोंछ–
लिया हिम्मत का सहारा।
सोचा उसने–
रोने से क्या लाभ?
चाहे कुछ भी हो,
लूँगा हिम्मत से काम;
नहीं वह हिम्मत हारा।

(नगाड़े की ध्वनि और सिंह का प्रवेश)

नगाड़ेवाला : इधर क्रोध से,
घूम रहा था व्याकुल क्रोधित सिंह।
फड़कते थे नथुने उसके,
आँखें लाल थीं उसकी,
जैसे हों अंगारे।
इतनी देर हुई,
नहीं आया कोई जानवर,
अब तक।
कैसे भूख मिटाऊँ!

(ख़रगोश का प्रवेश)

खरगोश : स्वामी, मैं आपके भोजन के लिए आया हूँ।

सिंह : अरे, मच्छर से पतले खरगोश! तू अब आया है! बोल, अब तक कहाँ था? इतनी देर कहाँ हो गई? मैं भूख से छटपटा रहा हूँ। कल सुबह मैं जंगल के सब जानवरों को मार डालूंगा!

खरगोश : महाराज, न इसमें मेरा दोष है और न जंगल के अन्य जानवरों का।

सिंह : जन्दी बताओ, क्या कारण है तुम्हारे इतनी देर से आने का? और फिर तुम इतने पतले हो कि मेरा पेट कैसे भरेगा?

खरगोश : सब जानवरों ने मुझको छोटा जानवर समझकर, पांच खरगोशों के साथ आपके पास भेजा था।

सिंह : बाकी चार खरगोश कहाँ हैं?

खरगोश : महाराज, हम सब आपके पास आ रहे थे...लेकिन...लेकिन...

सिंह : लेकिन?

खरगोश : रास्ते में एक दूसरे सिंह ने हमारा रास्ता रोककर पूछा—तुम कहाँ जाते हो?

सिंह : तो?

खरगोश : तो महाराज, हमने कहा कि हम अपने जंगल के राजा भासुरक के पास भोजन के लिए जाते हैं।

सिंह : इस पर उसने क्या कहा?

खरगोश : महाराज, वह बिगड़कर गरजने लगा। बोला—इस जंगल का राजा मैं हूँ।

सिंह : **(क्रोध से)** उसकी यह हिम्मत!

खरगोश : हाँ महाराज, वह तो यह कहने लगा कि भासुरक चोर है, कायर है!

सिंह : उसने मुझे चोर कहा? कायर कहा?

खरगोश : जी महाराज! और फिर उसने चार खरगोशों को पकड़कर खा लिया। मैं किसी तरह जान बचाकर आपकी सेवा में उपस्थित हुआ हूँ।

सिंह : बता तो मुझे, वह बदमाश शेर कहाँ है? मैं अभी उसका घमंड चूर करता हूँ! उसकी यह हिम्मत कि मेरे राज्य में मुझी को गाली, और अपने आपको राजा बताये!

खरगोश : महाराज, यह ठीक है कि अपने अधिकार के लिए वीर लड़ते हैं, किन्तु वह किले में रहता है।

सिंह : ज्यादा बात मत करा। जल्दी से मुझे किले में रहने वाले उस बदमाश शेर को दिखा; जिससे मैं उसे मार डालूँ।

खरगोश : वह बहुत बलवान है। बिना उसकी ताकत जाने आपका वहाँ जाना ठीक नहीं, क्योंकि जो अपनी और दूसरे की शक्ति देखे बिना जोश में सामने जाता है, वह आग में पतंगे की तरह जलकर नष्ट हो जाता है।

सिंह : तुझे इन बातों से क्या मतलब? तू मुझे दिखा भर दे; किले में रहने पर भी वह मुझसे नहीं बच सकता!

खरगोश : यदि ऐसा है, तो चलिए।

(दोनों घूमते हुए मंच के एक दो चक्कर लगा कर, मंच में पीछे की ओर बने हुए कुएँ के पास जाते हैं।)

नगाड़ेवाला : **(नगाड़ा बजाने के बाद)**
इस तरह सिंह को फुसला कर खरगोश,
ले चला कुएँ के पास।

खरगोश : स्वामी, तुम्हारे प्रताप को कौन देख सका है! वह आपको आते हुए देखकर किले में घुस गया।

सिंह : कहाँ है वह किला?

खरगोश : **(कुएँ की ओर इशारा कर)** वह किला है, लेकिन मैं नहीं जाऊँगा उधर। मुझे उस शेर से बड़ा डर लगता है। आप ही जाइये।

सिंह : घबरा मत! मैं अभी उस शेर के बच्चे का काम तमाम करता हूँ। **(शेर कुएँ के ऊपर चढ़कर झाँकता है)** वह रहा बदमाश शेर! तेरी इतनी हिम्मत कि मेरे राज में आकर मेरा मुकाबला करे। मैं अभी तुझे मारे डालता हूँ। ले अपनी करतूत का मजा चख।

(शेर कुएँ में कूद पड़ता है)

नगाड़ेवाला : देख अपनी ही छाया
कुएँ के पानी में,
घमंड से चूर मूर्ख अभिमानी
कूद पड़ा भासुरक कुएँ में,
और खो बैठा हाथ–
स्वयं अपने जीवन से।

खरगोश : गांव के जानवरों सुनो। बन्दर भाई, बिल्ली मौसी, गीदड़ मामा, लोमड़ी बुआ, हाथी ताऊ, भालू चाचा, सुनो...सब लोग सुनो। भासुरक सिंह इस कुएँ में कूद कर मर गया। अब सब आनन्द मनाओ, नाचो, गाओ, सुख से रहो। भासुरक मर गया! मर गया!!

(नगाड़े की ध्वनि)

नगाड़ेवाला : देखा तुमने!
सब कुछ हो सकता है, अगर हों उपाय
बुद्धिमानों के लिए नहीं कुछ असाध्य!

है जिस पर बुद्धि उसी पर बल—
है नहीं बड़ा बुद्धि से बल।

(नगाड़े की ध्वनि)

यवनिका

चंडरव गीदड़

नाटक के पात्र

नगाड़ेवला
कुत्ता 1
कुत्ता 2
कुत्ता 3
चंडरव गीदड़
बन्दर
गेंडा
शेर
गीदड़ 1
गीदड़ 2

(पर्दा खुलने पर एक गीदड़ जिसका नाम चंडरव है, मंच पर प्रवेश करता है। वह डरा हुआ है। उसके पीछे भोंकते हुए बहुत कुत्ते भी प्रवेश करते हैं।)

कुत्ता 1 : भों, भों,... यह गीदड़ है!

कुत्ता 2 : भों, भों, यह यहाँ क्यों आया है?

कुत्ता 3 : भों, भों, इसे निकाल दो।

कुत्ता 1 : यह भूखा लगता है, तभी तो जंगल से नगर में आया है।

कुत्ता 3 : अगर यह भूखा है तो हमारे खाने में हिस्सा लगायेगा।

कुत्ता 2 : इसे तुरन्त निकालो।

कुत्ता 1 : इसे भगाओ यहाँ से।

(सब गीदड़ की ओर दौड़ते हैं।)

कुत्ता 1 : भों, भों, भागो यहाँ से।

कुत्ता 2 : भों, भों, निकालो यहाँ से।

कुत्ता 3 : भों, भों, भाग, निकलो।

(गीदड़ डर से चिल्लाता मंच से भाग जाता है। कुत्ते भी भों, भों करते उसका पीछा करते नेपथ्य में भाग जाते हैं।)

नगाड़ेवाला : **(नगाड़ा बजाकर)**

देखा तुमने,
कैसे मार भगाया गीदड़ को कुत्तों ने,
जो घुस आया है जंगल छोड़ नगर में।
गीदड़ था बहुत भूखा,
जंगल में मिलता था न उसे भोजन,
क्योंकि वह कायर था।
इसीलिए तलाश में भोजन की,
वह आ पहुँचा, घूमता-फिरता
नगर में।
नाम था उसका चंडरव।
और जब कुत्तों ने उसको मार भगाया,
तो डर से व्याकुल,
काँपता भय से,
जा छिपा वह—
एक धोबी के घर में।
वहाँ था बड़ा अँधेरा
और घबराहट से था वह पूरा,
जा गिरा वह नील की नाँद में,
हो गया वह ऊपर से नीचे तक नीला।
पक्का था वह रंग—
नहीं छुटाये से छूटा।
चंडरव ने लाख कोशिश की,
सब प्रयत्न करके वह हारा!
अब वह नीला था,
ऊपर से नीचे तक।
नीली थी उसकी दुम
नीले थे उसके कान, नाक,

नीले थे उसके पैर,
और नीले ही थे उसके हाथ!
देखो इधर ही आता है वह...
(नगाड़े की ध्वनि में नीले चंडरव का प्रवेश)

चंडरव : भोजन की तलाश में
जंगल छोड़ नगर को गया था मैं।
भोजन न मिला,
रहा मैं भूखा का भूखा,
किन्तु रंग गया मेरा बदन।
अब कैसे पहचानेंगे मुझको
मेरे भाई और बहन!

बन्दर : **(प्रवेश करके)** अरे, यह अजीब जानवर कौन है! यह नीले रंग का जानवर कौन है! **(निकट जाकर फिर डर से भागते हुए)** बचाओ, बचाओ। यह तो स्वर्ग का दूत है। **(मंच के बाहर भाग जाता है।)**

गेंडा : **(प्रवेश करके)** यह नीले रंग का जानवर! इसे मैं जीवन में पहली बार देख रहा हूँ। देखूं तो यह कौन है! **(चंडरव के निकट जाकर फिर डर से भागते हुए)** जंगल के राजा सिंह, बचाओ। यह कोई देवता है। जंगल के राजा शेर बचाओ।

(नेपथ्य में भाग जाता है)

भेड़िया : **(प्रवेश करके)** अरे भगवान, यह मैं क्या देख रहा हूँ? यह नीला-नीला जानवर कहाँ से आ गया! किस जंगल से आ गया। यह तो कोई बड़ा जादूगर लगता है। **(निकट जाकर, फिर भागते हुए)** शेर बचाओ। तुम्हारे जंगल में कोई जादूगर आ गया है! जादूगर! बचाओ!! **(भागता है।)**

(थोड़ी देर बाद आगे-आगे शेर पीछे-पीछे गेंडा, बन्दर और भोड़िये का प्रवेश)

सिंह : कहाँ है वह बेईमान, जो मेरे राज्य में बिना मेरी आज्ञा के आ घुसा है। उसकी यह मजाल, मैं अभी उसको नानी याद दिलाता हूँ। कहाँ है। बदमाश। दिखाओ मुझे, कहाँ है वह?

बन्दर : **(भय से काँप कर)** वह है। **(चण्डरव गीदड़ को दिखाता है।)**

सिंह : **(चण्डरव गीदड़ को देखकर)** वह। **(भय से)** वह जो ऊपर से

नीचे तक नीला है। हे भगवान, रक्षा कर उससे! वह जरूर या तो देवता है, या जादूगर। उससे लड़ने की हिम्मत नहीं है मेरी। मैं तो भागा भइया! **(शेर भागता है और पीछे-पीछे बंदर, गेंडा और भेड़िया भी भागते हैं।)**

चंडरव : सुनो सुनो शेर! भागो मत। बन्दर, गेंडे और भेड़िये, तुम भी यहाँ आओ। डरो मत। मैं तुम्हें मारूँगा नहीं। यहाँ आओ मेरी बात सुनो। मेरी बात सुनो। मैं ईश्वर का संदेश तुम्हारे लिए लाया हूँ। उसे सुनो। डरो मत। मैं तुम्हें नहीं मारूँगा।
(शेर, बन्दर, भेड़िया और गेंडा डरते-डरते उसके पास आते हैं।)

शेर : हे महाराज, तुम कौन हो? कहाँ से आये हो? हम पर दया करो।

बन्दर : स्वामी, मैं बहुत कमजोर जानवर हूँ। **(डर से घिघियाता है।)**

गेंडा : हे मालिक, मैं देखने में बड़ा मोटा लगता हूँ, मगर मैं तुम्हारा नौकर हूँ।...हम तुम्हारे पैर पड़ते हैं।

चन्डरव : सुनो, तुम्हारे जंगल की दशा बड़ी खराब है इसीलिए ब्रह्मा ने अपने हाथ से मुझे बनाकर कहा है—'जाओ, जंगल का राज करो!'

बन्दर : तो महाराज, आप जंगल पर राज करेंगे।

चन्डरव : हाँ, क्या किसी की हिम्मत है जो मेरा विरोध करे!

शेर : नहीं, भला कोई क्या खाकर आपका सामना करेगा? आप जंगल का राज-पाट ले लीजिए, मैं आपका चौकीदार बनकर आपकी सेवा करूँगा।

चन्डरव : नहीं, चौकीदार का काम गेंडा करेगा।

गेंडा : आपकी आज्ञा सिर आँखों पर।

चन्डरव : शेर तुम मेरे रसोइये का काम करोगे। रोज नये-नये जानवर मार कर तुम मेरे खाने के लिए लाओगे।

शेर : **(हाथ जोड़कर)** जैसी आज्ञा!

चन्डरव : और बन्दर तुम मेरे लिए पान लगाओगे, खरगोश मेरे लिए हुक्का भरकर लायेगा, और लोमड़ी मेरा बिस्तर बिछायेगी।

बन्दर : आपकी आज्ञा का सब पालन करेंगे।

चन्ढरव : बन्दर, तुम दौड़ सब जंगल के जानवरों से कह दो कि अब जंगल में नीले राजा का राज्य है।

बन्दर : **(उछलता-कूदता सारे मंच का चक्कर लगा कर)** हे जंगल के जानवरों, छिपकली, चिमगादड़, बिल्ली, चूहे! सारस, हाथी, घोड़े, ऊँट, उल्लू...!! सब लोग कान खोलकर सुना लो—अब जंगल में नीले राजा का राज्य है...है...है...।

शेर : नीले राजा की—

गेंडा : जय!

बन्दर : जय!

(शेर, गेंडा का बन्दर चंडरव के आगे लोटकर प्रणाम करते हैं। तब ही दो गीदड़ों का मंच पर प्रवेश।)

चंडरव : यह कौन हैं?

गीदड़ 1 : महाराज हम लोग गीदड़ हैं।

चंडरव : खामोश बदतमीज! हम तुमसे नहीं, अपने चौकीदार से पूछते हैं। चौकीदार!

गेंडा : **(घबराकर)** जी नीले राजा, आज्ञा!

चंडरव : यह बदतमीज जानवर कौन हैं, जो यह नहीं जानते कि दुनिया भर मे नीले राजा से कैसे बात करें!

गेंडा : महाराज, यह जानवर गीदड़ हैं।

चंडरव : ऐं, गीदड़? ये तो जानवरों में सबसे छोटे जानवर होते हैं चौकीदार, इनसे कह दो कि यह कभी मेरे पास न आयें। मैं पूरी दुनिया का राजा नीलराज हूँ। खबरदार, अगर आज से मैंने तुम लोगों की सूरत भी देखी, तो अपने रसोइये शेर से कहकर तुम्हारी तरकारी बनवा दूँगा...समझे!

गीदड़ 2 : महाराज...क्षमा...क्षमा! अब हम कभी भी आपके सामने नहीं आयेंगे।

चंडरव : जाओ, भागो यहाँ से!

(दोनों गीदड़ दंडवत करते, डर से कांपते भाग जाते हैं।)

चंडरव : अब तुम सब लोग जैसा मैंने कहा है वैसे अपना-अपना काम करो।

सब : जैसी आज्ञा नीलराज!

(दंडवत करके मंच के बाहर चले जाते हैं और चंडरव मंच पर इधर से उधर प्रसन्नता से घूमता है।)

नगाड़ेवाला : इस तरह हो गया—

चंडरव जंगल का राजा।
नित नये-नये पकवान खाकर
होने लगा वह मोटा।
किन्तु एक दिन,
खुल गई सब पोल,
और फूटा भाँडा उसका।

(नेपथ्य में सियारों के हुआ' 'हुआ' की आवाज। चंडरव यह आवाज सुनकर चौंका और 'हुआ' करके चिल्ला उठा; किन्तु फ़ौरन ही मुँह पर हाथ रखकर उसने अपने को चुप किया। किन्तु उसकी आवाज सुनकर गेंडा प्रवेश करता है।)

चंडरव : चौकीदार, यह किन की आवाज?

गेंडा : राजा नीलराज, यह गीदड़ चिल्ला रहे हैं।

चंडरव : अच्छा, जाओ!

(गेंडे का प्रस्थान)

(चंडरव थोड़ी देर चुपचाप इधर-उधर घूमता रहा, किन्तु दूर से आ रही गीदड़ों की आवाज़ सुनकर फिर चिल्ला उठा।)

चंडरव : 'हुआ' 'हुआ' 'हुआ'।

गेंडा : **(प्रवेश करके)** महाराज नीलराज?

(चंडरव गेंडे को देखकर, अपने हाथों से मुंह बन्द करने की कोशिश करता है, किन्तु चुप नहीं हो पाता।)

चंडरव : 'हुआ' 'हुआ' 'हुआ'।

(इतने में शेर, बन्दर, भेड़िये इत्यादि आ जाते हैं।)

शेर : यह तो गीदड़ों की तरह चिल्ला रहा है।

गेंडा : मुझे तो लगता है कि यह राजा-वाजा कुछ नही है; यों ही झूठ-मूठ बना है।

बन्दर : अरे ये रंगा-सियार है; अपने को राजा कहने लगा।

गेंडा : तब तो यह बदमाश है।

शेर : इसने मुझे धोका देकर, मेरे राज पर कब्जा जमा लिया।

बन्दर : और आपको रसोइया बना लिया!

शेर : मैं अभी इसे ठीक करता हूँ। **(चंडरव की ओर झपटता है।)** ठहर बदमाश!

गेंडा : भागने न पाये!

बन्दर : रंगा-सियार!

(तीनों चंडरव की ओर झपटते हैं।)

चंडरव : **(डर से व्याकुल)** बचाओ! बचाओ!! माफ करो शेर राजा!!!

(कहता हुआ बाहर भाग जाता है और सब जानवर भी उसका पीछा करते, उसके पीछे भगाते हैं।)

नगाड़ेवाला : **(नगाड़ा बजा कर)** और सुनो आगे तुम बच्चों,
मार डाला शेर ने–
चंडरव को।
मर गया चंडरव,
क्योंकि वह झूठा था
जो करते हैं ढोंग
और करता हैं अपनों को छोड़–
दूसरों का साथ,
होता है उनका वह हाल
जैसा तुमने अभी देखा–
चंडरव का।

(नगाड़े की ध्वनि)

यवनिका

बया और बन्दर

नाटक के पात्र

नगाड़ेवला

चटका बया

चटक (चटका बया का पति)

बन्दर

नगाड़ेवाला : सुनो-सुनो बच्चों... सुनो एक कहानी
जिसे सुनाती है तुम्हें, तुम्हारी नानी,
जो न इसे सुने उसकी सास कानी।

(नगाड़ा बजाता है)

इस नगर में बड़े जोर का—
बरसा पानी।
आसमान पर बादल छाये,
बिजली चमकी—
फिर झम-झम-झम
भीग गया यह बन्दर,
छप, छप, छप।
बन्दर आता है देखो यहाँ
इसी ओर को।

(बन्दर का प्रवेश)

भीग जाने से देखो
कैसी सर्दी लगती है इसको
और कैसे कांप रहा है यह बन्दर।

बन्दर : **(काँपकर)** अरे! बड़ी सर्दी लग रही है। मैं पानी में बहुत भीग गया।

(चटका बया का प्रवेश)

नगाड़ेवाला : इतने में ही आ पहुँची वहाँ,
चटका नाम वाली यह बया।
है कैसी खुश यह,
नाच रही है देखो–
कैसी यह फर-फर।
पंख नहीं भीगे इसके,
और न भीगी है उसकी चोंच।

चटका : नाम है मेरा चटका
हूँ मैं एक बया।
पानी बरसा पानी बरसा
झम झम झम!
बनाती हूँ घोंसला अपने हाथों,
जिसमें रहती हूँ मैं;
इसीलिए तो भीगी नहीं;
बच गई मैं–
नाचूँ मैं
छम छम छम!
(पंखों को फड़फड़ाती मंच पर बन्दर के चारों ओर चक्कर लगाती है। फिर रुककर)

चटका : अरे बन्दर भाई, तुम भीग कैसे गये?

बन्दर : पानी बरसा था उसी से भीग गया।

चटका : तुम काँप क्यों रहे हो?

बन्दर : **(क्रोध से)** भीग गया, इसीलिए जाड़े से काँप रहा हूँ।

चटका : तुम्हारे पास घर नहीं है?

बन्दर : **(क्रोध से)** नहीं।

चटका : बड़े ताज्जुब की बात है। मेरे पास तो घर है। जब पानी बरसा तो मैं उसमें चली गई, इसीलिए भीगी नहीं।

बन्दर : तो मैं क्या करूँ?

चटका : तुम भी अपना घर बनाओ। तुम्हारे तो आदमी जैसा बदन है, आदमी जैसे हाथ-पैर हैं, तुम क्यों नहीं मकान बनाते?

बन्दर : दुष्ट बया, तू चुप क्यों नहीं रहती? तू मेरी हँसी करती है?

चटका : बन्दर भाई, मैं तुम्हारी हँसी नहीं करती। मैं तो तुम्हें ठीक काम की सलाह दे रही हूँ। **(नेपथ्य की ओर देखकर)** वह देखो मेरा घोंसला; मेरी तरह तुम भी मकान बना सकते हो। अगर तुमने मकान बनाया होता तो, तुम पानी में भीग कर इस तरह न काँपते।

बन्दर : मैं कहता हूँ, तू चुप नहीं रहेगी? तुझे अपने घोंसले का बड़ा घमंड है! मैं अभी तोड़े डालता हूँ तेरे घोसले को!!

चटका : नहीं, नहीं मेरा घर न तोड़ना।

(बन्दर झपटता हुआ नेपथ्य में भागता है और बया उसके पीछे भागती है।)

नगाड़ेवाला : **(नगाड़ा बजाकर)** किन्तु बन्दर ने तोड़ डाला—
बया का घोंसला।
देखो वह आती है चटका।
रोती, अपने भाग्य पर पछताती।
बन्दर ने तोड़ डाला उसका घोंसला!

(चटका का प्रवेश)

चटका : बन्दर ने मेरा घोंसला तोड़ डाला। मैं तो उसके भले के लिए सलाह दे रही थी, लेकिन उसने मेरा घर तोड़ डाला। **(रोती है।)**

नगाड़ेवाला : **(नगाड़ा बजाकर)** और देखो वह इधर ही आता चटक, पति है जो चटका का।

(चटक का प्रवेश)

चटक : चटका रानी, तुम क्यों रो रही हो?

चटका : बन्दर ने मेरा घोंसला तोड़ दिया।

चटक : क्यों?

चटका : वह पानी में भीग जाने से काँप रहा था। मैंने उससे कहा कि आदमी जैसे तुम्हारे हाथ-पाँव हैं, तुम अपना घर क्यों नहीं बनाते? बस, इस पर उसने हमारा घोंसला तोड़ डाला।

चटक : तुमने उससे घर बनाने को क्यों कहा?

चटका : मैं तो उसे अच्छी सलाह दे रही थी; उसी के फायदे के लिए।

चटक : हर एक को सलाह नहीं देनी चाहिए!

चटका : क्यों?

चटक : अच्छे को सलाह देना गुणकारी होता है, और बुरे को सलाह देना नुकसान भी कर सकता है। सलाह सिर्फ उसे देनी चाहिये, जो सलाह मांगे। चलो, हम लोग दूसरा घर बनायेंगे।

चटका : हाँ, हम लोग दूसरा मकान बनायेंगे। **(दोनों का प्रस्थान)**

(नगाड़े की ध्वनि)

नगाड़ेवाला : **(नगाड़ा बजाकर)** सीख बाको दीजिये, जाको सीख सुहाय।
सीख न दीजे बानरा, कि घर बया का जाय।

(नगाड़े की ध्वनि)

यवनिका

दो दोस्त

नाटक के पात्र

कौआ
कबूतर-राजा
कबूतर 1
कबूतर 2
कबूतर 3
चूहा
बहेलिया

(पर्दा खुलने पर मंच पर पीछे की ओर कार्डबोर्ड पर कटा एक प्रतीकात्मक बरगद का पेड़ खड़ा है। तभी एक ओर से कौआ दौड़ता हुआ आता है, और बरगद की ओर इंगित करके कहता है।)

कौआ : बरगद के पेड़ पर रहने वाले पक्षियों, सुनो। मैं अभी भोजन की तलाश में आसमान पर उड़ रहा था तो सामने से मुझे एक बहेलिया इधर आता हुआ दिखाई दिया। वह यमदूत के समान भयानक था। उसके पैर फटे थे और बाल भी बड़े-बड़े थे। **(नेपथ्य की ओर देखकर)** हे भाइयों, वह देखो, वह इधर ही आ रहा है। उसके हाथ में जाल और चावल हैं। वह जाल बिछाकर चावल बिखेरेगा। उन चावलों को तुम जहर समझना। ...**(बहेलिया प्रवेश करता है।)**
यह आ गया बहेलिया। मैं तो भागता हूँ। **(कौआ का नेपथ्य में प्रस्थान।)**

(बहेलिया चावल डालकर, जाल फैलाता है और फिर एक कोने

में छिपकर बैठ जाता है। थोड़ी देर पश्चात वह मंच पर खड़े होकर कहता है।)

बहेलिया : बड़े ताज्जुब की बात है। जाल फैलाये मुझे दो घंटे से अधिक हो गया, लेकिन कोई पक्षी इसके निकट तक भी नहीं आया। इस पेड़ पर इतने सारे पक्षी हैं, लेकिन कोई इधर झाँकता भी नहीं। **(आसमान की ओर देखकर)** वह आसमान में कबूतर आ रहे हैं; मैं दूर झाड़ी में जाकर छिप जाता हूँ। तब शायद कबूतर इस जाल में फँस सकें।

(बहेलिया का भाग कर प्रस्थान।)

(कबूतर-राजा, तीन अन्य कबूतरों के साथ उड़ता-उड़ता वहाँ आता है।)

कबूतर 1 : कबूतर-राजा, वह देखो, जमीन पर चावल बिखरे हैं।

कबूतर 2 : हम लोग बड़े भाग्यवान हैं। घर से निकलते ही भोजन मिल गया।

कबूतर 3 : हाँ, अब हमें दूर नहीं जाना पड़ेगा। आओ कबूतर-राजा।

कबूतर : चलो।

(चारों कबूतर जमीन पर बिखरे दानों को उठाते हैं और बहेलिया जाल उन पर डाल देता है।)

कबूतर 1 : कबूतर-राजा, हम लोग जाल में फँस गये।

कबूतर-राजा : हाँ, यह बिना सोचे-बिचारे काम करने का फल है। जो काम बिना उसके फल का विचार किये हुए किया जाता है, उसका फल सदा बुरा होता है।

कबूतर 2 : कबूतर-राजा, हम लोग अब क्या करें? बहेलिया हम लोगों को मार डालेगा।

कबूतर-राजा : लालच में आकर, हम लोग इन चावलों को खाने टूट पड़े। हर लालची आदमी की यही दुर्गति होती है।

कबूतर 3 : **(रुआँसा-सा)** कबूतर-राजा, हम लोग मर जायेंगे। हमें तो रोना आ रहा है **(रोता है।)**

कबूतर-राजा : रोने से कभी कोई लाभ नहीं होता। सब तरह के दुखों के आ जाने से जो हिम्मत नहीं हार बैठता, वड़ अवश्य ही सब दुखों के पार हो जाता है।

(कौए का प्रवेश। वह बड़े ध्यान से कबूतरों की बात सुनता है।)

कबूतर 2 : तो अब क्या करोगे?

कबूतर-राजा : मुसीबत का सामना सब लोगों को मिलकर करना चाहिए। एकता में बड़ी शक्ति है। मेरी एक तरकीब है। अगर तुम सब साथ दो तो इस जाल से छुटकारा मिल सकता है।

कबूतर 1 : क्या है?

कबूतर-राजा : हम सब लोग मिलकर अगर एक साथ ताकत लगाकर उड़ें, तो हम लोग जाल को लेकर उड़ जायेंगे। बोलो, तैयार हो?

सब कबूतर : **(एक साथ)** हाँ तैयार हैं।

कबूतर-राजा : तो बस जैसे ही मैं एक...दो...तीन...कहूँ वैसे ही एक साथ जोर लगाकर उड़ निकलना...हाँ...एक...दो...तीन...

(तीन कहते ही सब कबूतर एक साथ जाल लेकर उड़ चल और नेपथ्य में चले गये। तब ही दौड़ते हुए दूसरी दिशा से बहेलिया का मंच पर प्रवेश।)

बहेलिया : अरे, बाप रे बाप! यह कबूतर तो मेरा जाल ही लेकर उड़ गये। **(आसमान की ओर देखकर)** वह आसमान में कितनी दूर पर हैं...वह...वह अब आँखों से बिल्कुल ही ओझल हो गये... आज का दिन बड़ा खराब है। अब खाली हाथ धर जाना पड़ेगा। **(प्रस्थान)**

कौआ : आज तो बड़ी अजीब बात देखी, जो न पहले कभी सुनी थी, न देखी थी। कबूतर जाल ही लेकर आसमान में उड़ गये। सच, एकता में बड़ा बल है। चलूँ, मैं भी चलकर देखूँ, यह कबूतर कहाँ गये। **(प्रस्थान)**

(थोड़ी देर बाद जाल लिए कबूतरों का प्रवेश उनके पीछे-पीछे कौआ भी आता है)

कबूतर-राजा : बस, यहीं पर रुकना है।

कबूतर 1 : यहाँ पर क्यों कबूतर-राजा?

कबूतर-राजा : यहाँ पर मेरा परम-मित्र चूहा रहता है।

कबूतर-राजा : **(पुकारते हुए)** मेरे दोस्त चूहे, जल्दी आओ। मैं बड़ी मुसीबत में फंस गया हूँ।

चूहा : **(नेपथ्य)** भाई, आप कौन हैं? क्यों आये हैं? क्या कारण है? आपके ऊपर क्या मुसीबत है? बताइये।

कबूतर-राजा : हे दोस्त, मैं कबूतर-राजा हूँ। मैं तुम्हारा दोस्त हूँ। शीघ्र आओ।

चूहा : **(प्रवेश करके)** अरे मित्र, यह तुम हो! अरे, यह क्या हुआ?

कबूतर-राजा : चूहे दोस्त, सब कुछ जानकर क्या पूछते हो? यह बन्धन मुझे जीभ के लालच से मिला है। अब तू जल्दी से बन्धन काट दे।

चूहा : लो, अभी मैं तुम्हारे बन्धन काटे देता हूँ।

कबूतर-राजा : नहीं, पहले मेरे साथियों के बन्धन काटो, तब मेरे बन्धन काटो।

चूहा : क्यों?

कबूतर-राजा : सब को यह चाहिए कि पहले वह अपने साथियों का उपकार करे, तब अपना। किसी को स्वार्थी नहीं होना चाहिए!

चूहा : ठीक कहते हो तुम कबूतर-राजा! तुम धन्य हो, जो अपने साथियों का इतना ध्यान रखते हो।

(चूहा सब कबूतरों के चाल काटता है।)

कबूतर-राजा : चूहे दोस्त, बहुत-बहुत धन्यवाद! आज तुम हमारे बहुत काम आये, नहीं तो हम लोग जाल से कभी भी न छूट पाते।

चूहा : दोस्त कबूतर राजा, इसमें धन्यवाद देने की क्या जरूरत। दोस्त ही दोस्त के काम आता है। जो दोस्त-दोस्त की मुसीबत में काम न आये, वह दोस्त नहीं।

कबूतर-राजा : अच्छा दोस्त, अब विदा दो! घर वाले हम लोगों के लिए चिन्तित हो रहे होंगे।

चूहा : जाओ कबूतर-राजा! जब कभी भी हमारी जरूरत हो तो तुरन्त कहना।

कबूतर-राजा : नमस्कार!

चूहा : नमस्कार!

(सब कबूतर और चूहा विपरीत दिाओं में प्रस्थान करते हैं। कौआ मंच पर आगे बढ़ता है।)

कौआ : चूहे ने कबूतरों को जाल से छुटकारा दिला दिया। जिसके मित्र होते हैं, वह मुकिल से मुश्किल काम भी सरल कर लेता है; इसलिए अपने समान मित्र बनाना चाहिए।

(प्रस्थान)

यवनिका

बन्दर और मगर

नाटक के पात्र

नगाड़ेवाला
बन्दर
मगर

नगाड़ेवाला : **(नगाड़ा बजाकर)**
सुनो-सुनो बच्चों; तुम्हें सुनाऊँ—
आज एक नई कहानी,
जो न इसे सुने,
उसकी सास कानी।
बहुत दिन पहले
एक नदी के किनारे
था एक जामुन का पेड़।
नदी में रहता था एक मगर,
और पेड़ पर एक बन्दर।
दोनों में हो गई थी दोस्ती-
जिसे समझता था बन्दर बड़ी सच्ची!
वह खिलाता था मगर को जामुन,
पके-पके, मीठे-मीठे।
कभी-कभी वह मगर ले जाता था—
जामुन रसीले, मीठे—
अपनी पत्नी के लिए।
किन्तु एक दिन आया—
उसके मन में कपट,

चला वह बन्दर से मिलने—
उसके देखते ही दौड़ा बन्दर झटपट।

(एक ओर से मगर मंच पर आता है; दूसरी ओर से दौड़ता हुआ बन्दर आता है।)

बन्दर : **(उत्साह से)** दोस्त मगर, मैं तुम्हारा ही इन्तजार कर रहा था। चलो, देखो मैंने तुम्हारे लिए बड़े अच्छे-अच्छे जामुन रखे हैं।

मगर : मैं आज जामुन नहीं खाऊँगा!

बन्दर : क्यों?

मगर : ऐसे ही।

बन्दर : ऐसे ही नहीं; बताओ क्या बात है? तुम उदास क्यों हो? मुझसे कहो। मैं तुम्हारा दोस्त हूँ। सच्चा दोस्त हमेशा अपने दोस्त का दुख दूर करने की कोशिश करता है!

मगर : मैं दुखी नहीं हूँ। लेकिन आज तुम्हारी भाभी से मेरा कहा-सुनी हो गई।

बन्दर : क्यों?

मगर : वह कहने लगी कि अपने दोस्त बन्दर को घर पर ले आओ।

बन्दर : किन्तु मैं तुम्हारे घर कैसे जा सकता हूँ? मैं वनचर हूँ और तुम जलचर!

मगर : यही तो मैंने अपनी पत्नी से कहा। किन्तु वह मेरा कहना मानती हीं नहीं! कहने लगी कि बन्दर भाई तुम्हारे इतने अच्छे दोस्त हैं; वह तुम्हें रोज मीठे-मीठे जामुन खिलाते हैं, इसलिए उनकी दावत करके ही मैं खाऊँगी, नहीं तो मैं भूखी मर जाऊँगी!

बन्दर : लेकिन मैं कैसे तुम्हारे घर जाऊँगा?

मगर : मैं तुम्हें पीठ पर बैठाकर ले जाऊँगा। बन्दर भाई, चले चलो; मैं तुम्हारा बड़ा एहसान मानूँगा, नहीं तो मेरी पत्नी भूखी मर जायेगी!

बन्दर : अगर ऐसी बात है तो जल्दी चलो।

(बन्दर मगर की पीठ पर बैठ जाता है। मगर बन्दर को लेकर पानी में तैरने का उपक्रम करता है।)

मगर : सम्हल कर बैठना। मैं पानी में बढ़ रहा हूँ।

बन्दर : मैं तुम्हें बड़े जोर से पकड़े हूँ!

(मगर तैरने का उपक्रम करता हुआ मंच पर घूमता है।)

बन्दर : **(घबराकर)** धीरे-धीरे मगर भाई मेरा बदन तो पानी की लहरों से ढका जा रहा है।

मगर : अब चारों ओर अथाह जल है। बन्दर अगर मैं डुबकी मार जाऊँ तो?

बन्दर : **(एकदम डर से कांपकर)** न न न मगर भाई, ऐसा न करना। मैं तैरना नहीं जानता, डूब जाऊँगा!

मगर : ह ह ह ह! बन्दर भाई, अब तुम मेरे बिल्कुल काबू में हो। अब मैं तुम्हें असली बात बता दूँ। तुम मुझे जामुन के मीठे फल देते थे, जो कभी-कभी मैं अपनी पत्नी को भी देता था। आज वह कहने लगी कि बन्दर तो दिन-रात इन फलों को खाता है, इसलिए उसका दिल तो बहुत मीठा होगा। वह तुम्हारा दिल खाना चाहती है। इसीलिए मैं तुम्हें लिए जा रहा हूँ।

बन्दर : **(कुछ सोचकर)** तुम्हारी पत्नी मेरा दिल खाना चाहती है?

मगर : हाँ!

बन्दर : वाह मगर भाई, तुम भी खूब हो! तुमने मुझे पहले ही क्यों नहीं बता दिया?

मगर : क्यों?

बन्दर : अरे वाह, मैं अपना दिल तो पेड़ की खोखल में ही छोड़ आया। मगर मुझे पहले मालूम होता तो उसे ले जाकर तुम्हारी स्त्री को भेंट कर देता।

मगर : यह बात है, तो मैं तुम्हें वापिस लिए चलता हूँ। तुम अपना दिल जल्दी से मुझे दे दो, ताकि मैं उसे अपनी पत्नी को भेंट दकर सकूँ।

(मगर विपरीत दिशा में तैरने का उपक्रम करता है।)

मगर : लो बन्दर भाई, आ गये हम लोग किनारे। अब जल्दी से अपना दिल ले आओ।

(बन्दर मगर की पीछे से कूदकर दूर खड़ा हो जाता है।)

बन्दर : हे भगवान। तूने बड़ी रक्षा की। आज मेरा नया जन्म हुआ।

मगर : जल्दी करो बन्दर भाई, तुम्हारी भाभी भूखी बैठी होंगी!

बन्दर : अरे जाओ, मगर मियां! अपने घर का रास्ता देखो। मूर्ख,

विश्वासघाती, क्या किसी के दो दिल होते हैं? जाओ, और अब जामुन के पेड़ की तरफ कभी न आना। **(प्रस्थान)**

(मगर भी धीरे धीरे एक ओर चला जाता है। बन्दर अपनी जगह नाचता है)

नगाड़ेवाला : **(नगाड़ा बजा कर)**

देखो जाता है–
मगर खिसयाया-सा,
मुंह लटकाये रोता-सा।
जो नहीं हारता हिम्मत–
मुसीबत में,
पा जाता है वह छुटकारा
जैसे छुटकारा पाया,
बन्दर ने।

(नगाड़े की ध्वनि)

यवनिका

चार दोस्त

नाटक के पात्र

नगाड़ेवाला
कौआ
चूहा
कछुआ
हिरन
शिकारी

(मंच पर शिकारी का जाल फैला है।)

नगाड़ेवाला : **(नगाड़ा बजाकर)** रहते थे जंगल में चार दोस्त,
हिरन, कछुआ,
चूहा और कौआ।
कट रहे थे उनके दिन
मजे में,
किन्तु तभी
एक दिन, अचानक,
निकला हिरन घूमने, जंगल में।
फैला था वहाँ जाल
शिकारी का।
फँस गया हिरन—
उस जाल में।
(नगाड़ा बजाता है और तब ही हिरन आकर उस जाल में फँस जाता है।)

नगाड़ेवाला : **(नगाड़ा बजाकर)** देर हुई,
बहुत देर हुई,

न लौटा हिरन जब,
तो कछुआ, चूहा और कौआ होने लगे चिन्तित।
निकला कौआ ढूँढ़ने हिरन को,
देखो, वह आता है इधर ही को। **(कव्वे का प्रवेश)**

कौआ : अरे भाई हिरन, यह क्या; तुम तो जाल में फँस गये!

हिरन : हाँ, मेरा दुर्भाग्य है। क्या कहूँ!

कौआ : तुम नहीं आये, तो हम सब तुम्हारे लिए बहुत घबरा रहे थे। भाई चूहे और कछुए ने मुझे तुम्हें तुरन्त ढूँढ़ने के लिए भेजा है।

हिरन : अच्छा हुआ तुम आ गये। यह मेरा अन्तिम समय है। भाई चूहे और कछुए को मेरा आखिरी नमस्ते कहना।

कौआ : यह कैसी बातें करते हो हिरन भाई! हम जैसे दोस्तों के होते हुए तुम्हें डरने की कोई जरूरत नहीं। मैं अभी चूहे भाई को लेकर आता हूँ, वह तुम्हारा जाल काट देंगे।
(कौए का प्रस्थान। और कुछ ही क्षण में चूहे को पीठ पर चढ़ाये हुए कौए का प्रवेश।)

हिरन : कौए भाई बड़ी जल्दी आ गये।

चूहा : हिरन भाई, घबराओ नहीं। बस देखते जाओ, मैं तुम्हें जाल से फौरन छुड़ाये देता हूँ।
(चूहा हिरन का जाल काटता है, तभी धीरे-धीरे अपनी चाल से चले हुए कछुए का प्रवेश)

कौआ : अरे कछुए भाई, तुम क्यों आ गये?

हिरन : कछुए भाई, तुमने क्यों तकलीफ की?

कछुआ : हिरन भाई, तुम्हारे पकड़े जाने का हाल सुनकर मुझे बहुत दुख हुआ; मुझसे नहीं रहा गया, इससे मैं तुरन्त तुम्हें देखने चला आया।

कौआ : मगर तुमने अच्छा नहीं किया। अगर शिकारी आ गया, तो मैं तो आसमान में उड़ जाऊँगा, हिरन भाग जायेगा, और चूहा बिल में घुस जायेगा। तुम धीरे-धीरे चलते हो, शिकारी तुमको पकड़ लेगा!

चूहा : हाँ, कछुए भाई, शिकारी के आने से पहले तुम यहाँ से चले जाओ।
(शिकारी का प्रवेश)

हिरन : **(चोंककर)** आ गया शिकारी! भागो!!

(कौआ, हिरन और चूहा तेजी से नेपथ्य में भाग जाते हैं। कछुआ बिचारा धीरे-धीरे भागता है, इसलिए शिकारी दौड़कर उसे पकड़ लेता है और उसे रस्सी से बाँधकर ले चलता है। उसके जाते ही कौआ, हिरन और चूहा मंच पर आते हैं।)

चूहा : अरे, देखा तुमने, शिकारी हमारे कछुए को लिए जा रहा है!

हिरन : यह सब मेरी ही वजह से हुआ।

कौआ : दुख करने से क्या? जो दुख के समय रोया करता है, उपाय नहीं करता, उसको रोना ही पड़ता है। वह दुख दूर नहीं कर सकता।

चूहा : हाँ, हम लोगों को उपाय करके मित्र को छुड़ाना चाहिए। मित्र के कष्ट को दूर करना हम सबका कर्तव्य है।

कौआ : मैं तुम लोगों को एक तरकीब बताता हूँ। शिकारी के रास्ते पर जाकर यह हिरन, किसी छोटे तालाब के पास पहुँच कर बेहोश बनकर गिर जाये। मैं इसके सिर पर चढ़कर चोंच से धीरे-धीरे कुरेदूंगा। तब वह दुष्ट शिकारी मेरे चोंच के कुरेदने से हिरन को मरा हुआ जानकर, कछुए को जमीन पर रख देगा और हिरन को उठाने दौड़ेगा। उसी समय तुम उसका झोला अपने तेज दाँतों से काट देना चूहे भाई, जिससे कछुआ दोस्त पानी में चले जायें और तब तक हिरन भाई, तुम भी भाग जाना।

हिरन : हाँ, यह तरकीब बहुत अच्छी है।

चूहा : तब देर किस बात की? आओ, हम लोग जल्दी से चलें।

(तीनों चलने का प्रतीक प्रदर्शन करने के लिए मंच के दो-तीन चक्कर लगाते और फिर रुक जाते हैं।)

कौआ : यह रहा तालाब।

हिरन : हाँ, यह ठीक है। यहीं पर हम लोग रुकें। वह दुष्ट शिकारी इधर से ही निकलेगा। कौए भाई, मैं यहाँ बेहोश बनकर गिर पडूँगा।

कौआ : मैं देखता हूँ, जैसे ही वह आयेगा मैं तुमको पहले से ही बता दूँगा।

हिरन : हाँ, यह ठीक है चूहे भाई तुम भी तैयार रहना!

चूहा : मैं बिल्कुल तैयार हूँ!

कौआ : शिकारी आ रहा है।

(हिरन बेहोश होकर गिर पड़ता है; कौआ उसके सिर पर चोंच से कुरेदता है। चूहा भी एक कोने में छिपकर खड़ा हो जाता है। तभी शिकारी का प्रवेश।)

शिकारी : **(हिरन को देखकर)** अरे, लगता है, हिरन अपने आप ही मर गया। चलो, अच्छा ही हुआ। मैं अब इसे ले जाकर दोस्तों की दावत करूँगा!

(शिकारी कछुए को छोड़कर, हिरन की ओर बढ़ता है, तभी चूहा कछुए की रस्सी काट देता है, और कछुआ और चूहा निकल भागते हैं। हिरन और कौआ भी भागकर मंच के बाहर चले जाते हैं।)

शिकारी : अरे, वाह! हिरन तो भाग गया! लगता है मरा नहीं था। खैर कछुए का ही कबाब बनाऊँगा आज **(लौटकर देखता है। कछुआ भी गायब)** अरे, कछुआ भी चला गया। **(सिर पर हाथ रखकर वहं बैठ जाता है।)** आज का दिन बड़ा खराब है। अब मैं क्या करूं! **(उठते हुए)** चलो, चला जाये। आज भूखा ही रहना पड़ेगा। **(प्रस्थान)**

(कौए का प्रवेश। वह जाते हुए शिकारी को नेपथ्य में देखता है।)

कौआ : **(खुशी से पुकारते हुए)** चूहे भाई, कछुए भाई, हिरन भाई आओ; निकल आओ! शिकारी चला गया! शिकारी चला गया!! **(नाचते हुए)** शिकारी चला गया!!!

(चूहा, कछुआ और हिरन भी मंच पर आ जाते हैं; और सब ख़ुशी से कूदते हुए चिल्लाते हैं। 'शिकारी चला गया! शिकारी चला गया!!'' और फिर सब जाते हुए शिकारी की ओर नेपथ्य में इंगित करके चिल्लाते हैं! 'टी ली ली ली! टी ली ली ली!' और फिर सबका नगाड़े की ध्वनि में प्रस्थान।)

नगाड़ेवाला : जिसके हैं सच्चे दोस्त, जो बोलता नहीं उनसे झूठ! करता नहीं उनसे कपट, करता है जो उनकी सहायता! उसे नहीं कभी दुख होता।

(नगाड़े की ध्वनि)

यवनिका

दुश्मन
उर्फ़ सैंया मगन पहलवानी में

भूमिका

नाटककारीय :

'दुस्मन-उर्फ़ सैंया मगन पहलवानी में' एक अतिरंजित हास्य नाटक है।

अंग्रेजी नाटक मुख्यतः दो वर्गों में विभाजित किये जाते हैं—ट्रेजेडी (दुखांतकी) तथा कॉमेडी (सुखांतकी)। कॉमेडी प्रायः उन नाटकों को कहते हैं जो दर्शकों का मनोविनोद करते हैं। उनको हँसाते हैं। कॉमेडी अनेक प्रकार की होती है। इनमें से एक को 'स्लैपस्टिक कॉमेडी' कहते हैं। इसका उद्देश्य दर्शकों को किसी न किसी तरह हँसाना होता है। इसका जीवन की सुकुमार भावनाओं, मनोवैज्ञानिक विवेचन, सौन्दर्यानुभूति, जीवन के यथार्थ चित्रण, उच्च आदर्शों आदि से कुछ लेना-देना नहीं होता। बस दर्शक किसी तरह हँसते हुए लोट-पोट हो जाएँ, कुर्सी पर उचक जाएँ और ठहाका रोक न सकें—इसी में 'स्लैपस्टिक कॉमेडी' की सफलता है। चार्ली चैपलिन की प्रारम्भिक फ़िल्में इसी कोटि की थीं।

साहित्य और कला में नवरस स्वीकृत हैं। एकरसता अंततः रसहीन हो जाती है। अतः इस परिप्रेक्ष्य में, 'कथा एक कंस की', 'रक्त-अभिषेक', 'सीढ़ियाँ' और 'अशोक' जैसे मिथक और इतिहास पर आधारित नाटकों के साथ, 'इतिहास चक्र', 'इतिहास (गाथा)', 'मन के भँवर', 'सांझ-सवेरा' जैसे सामाजिक नाटकों की शृंखला में प्रस्तुत है यह अतिरंजित हास्य-नाटक 'दुस्मन-उर्फ़ सैंया मगन पहलवानी में'। यह रंगमंच के सर्वाधिक लोकप्रिय आयाम—निर्बाध मनोरंजन के संसार में, दर्शकों और पाठकों की परितुष्टि करेगा। आशा है दर्शक इसको स्वीकार करेंगे।

पिछले तीस वर्षों में अनेक निदेशकों ने 'दुस्मन' अलग-अलग शहरों में मंचस्थ किया है। इनमें जे.पी. सिंह द्वारा निर्देशित नाट्य-प्रस्तुति मुझे बहुत

पसन्द आयी। विशेषकर गीतों का समावेश। मैंने जे.पी. की स्वीकृति से नाटक में उन गीतों को शामिल कर दिया है।

दशकों से 'दुस्मन-उर्फ़ सैंया मगन पहलवानी में' नाटक दर्शकों का मनोरंजन कर रहा है। मैं आशा करता हूँ कि आगे भी करता रहेगा।

मई, 2013

दया प्रकाश सिन्हा

पात्र-परिचय

1. **हिकमतसिह** : आयु 28 वर्ष, पहलवान, गम्भीर, किन्तु मूर्ख।
2. **गोली प्रसाद** : आयु 22 वर्ष, हिकमतसिंह का चेला, वाचाल और मूर्ख।
3. **मामू** : आयु 55 वर्ष, हिकमत सिंह का मामा, क्षीणकाय, बुद्धिमान, किन्तु काइयाँ।
4. **माँ** : आयु 50 वर्ष, हिकमत सिंह की माँ।
5. **लीला** : आयु 21 वर्ष, हिकमतसिंह की पत्नी।

प्रथम अंक

स्थान : उत्तर प्रदेश का एक कस्बा

समय : वर्तमान

(पर्दा खुलने पर एक निम्न मध्य-वर्ग के मकान का एक कमरा दिखाई पड़ता है। इसके पीछे की दीवार में बायीं ओर को हटकर एक खिड़की है। बायीं दीवार में एक द्वार है, जो पूरे नाटक भर बन्द रहता है। इस पर एक बहुत बड़ा ताला लटक रहा है। यह द्वार पड़ोसी के घर में खुलता है। दायीं दीवार में दो द्वार हैं। आगे दर्शकों के निकट का दायीं दीवार का द्वार घर के भीतर आने-जाने के लिए है। दायीं दीवार का पीछे का द्वार घर के बाहर आने-जाने के लिए है। पीछे की दीवार पर बीचोंबीच में हनुमान जी की बड़ी तस्वीर टंगी है तथा दायीं दीवार के पास दोनों द्वारों के बीच में आदम-कद शीशा रखा है। इसके अतिरिक्त कमरे में कसरत करने का सामान—गदा, मुग्दर, डम्बल इत्यादि यथास्थान रखे हैं। बायीं दीवार की तरफ आगे एक स्टूल पर कटोरे में बादाम और चने भीगने के लिए रखे हैं। बैठने के लिए एक छोटा तख्त, स्टूल, मचिया इत्यादि रखे हैं। एक कोने पर अरगनी पर लंगोट सूख रहा है। शीशे के सामने हिकमत सिंह नंगे बदन, लंगोट पहने, दण्ड लगा रहा है।)

(पर्दा खुलने पर, प्रकाश वृत्त में, पीछे की दीवार के समानान्तर, केवल लंगोट पहने नंगे बदन हिकमत सिंह दंड लगाता हुआ दिखाई पड़ता है। उसके पैर बाईं दीवार की तरफ़ है, और सिर हनुमान जी की तस्वीर के ठीक नीचे है। कुछ क्षणों पश्चात, प्रकाश के दूसर को उद्‌भासित करता है, जो मंच पर आगे दायीं और खड़े है और गाते है—

सइयाँ मगन पहलवानी में, लल्ला मगन पहलवानी में।
दुनियादारी ताक में रखके ज़ोगी बन जबानी में ॥ सइयाँ...)
(गीत समाप्त होने पर, गायक-वृन्द से प्रकाश वृत्त लुप्त हो जाता है। प्रकाश-वृत्त में हिकमत सिंह दण्ड लगाता रहता है।)

हिकमत : **(दण्ड लगाते हुए)** नौ सौ सत्तानबे **(मामू का प्रवेश दायीं दीवार के पीछे के द्वार से)** नौ सौ अठानबें, नौ सौ निन्यानवें। एक हजार।
(पूरा मंच प्रकाशित हो जाता है)

मामू : हजार! ग़ज़ब!! शाबाश भांजे हिमाकत, शाबाश।

हिकमत : **(उठते हुए)** हनुमान स्वामी की जय। **(उठकर लुंगी लपेटते हुए)** कहो मामू क्या हालचाल हैं?

मामू : सोचा बहुत दिन हो गये, ज़रा चलकर अपनी बहन को देख आऊँ और अपने भरमचारी भांजे के हालचाल ले आऊँ।

हिकमत : **(बनियान पहन कर)** महाबीर स्वामी की दया से अपने तो चंगे हैं। सब मौज ही मौज है। **(कटोरे से भीगे चने निकालकर मुँह में डालते हुए)**। हिकमत सिंह का डंका बज रहा है चारों ओर ताल ठोककर।

मामू : ऐ ग़ज़ब।

हिकमत : दुस्मन का दिल दहल जाता है। **(मामू से)** तुम भी खाओ।

मामू : क्या प्रसाद है?

हिकमत : नहीं भीगे चने हैं।

मामू : चने! ना बाबा न। तुम्हीं खाओ यह घोड़ों का चारा।

हिकमत : मामू, दुस्मन की हिम्मत नहीं पड़ती मेरे सामने पड़ने की। सामने से ऐसे दुबक कर निकल जाता है जैसे भीगी बिल्ली। इतनी भी हिम्मत नहीं उसकी कि नजर से नजर मिला सके।

मामू : ओह, तो दुस्मन पर बीस हो आजकल।

हिकमत : **(गर्व से)** मेरा नाम हिकमत सिंह है। **(अचानक आयी विनम्रता की लहर में)** सब बजरंगबली की किरपा है। **(दहाड़ते हुए)** जय बजरंगबली। तोड़ दुस्मन की नली।

मामू : ऐ ग़ज़ब! क्या खूब कहा। तोड़ दुस्मन की नली।

हिकमत : मामू, कल छम्मा गुरु से मुकाबला हो गया ताल ठोककर। बड़े बनते थे अपने आपको। ऐसे चलें जैसे गामा पहलवान

के बाद ये ही पैदा हुए हैं। अखाड़ा सत्ती टोला में हमारे चेले जाते हैं। सो हम भी गये थे। छम्मा गुरु भी अपने चेलों के साथ वहाँ आए थे...

मामू : **(रुचि दर्शाते हुए)** अच्छा तो...

हिकमत : चेले आपस में दाव-पेंच खेल रहे थे। इसी में हमारे चेले गोली को उसके चेले कालू ने चित्त कर दिया। बस, इतनी-सी बात पर छम्मा गुरु बोले—कालू आखिर चेला किसका है!

मामू : तो... तुमने क्या कहा?

हिकमत : मेरे बदन में आग लग गयी। बाल भरमचारी के आगे, ढीली लंगोटी वाले छम्मा महाराज की इतनी हिम्मत। देखते ही देखते मेरा मुँह गुस्से में हनुमान जी की अबीरी सा लाल हो गया। ललकार कर कहा मैंने—गोली तो कल का बच्चा है। हिम्मत हो तो गोली के गुरु से पंजा लड़ाओ।

मामू : शाबाश!

हिकमत : कालू तो कालू, उसके गुरु को भी आसमान न दिखा दूं तो कहना।

मामू : क्या खूब कहा हिमाकत! वाह!

हिकमत : बस छम्मा महाराज अखाड़े में उतर आया। मैंने कहा—एक मिनट ठहरो।

मामू : क्यों?

हिकमत : छम्मा महाराज ने भी पूछा—क्यों? मैंने कहा अगर मैं चित्त हुआ तो मैं अपनी मूछें मुंडवाऊँगा और अगर तुमने मिट्टी चाटी तो तुम्हें यहीं सबके सामने मेरी टाँगों के नीचे से निकलना पड़ेगा।

मामू : वाह हिमाकत, वाह! क्या सूझ है। टांग के नीचे से निकलना पड़ेगा। तुम्हीं यह सोच सकते हो। उसने मंजूर किया?

हिकमत : हाँ। फिर तो वह मुकाबला हुआ कि बस कुछ न पूछो। सुरू में उसने मुझे दबाया लेकिन मामू, भरमचारी तो भरमचारी! मैंने उसके लंगोट को पकड़कर घुमाया और एकदम गर्दनिया डाल दी। चिमटा पकड़ में बच्चू बहुत छटपटाये, मगर एक न चली।

मामू : फिर?

हिकमत : फिर क्या? मैंने एकलंगी लगाकर वह धोबीपछाड़ दांव लगाया कि छम्मा महाराज आसमान देख रहे थे। **(खुशी से)** जय बजरंगबली।

मामू : **(नकल करते हुए)** जय बजरंगबली।

हिकमत : छम्मा महाराज का सब रंग झड़ गया। अपने चेलों-चापड़ों के आगे बच्चू को मेरी टांगों के नीचे से निकलना पड़ा। सब हनुमान स्वामी की दया है **(शीशे के सामने जाकर अपनी बांहों की मछलियों की प्रशंसा की निगाहों से देखते हुए)** यह बल्ले भरमचार और कसरत का फल है। **(मामू से)** मारो घूंसा। **(मामू हिचकिचाते हैं)** हाँ, हाँ, मारो घूंसा। मारो। **(मामू बांह पर घूंसा मारते हैं)** जरा जोर से मारो **(मामू फिर घूंसा मारते हैं)** ज़रा और जोर से...

मामू : **(दाहिने हाथ के पंजे को बायें हाथ से सहलाते हुए)** इन पर घूंसा मारने के लिए मुझे तो किराये पर आदमी बुलाने पड़ेंगे।

हिकमत : **(अपनी बांह के मसल देखता हुआ)** पवनसुत बजरंगबली की इसी कृपा से दुस्मन को चूहा बना दिया है। पिता जी की अंतिम इच्छा पूरी करने में हनुमान स्वामी जानते हैं, हिकमत सिंह ने कोई कसर बाकी नहीं रखी।

मामू : पिताजी की अंतिम इच्छा?

हिकमत : तुम तो जानते ही हो मामू, हमारे खानदान की और दुस्मन के खानदान की पुस्तैनी दुस्मनी है। हमारा खानदान कभी भी दुस्मन के खानदान के आगे नीचा नहीं पड़ा। पिताजी की आखिरी इच्छा यही थी कि जिस तरह उन्होंने खानदान की इज्जत को बचाये रखा उसी तरह मैं भी खानदान की इज्जत पर आँच न आने दूँ। मरते समय बप्पा मुझसे बोले थे-बेटा हिकमत, दुस्मन से हमेसा बीस रहना ताल ठोककर, यही हमारी आखीरी इच्छा है।

मामू : आखिर तुम्हारा और तुम्हारे दुस्मन का झगड़ा किस बात का है? तुम्हारे बाप से भी पूछा था, लेकिन उन्होंने नहीं बताया।

हिकमत : खानदानी झगड़ा है मामू। बाप-दादा के जमाने से चला आ रहा है।

मामू : आख़िर कब से।

हिकमत : दुस्मन के नगड़ दादा के बाप ने हमारे नगड़ दादा के बाप को जान से मार डाला। तब ही से यह बात ठन गई कि हम दोनों के खानदानों में से सिर्फ एक का बारिस रहेगा, अगर रहेगा तो।

मामू : इस हिसाब से तुम्हारे दुस्मन के परदादा को तुम्हारे नगड़दादा के बाप ने मार कर बदला लिया होगा।

हिकमत : **(गर्व से)** बेसक। लेकिन परदादा के जमाने में हम दोनों खानदानों ने तय कर लिया था कि एक-दूसरे की जान नहीं लेंगे, लेकिन दुस्मनी बरकरार रखेंगे।

मामू : ऐ गज़ब! अचानक यह अहिंसा कैसे सूझ गई?

हिकमत : परदादा के जमाने से अंग्रेज़ी राज आ गया था। उसमें मरने वाला तो मरता ही, साथ ही मारने वाले को भी फांसी चढ़ना पड़ता। इस तरह दोनों खानदानों के बारिस मर जाते। यह दुस्मनी की सर्त के खिलाफ था। दुस्मनी की सर्त के माफिक केवल एक ही बारिस को मरना चाहिए था। इस तरह दोनों परदादाओं ने दुस्मनी की सर्तों में तबदीली कर दी, और यह तय पाया कि दोनों ही बारिस ज़िन्दा रहकर दुस्मनी निभायें ताल ठोककर।

मामू : वाह, क्या ज़िन्दा-दिल दुस्मनी है। मगर भांजे यह तो बताओ, इस दुस्मनी की वजह क्या है?

हिकमत : बताया न, दुस्मन के नगड़दादा के बाप ने हमारे नगड़दादा के बाप को मार डाला था।

मामू : यह तो सुन लिया। मैं पूछता हूँ कि इसकी शुरुआत कैसे हुई?

हिकमत : सुरुआत?

मामू : दुस्मन के नगड़दादा के बाप ने तुम्हारे नगड़दादा के बाप को क्यों मारा था?

हिकमत : यह तो मैं नहीं जानता।

मामू : **(व्यंग से)** ऐ गज़ब! यह भी नहीं जानते कि दुस्मनी की वजह क्या है, फिर भी दुमनी ठाने बैठे हो।

हिकमत : दुस्मनी है, तो बस दुस्मनी है। वजह कुछ भी रही हो। खानदान की इज्जत मैली नहीं हो सकती, जब तक हिकमत सिंह ताल ठोककर जिन्दा है। हाँ! जय बजरंगबली।

(अचानक बाँये पार्श्व से किसी के गरारा करने की आवाज़ आती है। हिकमत सिंह दौड़कर खिड़की के पास जाता है।)

हिकमत : सुना मामू, दुस्मन कितनी जोर से गरारा कर रहा है। **(भीगे चने का पानी मुँह में डालकर खिड़की के बाहर मुँह कर गरारा करता है, फिर खुश होकर)** देखा मामू, मैंने दुस्मन की आवाज़ बन्द कर दी। कितने जोर-जोर से गरारा कर रहा था। मैंने उससे दूनी आवाज़ में गरारा किया, तो बस, बच्चू चुप होकर चले गये।

मामू : **(व्यंग से)** तुमने खानदान की इज्ज़त बचा ली।

हिकमत : **(शीशे के सामने अपने शरीर को प्रशंसा से देखता हुआ)** चुप कैसे न हो जाता। भरमचर और कसरत का मुकाबला करना आसान नहीं है। **(सांस से सीना फुलाकर सीने पर हाथ मारते हुए)** बज्र देह दानव दलन, जय जय जय कपि सूर।

मामू : भांजे, अगर तुम दोनों में इतनी दुश्मनी है, तो पास-पास क्यों रहते हो? दूर रहो तो तुम दोनों को ही चैन रहे।

हिकमत : हम दोनों खानदान हमेसा से ही पास-पास रहते आये हैं। हमारे नगड़दादा के बाप और दुस्मन के नगड़दादा के बाप एक ही घर के दो हिस्सों में रहते थे।

मामू : दुस्मनी शुरू होने के पहले तो ठीक था, लेकिन दुस्मनी के बाद तो अलग-अलग हो जाना चाहिए था।

हिकमत : कैसे हो जाते दूर? जो भी मकान छोड़कर दूसरी जगह जाता उसे समझा जाता कि वह डर गया। इसलिए दोनों खानदान एक ही घर में डटे रहे ताल ठोककर।

मामू : ऐ गज़ब!

हिकमत : पहले हम दोनों के पुरखे धनकुट्टापुरे के मकान में रहते थे। वह घर जब गिरने लगा तो हमारे दादा ने यह मकान सिर्फ़ अपने ही लिए नहीं, बल्कि दुस्मन के लिए भी ठीक किया।

मामू : **(हँसते हुए)** ऐ गज़ब? नये मकान में आये और साथ-साथ दुस्मन को भी नये मकान में लेते आये। तेरे साथ-साथ सनम।

हिकमत : अगर हमारे दादा यह न करते तो दुस्मन के दादा कहते कि डर कर भाग रहे हैं।

मामू : वाह हिमाकत।

(तभी कोई लड़का खिड़की से चोली में कंकड़ लपेट कर कमरे में फेंकता है।)

मामू : किसी ने कुछ फेंका?

(हिकमत उसे उठाकर खोलता है, लेकिन चोली देखकर एकदम झटक कर दूर फेंक देता है।)

हिकमत : **(बिगड़ते हुए खिड़की के पास जाकर)** खड़े रहो, खड़े रहो, भागो मत। अभी तुम्हें पीटकर बुकनी बनाता हूँ। बदमास कहीं के। भाग गये। मिल जायें तो साबित ही गाढ़ दूँ जमीन में।

मामू : क्या हुआ? किस पर बिगड़ रहे हो?

हिकमत : यह मुहल्ले के लड़के हैं। बहुत ही बदमास हैं। किसी दिन दो-चार हाथ पड़ जायेंगे तो ठीक होंगे।

मामू : यह तो चोली है?

हिकमत : कभी ब्लाउज फेंकते हैं, तो कभी चोली।

मामू : **(हँसकर)** भरमचारी का धरम भ्रष्ट करने के लिए?

(हिकमत मामू की छड़ी से ब्लाउज उठाकर खिड़की की तरफ बढ़ाता है।)

मामू : क्या करते हो?

हिकमत : फेंक रहा हूँ, और क्या करूँ?

मामू : **(एकदम बढ़कर ब्लाउज हाथ में लेते हुए)** लाओ मुझे दे दो। बन्दर के हाथ में तो हीरा भी पत्थर। **(सूंघकर)** इत्र की खुशबू आ रही है। हिमाकत, लगता है तुम्हारा पूरा दिमाग पिघल कर तुम्हारी बांहों में भर गया है, और खोपड़ी एकदम खाली हो गई है। चोली भी भला फेंकने की चीज़ है।

हिकमत : मामू तुम मुझे हिमाकत क्यों कहते हो। मेरा नाम हिमाकत नहीं, हिकमत सिंह है।

मामू : हिमाकत माने नहीं जानते?

हिकमत : नहीं।

मामू : भांजे, हिमाकत उर्दू का शब्द है। हिमाकत माने हिम्मती।

हिकमत : ओह, अब समझा।

मामू : **(व्यंग से)** चलो कुछ तो समझे।

हिकमत : कहो तो मामू, मैं अपना नाम हिकमत से बदलकर हिमाकत सिंह कर दूँ?

मामू : **(आती हँसी को रोककर)** नाम तो तुम्हारा हिमाकत ही होनाचाहिए, लेकिन हिकमतसिंह तुम्हारे पिता का रखा हुआ नाम है इसलिए इसे ऐसा ही रहने दो।

(माँ का दायीं दीवार के आगे के द्वार से प्रवेश)

माँ : मामा-भांजे में क्या सलाह हो रही है?

मामू : बहन ज़रा भांजे से बातें करने लग गया। मैं तेरे पास ही आ रहा था।

माँ : **(मामू से)** मैं कहती हूँ, तुम इसके मामा हो। कब तक यह बिना नकेल के छुटटा घूमेगा।

मामू : अरे तुम जब कहो तब डाल दें नकेल।

हिकमत : अम्मा को और कोई बात ही नहीं है।

माँ : मैं तो लाख बार कह चुकी, मगर मेरी बात सुनता ही नहीं। लछमनपुर वाले चौधरी साहब मसहूर आदमी हैं। उनकी लड़की मेरी देखी हुई है।

मामू : सुंदर है?

माँ : एकदम सरसती का रूप है।

हिकमत : खबरदार! मैंने कह दिया अम्माँ, यह बजरंगबली का मंदिर है—यहाँ मैं कसरत करता हूँ। यहाँ किसी मादा जाति का नाम न लो।

मामू : अरे वाह भांजे, लड़की के नाम से तो ऐसे बिदकता है जैसे अनाड़ी टट्टू।

माँ : देख लो इसे भैया, जहाँ सादी की बात चलाओ बस बिगड़ना सुरू कर देता है।

मामू : बुद्धू है एकदम। शादी की बात में बिगड़ना चाहिए। एक मुझे देखो, हैं, हैं।

माँ : अरे भैया यही उमर है सादी करने की। अगर अब सादी नहीं की तो बुढ़ापे में सादी करने से क्या फायदा।

मामू : फायदा तो शादी में हर उमर में है। चाहे जवानी हो या बुढ़ापा। फरक बस इतना है कि जवानी में शादी हो जाती है, बुढ़ापे में कोई पूछता नहीं। मुझी को देखो बहन, मैं शादी करने को तैयार बैठा हूँ, अब कोई पूछता ही नहीं।

माँ : सरम खाओ। बात भांजे की सादी की हो रही है, अपनी सादी की बात करने लगे।

मामू : मैं तो बात की बात में कह रहा हूँ। मैं तो इस बुढ़ापे में भी शादी करने को तैयार बैठा हूँ। और एक हमारे भांजे हैं हिमाकत सिंह, जो भरी जवानी में भरमचारी बने बैठे हैं। **(हिकमत से)** लानत है तुम्हारी पहलवानी पर। तुम्हारी जवानी पर।

हिकमत : तुम दोनों भाई-बहन क्यों मुझे परेसान करते हो।

मामू : ऐ ग़जब! तुम्हारी शादी की बात करना तुम्हें परेशान करना हो गया। हे भगवान, हमें भी कोई इस तरह परेशान करे।

हिकमत : मैं सबसे कई बार कह चुका हूँ।

मामू : एक बार फिर कह दो।

हिकमत : मुझे सादी नहीं करनी है, नहीं करनी है।

मामू : क्यों नहीं करनी है?

माँ : हाँ... क्यों नहीं करनी है?

हिकमत : मुझे दुस्मन का मुकाबला करना है ताल ठोककर।

मामू : दुस्मन तो हर दिन का है। उसके लिए हम अपनी रोटी-दाल, खाना-पीना, बियाह-शादी तो नहीं बन्द कर सकते।

हिकमत : मैं पहलवान हूँ, कसरत करता हूँ।

मामू : अरे शादी के बाद कसरत दोगुनी हो जायेगी। दोनों मिलकर करना...कसरत।

माँ : कसरत करते हो तो करो। पहलवानी करते हो तो करो। कोई रोकता नहीं। लेकिन सादी भी करो। **(मामू से)** मैं अकेली भैया, सुबह से रात तक घर के काम में बिंधी रहती हूँ। इनको पाला, बड़ा किया, जवान किया।

मामा : गलत किया।

माँ : अब क्या इनका फ़रज नहीं है कि मुझे बुढ़ापे में सुख दें। बहू आ जाये तो मुझे कितना सहारा हो जाये।

हिकमत : **(समझाते हुए)** अम्मा, मैंने कह दिया, मैं सादी नहीं कर सकता।

मामू : मैं पूछता हूँ, आख़िर तुम शादी क्यों नहीं कर सकते? लंगड़े हो, लूले हो, मैं पूछता हूँ आख़िर शादी क्यों नहीं कर सकते? क्या वो हो। **(ताली बजाकर हिजड़ों की नकल करता है)**

हिकमत : मैंने हनुमान जी की कंठी ली है।

मामू : कंठी ली है? तोड़ दो कंठी।

हिकमत : मैं भरमचारी हूँ।

मामू : भरमचारी हो, तो हो भाई। हम लोग कब कहते हैं कि भरमचारी न हो। भरमचारी रहो लेकिन शादी ज़रूर करो।

हिकमत : कैसे?

मामू : भरमचारी हो तो किसी भरमचारिनी से शादी कर लो। क्यों ठीक कहा न बहन!

माँ : भइया, यह कंठी-वंठी सब मुझे सताने को है। यह चाहता है कि मरते दम तक मैं इसकी चाकरी करूँ। यह तो चेले चापड़ लिए डंडे-गोपाली करता घूमेगा और मुझे मरते वक्त कोई पानी भी पूछने वाला घर पर न होगा। **(रूँधे गले से)** किसी को क्या कहूँ, सब मेरे पिछले जनम के करमों का फल है। **(आँसू पोंछती हुई दायीं दीवार के आगे के द्वार से घर के भीतर जाती है।)**

मामू : भांजे हिमाकत, तूने मेरी बहन को बड़ा दुखी किया है। **(प्रस्थान घर के भीतर)**

हिकमत : **(हनुमान जी की तस्वीर के आगे हाथ जोड़कर)** हनुमान स्वामी, अपने भगत की रच्छा कर।

(दायीं दीवार के पीछे के द्वार से गोली का प्रवेश।)

गोली : गुरु महाराज! जय बजरंगबली!

हिकमत : चेला, जय बजरंगबली। **(गोली हिकमत के पैर छूता है।)** बजरंगबली, तेरी बात बड़ी, तोड़ दुस्मन की नली।

गोली : गुरु महाराज, कल छम्मा गुरु को तुमने जो पटकनी दी है, बस मजा आ गया। आज कालू बाजार में हल्दी खरीदता मिला। अपने उस्ताद छम्मा के लिए खरीदता होगा।

हिकमत : चाहे हल्दी-चूना लगायें या कुछ और, छम्मा बेटा हमें कभी नहीं भूल सकेंगे। जब-जब पुरवइया चलेगी, तब-तब सरऊ का जोड़-जोड़ पिरायेगा, और हमें याद करेगा।

गोली : मूरख है, चला था हमारे गुरु से टकराने।

हिकमत : **(सीने पर हाथ मारते हुए)** मेरा सीना एकदम चट्टान है। चाहता तो छम्मा गुरु को भींच कर चटनी बना देता।

गोली : गुरु तुम्हारी तो धाक जम गई है चारों ओर।

हिकमत : **(गंभीरता से)** चेला गोली, तुम क्यों कालू से हार गये?

गोली : गुरु बखत की बात है।

हिकमत : बोल तेरा भरमचर ठीक है?

गोली : बिल्कुल गुरु, बिल्कुल।

हिकमत : तब कैसे हार गया?

गोली : वकत की बात...।

हिकमत : तू आजकल लड़कियों के बीच में तो नहीं उठता-बैठता?

गोली : नहीं गुरु?

हिकमत : लड़कियों से बातें तो नहीं करता?

गोली : बिल्कुल नहीं गुरु?

हिकमत : उनकी ओर देखता तो नहीं?

गोली : नहीं गुरु, एकदम नहीं।

हिकमत : तो उनके बारे में सोचता होगा?

गोली : नहीं, बिल्कुल नहीं।

हिकमत : तू लड़कियों के साथ उठता-बैठता नहीं, बात नहीं करता, उन्हें देखता नहीं, उनके बारे में सोचता नहीं। तब तू जरूर लड़कियों जैसे कवियों का साथ करता होगा।

गोली : न, गुरु।

हिकमत : जरूर तू जनाने कवियों की परेम कविता पढ़ता होगा? सुनता होगा?

गोली : गुरु, कैसी बातें करते हो? मैं हनुमान जी का भक्त, मरद होकर कवियों के बीच उठूं-बैठूंगा?

हिकमत : तब क्या बात हो सकती है? तू मेरा खास सिस्य है। तुझ पर घमण्ड है। बता तू क्यों हार गया? बोल?

गोली : मैं क्या जानू?

हिकमत : **(खड़े होकर जोश में)** देख बजरंगबली को देख। फिर मुझे देख।

गोली : देख रहा हूँ।

हिकमत : गुरु और गोविन्द दोनों तेरे आगे खड़े हैं। सच-सच बता, क्या बात है?

गोली : **(अचकचाया-सा)** गुरु महाराज।

हिकमत : सच बोल। तूने बजरंगबली की कंठी धारन की है।

गोली : हाँ की है।

हिकमत : भरमचारी की लंगोटी पहनी है...

गोली : आज नहीं पहनी है।

हिकमत : क्यों नहीं पहनी है? सच बोल, नहीं तो तू नस्ट हो जायेगा। तेरा सत्यानास हो जाएगा। हनुमान जी की गदा तेरा सर फोड़ देगी। बोल, सच बोल।

गोली : महाराज एक लड़की है...।

हिकमत : क्या नाम है उसका?

गोली : **(सफाई के स्वर में)** न, न। मैं न तो उसके साथ उठता-बैठता हूँ, न बात करता हूँ, न देखता हूँ और न ही उसके बारे में सोचता हूँ।

हिकमत : कौन है वह लड़की?

गोली : हमारे मोहल्ले में ही रहती है। उसके माँ-बाप उसकी सादी मुझसे करना चाहते हैं। हमारे माँ-बाप को भी यह रिस्ता पसन्द है। लेकिन मैंने सादी को एकदम मना कर दिया है। मैं सादी नहीं करना चाहता।

हिकमत : तो?

गोली : दिन-रात हमारी अम्माँ उस लड़की की तारीफ मुझसे किया करती है। कहती है, रतना बहू बनकर आये तो यह हो जाये, वह हो जाये। सब हो जाये।

हिकमत : देखा तुमने! मैं ठीक समझा था। तुम दिन-रात लड़की का नाम सुनते हो, इसीलिए तुम हार गये। लड़की का नाम भी बरमचारी की सक्ति कम कर देता है। समझे तुम?

गोली : हाँ महाराज, यहाँ तो समझ में आ गया, लेकिन वहाँ अम्मा को कौन समझाये।

हिकमत : चलो बजरंगबली से माँफी माँगो। उसके आगे माथा टेको नाक रगड़ो।

गोली : **(साष्टांग लेटता हुआ)** महावीर स्वामी 'एक्सक्यूज़ मी।'

हिकमत : बजरंगबली, अपने भगत को छमा करो। इसने तुम्हारी कंठी पहनी है, तुम्हारा लंगोटा पहना है। इसे छमा करो। **(गोली से)** बोलो, हे बजरंगबली...।

गोली : हे बजरंगबली...।

हिकमत : हम तुम्हारे बन्दर हैं, लंगूर हैं।

गोली : **(दोहराते हुए)** ये तुम्हारे बन्दर हैं। लंगूर हैं।

हिकमत : हमें छमा करो।

गोली : इन्हें छमा करो।

हिकमत : अब उठो। **(गोली उठता है)** अब मेरे पैर पड़ो। **(गोली गुरु के पैर पड़ता है।)** मैंने भी तुम्हें छमा किया। अब उठो। **(हाथ जोड़कर)** जय बजरंगबली।

गोली : **(हाथ जोड़कर)** जय बजरंगबली।

(नेपथ्य में बन्दूक छूटने की आवाज़)

हिकमत : यह कैसी आवाज़ है **(दौड़कर पीछे की खिड़की से बाहर झाँकता है। गोली भी हिकमत सिंह के पीछे जाकर खिड़की से झाँकता है)**।

गोली : घर है या आतंकवादी अड्डा।

(मामू भी घर के भीतर से निकल कर खिड़की के पास जाते हैं। तब ही एक गोली और छूटती है।)

मामू : यह बन्दूक कौन चला रहा है?

हिकमत : दुस्मन के घर वाले बन्दूक चला रहे हैं।

मामू : क्यों? दुश्मन के यहाँ कोई खुशी हुई है क्या?

माँ : **(प्रवेश करके)** उसका गौना आज होकर आया है। उसी में बन्दूक छुड़ा रहा होगा।

गोली : **(खुशी से)** गौना?

माँ : मुए तू क्यों खुस हो रहा है?

गोली : गौना होकर आया है न।

मामू : ओ हो, गौना होकर आया है। सुनो भांजे, तुम्हारा पड़ोसी आबाद हो गया आज से।

माँ : इससे क्या कहते हो? लगता है मेरे मन की मन ही में रह जाएगी।

हिकमत : गधा है एकदम।

मामू : पता नहीं कौन गधा है?

हिकमत : गौना हुआ है तो उसमें बन्दूक छुड़ाने की क्या ज़रूरत! सारे मुहल्ले को बता देना चाहता है।

मामू : क्यों न छुड़ाये बन्दूक? क्यों न बताये मुहल्ले वालों को, बियाह करके लाया है घरवाली को। कोई भगाई-वगाई होती तो सब चुपचाप करता।

माँ : भगवान जाने कब इस हिकमत को समझ आयेगी।

गोली : कभी नहीं।

माँ : कब मैं बहू का मुँह देखूँगी।

गोली : कभी नहीं।

मामू : **(गोली से)** अबे चुप। **(माँ से)** जब इसकी मामी आयी थी, तो तीन दिन तक नौबत बजी थी मेरे घर। शहनाई वालों ने चीख-चीखकर मुहल्ले को ही नहीं पूरे शहर को बता दिया था।

माँ : इसकी तो मति भरस्ट हो गयी है।

मामू : गौने की खबर सुनकर मेरे दिल में तो जैसे नरम-नरम कुछ-कुछ होने लगता है। ताज्जुब तो यह है बहन कि इस पर कुछ असर नहीं हुआ।

माँ : अभागा है!

मामू : एकदम सूखा ठूंठ, हरियाली कहीं है ही नहीं।

हिकमत : **(बिगड़कर)** तुम लोग अपनी बकवास बन्द करो।

मामू : सुन लो बहन, यह बकवास है। दुनिया की सबसे मीठी बात शादी बकवास है। भांजे हिमाकत! तेरी बात कोई सुने तो कहे बूढ़ा है। तुमसे ज्यादा जवान तो मैं हूँ।

हिकमत : तो मामू तुम अपनी सादी कर लो।

मामू : मैं तो तैयार बैठा हूँ।

गोली : बैठे ही रहिए।

मामू : लेकिन कोई पूछने वाला ही नहीं है। और एक तू है जिसके पीछे लोग शादी को पड़े हैं। इस दुनिया में न्याय नहीं है।

माँ : इस पर किसी बात का कोई असर नहीं। किसी के कहने का कोई ख़्याल नहीं। एकदम चिकना घड़ा है।

मामू : ज़रा सोचो, तेरे दुश्मन के घर में इस समय रौनक ही रौनक होगी। वहाँ गोरे-गोरे नाजुक हाथों में काली चूड़ियाँ पहने उसकी बहू बैठी होगी। इसके खिलाफ तेरे घर में यह **(गोली की तरफ इशारा करके)** सूरतहराम मुसण्डा बैठा है।

हिकमत : मामू, इसे कुछ न कहो। खबरदार!

माँ : **(वितृष्णा से दोहराते हुए)** इसे कुछ न कहो।

मामू : ज़रा सोचो तो भांजे, दुश्मन की शादी हो गयी, तेरी शादी नहीं हुई। अब बता कैसे तू दुश्मन का मुकाबला करेगा?

हिकमत : मैं हर चीज़ में दुस्मन से बढ़-चढ़कर हूँ। मैं अगर उसके एक हाथ मार दूँ ताल ठोककर, तो दिन में उसको तारे दिखाई दे जायें। मेरा क्या खा के वह मुकाबला करेगा।

मामू : सादी में तेरा खानदान उससे कम पड़ गया।

हिकमत : शादी के अलावा तो किसी चीज़ में कम नहीं है ताल ठोककर।

मामू : तो शादी में ही क्यों कम रहे। उसमें भी दुश्मन को मात दे। तेरी बहू दुश्मन की बहू से ज्यादा सुन्दर होगी, उसकी मेरी जिम्मेदारी है।

हिकमत : उसमें तो मजबूरी है।

मामू : क्या मजबूरी है? क्या तुम वो हो? (दोनों हाथ से ताली बजाकर दिखाता है)

गोली : गुरु जी ने हनुमान स्वामी की कंठी पहनी है। बजरंगबली का लंगोट बांधा है।

माँ : **(बिगड़कर गोली से)** बड़ा आया गुरु जी वाला। तुम्हीं ने मेरे बेटे को भड़काया है। इस सबकी जड़ में तुम्हीं हो। आफत का परकाला!

हिकमत : खबरदार अम्माँ। हमारे चेले को कुछ मत कहना। मैं यह बर्दास्त नहीं करूँगा।

माँ : हाँ, हाँ, माँ पर जितना चाहो बिगड़ लो। जिसने तुझे पाल-पोसकर बड़ा किया वह कुछ नहीं। यह लफंगा तुम्हारा बड़ा सगा हो गया। जो कुछ वह सलाह दे वही करो। मैंने भी कसम ले ली आज से, जो तुझसे कुछ भी कहूँ अब। हाँ! **(क्रोध में घर के भीतर प्रस्थान)**

मामू : **(कान पर हाथ रखते हुए।)** खन्न्, खन्न्...पायल और कंगन की मिली-जुली आवाज़। ज़रा सुनो...**(हिकमत सिंह और गोली ध्यान देकर सुनते हैं।)** हाँ, हाँ सोलहों आने पायल और कंगन की मिली-जुली आवाज़ है। **(हिकमत सिंह से)** तेरी मामी की याद आ गई मुझे। मरते दम तक वह कंगन और पायल

पहनती थी। **(बाई ओर के द्वार की ओर इशारा करते हुए)** इस दरवाज़े के उधर तुम्हारा दुस्मन रहता है।

हिकमत : हाँ।

मामू : तब तो बेशक उसकी नई दुल्हन इसी कमरे में है। **(दरवाज़े के पास जाकर किवाड़ में कान लगाकर)** वह यहीं है। **(किवाड़ के एक छेद में आँख लगाकर देखता है)** वाकई हिमाकत वह यहाँ बैठी है। मुझे इस छेद से दिखाई पड़ रही है। **(छेद से फिर देखकर)** आहा, बिल्कुल स्वर्ग की अप्सरा है। कैसा गोरा-गोरा रंग है– जैसे...जैसे चांदनी। क्या अल्हड़ जवानी है–बिल्कुल पहाड़ी नदी जैसी, भरी भरी, चिकनी बाहें, नाजुक कलाई और उसमें चमकती लाल-लाल चूड़ियाँ। **(उदास स्वर में)** भांजे, मुझे तेरी मामी बड़ी याद आ रही है। **(छेद से फिर देखकर)** हाय, हाय, उसकी आँखें तो देख...काली-काली, आँखों को देखकर लगता है जैसे आँखें नहीं दो भौरे बैठे हैं! आँखों का कटीला काजल दूर तक खिंचा है। हाय, मेरे दिल को चीर गया। **(फिर छेद देखकर)** उसके होंठ, पतले-पतले गुलाबी होंठ, हाय होंठ नहीं गुलाब की दो पंखुड़ियाँ हैं। बड़े जालिम हैं उसके होंठ! **(फिर छेद से देखकर)** हाय, हाय, क्या बात है! भगवान ने बड़ी फुर्सत में खास अपने हाथों से गढ़ा है, उसके अंग-अंग को। **(छेद के पास नाक ले जाकर सूंघते हुए)** क्या महक है! क्या सुगंध है। अरे हिमाकत, यह खुशबू उसकी सुन्दरता की है, उसकी जवानी की है। **(फिर छेद से देखकर, बदले स्वर में)** न बाबा न, मैं और नहीं देखूँगा। **(कान पकड़कर)** कान कपड़े, अब और नहीं देखूंगा। बुढ़ापा काटना मुकिल हो जाएगा। न, न, अब और नहीं देखूँगा।

(दायें द्वार से घर के भीतर प्रस्थान)

हिकमत : चेला गोली, यह दरवाज़े का छेद तो बहुत ही भयंकर है। मैं तुम्हें कागज और गोंद देता हूँ, इसे बन्द कर दो।

(घर के अन्दर प्रस्थान)

(गोली बैठा-बैठा हिकमत की प्रतीक्षा करता है। बीच में कभी-कभी बायें द्वार की ओर देखता है। हिक़मत भीतर से अखबार और गोंद लाकर गोली को लाकर देता है। गोली

अखबार में गोंद लगा कर बायें दरवाज़े का छेद बन्द करता है। हिकमत उस समय उसको शिक्षा देता है।)

हिकमत : चेला गोली, बरमचारी को हर समय संकट ही संकट है। उसे हर समय आँख खोलकर रहना चाहिए। यह दरवाज़े का छेद मति-भरस्ट कर सकता है। जिन्होंने हनुमान जी की कंठी और लंगोटी धारन की है, उन्हें ऐसे भुलावों से हमेसा बचना चाहिए ताल ठोककर।

गोली : बन्द कर दिया छेद।

हिकमत : साबास चेला। अब ज़रा मेरे बादाम पीस दो। **(चने के पास रखे भीगते बादाम देता है।)**

गोली : **(सिल पर बादाम पीसते हुए)** गुरु, कभी बादाम के साथ किसमिस पीस कर खायी है?

हिकमत : नहीं तो...

गोली : बादाम का जायका दस गुना हो जाता है।

हिकमत : किसमिस तो घर में है। मैं लाकर देता हूँ।

(प्रस्थान घर के अन्दर)

(गोली अकेला बैठा बादाम पीसता है फिर उठकर बायें द्वार पर जाता है। दरवाज़े से कान लगाकर सुनता है। फिर गोंद की शीशी में पड़ी डंडी निकालकर, दरवाज़े के कागज को देदकर उसमें से देखता है। तब ही हिकमतसिंह एक तश्तरी में किशमिश लेकर आता है।)

हिकमत : **(गरजकर)** चेला!

गोली : **(घबराकर)** गुरु महाराज!

हिकमत : निकल जाओ।

गोली : छमा गुरु, छमा! **(हिकमत के पैर पकड़ना चाहता है)**।

हिकमत : **(पैर हटाकर)** खबरदार, मुझे मत छूना।

गोली : छमा करो, गुरु।

हिकमत : बजरंगबली की कंठी और लंगोटी पहनकर, उन्हीं के आगे यह पाप करते तम्हें सरम नहीं आई?

गोली : अब आ रही है।

हिकमत : पापी, तुम्हें इसका फल मिलेगा।

गोली : बड़ी गलती हुई महाराज **(कान पकड़कर)** कान पकड़ता हूँ।

हिकमत : हट जाओ मेरी निगाहों के सामने से।

गोली : **(हिकमत के पैर पकड़कर)** मैं नहीं जाऊँगा, जब तक तुम हमें छमा नहीं कर दोगे।

हिकमत : तुमने बजरंगबली की कंठी का अपमान किया है।

गोली : मैं बड़ा पापी हूँ। हमने बहुत बड़ा अपराध किया है। हमें छमा करो गुरु महाराज।

हिकमत : तुम कंठी और लंगोटी उतार दो।

गोली : हमारी जान ले लो, मगर कंठी और लंगोट न उतारो। **(हनुमान जी की तस्वीर के आगे माथा टेकता है)**। हनुमान स्वामी, भगत के अपराध को छमा करो। मैं तुम्हारे आगे माथा झुकाता हूँ। नाक रगड़ता हूँ।

हिकमत : **(क्रोध को दबाकर)** चेला, तुमने बहुत बड़ा अपराध किया है लेकिन मैं तुम्हें छमा करता हूं। एक मौका और देता हूँ।

गोली : **(हिकमत के आगे लेटते हुए)** गुरु महाराज तुम बड़े दयालु हो।

हिकमत : इस समय जाओ। मेरा मन बड़ा चंचल है। साम को अखाड़े पर मिलना।

गोली : जैसी आज्ञा।

(प्रस्थान-घर के बाहर)

(हिकमतसिंह कुछ देर बैठा रहता है फिर उद्विग्न सा कमरे में टहलता है, फिर बायें द्वार के पास रुकता है। फिर अखबार में गोंद लगाकर बायें दरवाज़े के पास जाता है, वहाँ कुछ देर खड़ा सोचता रहता है और अचानक छेद में आँख लगाकर देखने लगता है। तब ही दायें द्वार से, घर के भीतर से मामू आते हैं। वह हिकमतसिंह को देखकर स्तंभित रह तो हैं। फिर उसकी गर्दन में अपनी छड़ी की मूंठ डालकर अपनी ओर खींचते हैं?)

मामू : कहिये भरमचारी जी, यह क्या हो रहा है?

हिकमत : **(हकलाते हुए)** मू...मू...मू...

मामू : मैं मम्मा नहीं, मामू हूँ। यह छुप-छुप के क्या हो रहा है? अब बोलो, बता दूँ तुम्हारे चेले-चपाटों को उनके गुरु महाराज की करतूत!

हिकमत : **(हाथ जोड़कर)** मामू...

मामू : अपने गुरु का हाल सुनकर चेले जूते लेकर दौड़ पड़ेंगे। **(चिढ़ाते हुए)** ऊपर से जय बजरंगबली, और अन्दर ही अन्दर जय अनारकली। ये ग़जब। यह गुल! शाबाश बेटे! ज़रा सोचो अगर मैं दुश्मन को बता दूँ तो...

हिकमत : न मामू दुस्मन से न कहना।

मामू : उसे अगर पता लगे कि तुम सिर्फ़ नाम के भरमचारी हो तो कितनी भद्द होगी तुम्हारी, तुम्हारी ही नहीं, तुम्हारे खानदान की भी तौहीन होगी।

हिकमत : दुस्मन से न कहना। मैं तुम्हारे हाथ जोड़ता हूँ।

मामू : मैं तो कहूँगा। दुश्मन से भी कहूँगा और ताल ठोककर तुम्हारे चेले-चपाटों से भी।

हिकमत : मैं कहीं का न रहूँगा। मामू, ज़रा सा ख़्याल करो।

मामू : मुझे कुछ नहीं सुनना है।

हिकमत : पूरे सहर में मेरी बदनामी होगी।

मामू : छम्मा महाराज, घूम-घूमकर पूरे शहर में तुम्हारी कीर्ति का ढिंढोरा पीटेंगे। दुश्मन के आगे तुम जो नाक ऊँची लिए फिरते हो, वह हमेशा के लिए कटकर साफ हो जाएगी।

हिकमत : नहीं मामू, कहीं, ऐसा गज़ब न करना। मैं काला मुँह लेकर कहाँ जाऊँगा।

मामू : मैं क्या जानूं। इधर तहलका में खबर छपी, उधर तुम्हारा काम तमाम। हाँ...अगर तुम चाहते हो कि मैं अपनी जुबान बन्द रखूँ तो उसकी सिर्फ़ एक तरकीब है।

हिकमत : क्या?

मामू : तुम शादी की रजामन्दी दे दो।

हिकमत : **(हिचकिचाते हुए)** सादी?

मामू : हाँ, शादी।

हिकमत : लेकिन मामू...

मामू : लेकिन-वेकिन कुछ नहीं। या तो शादी करो, या फिर पूरे शहर को पता चल जायेगा कि तुम असलियत में क्या हो। ज़रा सोचो, जो अभी तुम्हारे पैर पकड़ते हैं, वही तुम पर थूकेंगे। तुम्हारा दुश्मन जो अभी तुमसे आँख भी नहीं मिला पाता,

वह तुम्हारे आगे सीना निकालकर कहेगा—तुम क्या मुकाबला करोगे हमारे खानदान का। तुम्हारी तो पूरे शहर में बदनामी है। **(रुककर)** चुप क्यों हो? जवाब दो। हाँ या न। मेरे पास समय नहीं।

हिकमत : ठहरो ज़रा, सोचने दो।

मामू : सोचना-विचारना क्या? किसके पास इतनी फुर्सत है, जो खड़ा रहे। जवाब दो, तो दो, नहीं तो मामू चले नारद बनकर। **(डुगडुगी बजाने का अभिनटन करते हुए)**—डुग-डुग-डुग... सुनो-सुनो- सुनो-बच्चे बूढ़े जवान सुनो, देश के सारे पहलवान सुनो, एक भरमचारी की दास्तान सुनो। हिकमत सिंह वैसा नहीं जैसा आप समझते हैं, जैसा आप जानते हैं, जैसा आप मानते हैं। ये ऐसा है...ये वैसा है। **(मामू बाहर जाने को दरवाज़े की तरफ बढ़ते हैं)।**

हिकमत : **(दौड़कर मामू के पैर पकड़ते हुए)** मैं सादी के लिए तैयार हूँ। लेकिन तुम्हारे पैर पकड़ता हूँ किसी से कुछ न कहना। मैं सादी कर लूँगा लेकिन तुम चुप रहना। मेरी बदनामी न करना। मैं सादी कर लूंगा...लेकिन...तुम।

मामू : ऐ गज़ब। **(ऊँचे स्वर में)** बहन-बहन...तुम्हारा बेटा शादी के लिए तैयार है ताल ठोककर।

हिकमत : **(रोते स्वर में)** ताल ठोक कर नहीं, सिर पीटकर।

(अंधेरा होता है और शहनाई गूंज उठती है।)

(अंतराल अंधकार : प्रथम अंक समाप्त)

द्वितीय अंक

(हिकमतसिंह हनुमान जी की तस्वीर के आगे आँखें बन्द करके पूजा में बैठा है। मामू, गोली, माँ और लीला अपनी पोशाक पर सफ़ेद शॉल ओढ़कर गायकबृन्द बन जाते हैं। वे ध्यान में मग्न, हिकमत सिंह के आसपास खड़े होकर गाते हैं :

सैंयाँ मगन पहलवानी में,
लल्ला मगन पहलवानी में।
भाव भजन में दगल लगाया,
बजरंगी का अलख जगाया।

न शादी, न ब्याह की चिन्ता,
बने ब्रहमचारी जवानी में।
उठ्ठक बैठक दण्ड पेलना,
दाँव पेंच से दंगल खेलना।
सुबह शाम बस दंगल कुश्ती,
सारा घर परेशानी में।
सैयाँ मगन पहलवानी में–

(गायकवृन्द माथा ठोंकते, तथा हिकमत को धिक्कारते प्रस्थान करते हैं। थोड़ी देर बाद, लीला अपने चरित्र में शॉल उतारकर घर के भीतर से प्रवेश करती है। वह कुछ देर आँखों में नटखट मुस्कराहट लिए पूजा करते हिकमतसिंह को देखती है, फिर चुपचाप बिना आहट किये एक-एक करके हिकमतसिंह के मुग्दर, डम्बल, भीगते चने इत्यादि हटा देती है। फिर भीगते चने जहाँ रखे थे, वहाँ पान रख देती है। पूजा के पानी में इत्र उडेल देती है और अन्त में हनुमान जी की तस्वीर के नीचे, हिकमतसिंह के ठीक सामने राधा-कृष्ण की रास करती तस्वीर टांग देती है। फिर कोने में खड़ी हो जाती है। हिकमतसिंह पूजा के लिए पानी अंजुली में लेता है, तो इत्र की खूश्बू अनुभव करता है।)

हिकमत : **(पानी सूंघते हुए)** पूजा के पानी में इत्र कहाँ से आ गया है? यह राधा किसन की तस्वीर किसने लगा दी? **(राधा-कृष्ण की तस्वीर हटाते हुए)** मैं बजरंबली का भक्त, न जाने इसे कौन लगा गया। मेरे मुग्दर कहाँ गये? और मेरे भीगे चने कहाँ गये? कौन रख गया पान यहाँ? **(कोने में खड़ी लीला हँसती है। हिकमतसिंह चौककर उछल पड़ता है)** कौन है?

लीला : मैं हूँ।

हिकमत : तुम?

लीला : यह पान मैंने रखे हैं।

हिकमत : क्यों?

लीला : आपके लिए।

हिकमत : तुम मेरे कमरे में क्यों आई ताल ठोंककर?

लीला : क्या आपके कमरे में आना मना है?

हिकमत : हाँ...मना है।

लीला : मुझे मना है?

हिकमत : हाँ, तुम्हें मना है।

लीला : क्या मैं आपकी क़ोई नहीं?

हिकमत : पूजा भंग कर दी तुमने।

लीला : बताइये, मैं आपकी कौन हूँ? **(अदा से)** हम आपके हैं कौन?

हिकमत : तुमको मेरे कमरे में आने की ज़रूरत नहीं।

लीला : बताइये न, मैं आपकी हूँ कौन?

हिकमत : मुझसे बात न करो।

लीला : मैं आपकी घरवाली हूँ। कह दीजिए झूठ है। बोलिए क्या मैं आपकी घरवाली नहीं हूँ?

हिकमत : **(झुँझलाकर)** हो, तो मैं क्या करूँ?

लीला : घरवाली हूँ तो जो आपका कमरा वह मेरा कमरा। अब मैं भी इसी कमरे में रहा करूँगी।

हिकमत : **(चौककर)** क्या? नहीं-नहीं, तुम इस कमरे में नहीं रह सकतीं।

लीला : क्यों?

हिकमत : क्योंकि यह मेरा कमरा है।

लीला : तब ही तो मैं इस कमरे में रहूँगी।

हिकमत : यह बरमंचारी का कमरा है। इसमें तुम नहीं रह सकतीं। तुम नारी हो।

लीला : **(परिहास से)** ओह! मैं नारी हूँ।

हिकमत : जल्दी निकलो यहाँ से। बाहर जाओ। मैं कहता हूँ जाओ यहाँ से।

लीला : और अगर न जाऊँ?

हिकमत : तो मैं तुम्हें जबरदस्ती निकाल दूँगा। ताल ठोंककर।

लीला : कैसे?

हिकमत : हाथ पकड़कर बाहर कर दूँगा।

लीला : **(हाथ बढ़ाकर)** लो पकड़ो हाथ।

हिकमत : **(लीला का हाथ पकडने को हाथ बढ़ाता है किन्तु सोचकर खींच लेता है)** ओफ, मैं बरमचारी, नारी को कैसे छू सकता हूँ? **(परेशानी में हनुमान जी की तस्वीर के सामने जाकर खड़ा होता है।)**

लीला : मेरा हाथ नहीं पकड़ सकते, तो तुम मुझे निकाल भी नहीं सकते। अब मैं चैन से इस कमरे में रह सकती हूँ।

हिकमत : हनुमान स्वामी, इस पागल नारी को अकल दो।

लीला : गौने के चार महीने बाद, आज ही तो मुझे अकल आयी है।

हिकमत : नारी, मैं हाथ जोड़ता हूँ, चली जा यहाँ से।

लीला : आज तो फैसला होना ही है। या तो तुम मुझे हाथ पकड़कर घर से निकाल दो, नहीं तो मैं इस कमरे में आकर तुम्हारे साथ रहूँगी।

हिकमत : पवनसुत, महाबीर, बिक्रम बजरंगी—अपने भगत की रच्छा कर।

लीला : आज हमेसा के लिए तय कर दो। तुम मुझे घर से निकालोगे, या मुझे इस कमरे में रखोगे।

हिकमत : देख मैंने तेरा कुछ नहीं बिगाड़ा है। तू मुझसे किस बात का बदला ले रही है?

लीला : आख़िर यह इस तरह कब तक चलेगा। कुछ न कुछ तो तय होना ही है—इस पार या उस पार। **(कमरे के दरवाजे बन्द करती है।)**

हिकमत : **(चौंककर)** अरे यह क्या! तुमने दरवाज़े बन्द कर दिये? कोई देखेगा तो क्या कहेगा...

लीला : क्या कहेगा?

हिकमत : मैं अकेला एक नारी के साथ...

लीला : कह दीजिएगा वह नारी आपकी घरवाली है।

हिकमत : तुम कुछ नहीं समझतीं... **(दरवाज़ा खोलने को बढ़ता है)**।

लीला : **(दरवाज़े के सामने आकर)** तुम दरवाज़ा नहीं खोल सकते।

हिकमत : **(बिगड़कर)** हट जा सामने से।

लीला : मैं आपको दरवाज़ा नहीं खोलने दूँगी।

हिकमत : हट जाओ।

लीला : मैं नहीं हटती।

हिकमत : **(दांत भींचकर)** ओफ! एकदम मुसीबत में है। **(विनती से)** रास्ते से हट, मुझे जाने दे।

लीला : मैं तुम्हें नहीं जाने दूँगी। जाना ही चाहते हो तो हाथ पकड़कर मुझे घर से निकाल दो।

हिकमत : **(क्रोध को दबाते हुए)** मुझे जाने दो।

लीला : **(हाथ बढ़ाकर)** खड़े क्या देखते हो, लो पकड़ो हाथ और मुझे घर से बाहर निकाल दो।

हिकमत : **(खीज में भरकर दरवाज़े से हटकर हनुमान जी की तस्वीर के सामने हाथ जोड़कर)** बजरंगबली, तुम भगतों के रखवाले हो। उनकी हर मुसीबत से रच्छा करते हो। हे महाबीर स्वामी, अपने इस भगत की रच्छा कर। मैं तेरे हाथ जोड़ता हूँ। तेरे पैर पड़ता हूँ। हे अंजनी कुमार, मैं तेरी सरन हूँ। सरनागत की रच्छा कर। **(लीला धीरे से जाकर उसकी बांह पकड़ती है, वह चौंक जाता है।)** दूर हट। खबरदार! आइन्दा कभी मुझे छूना मत। दूर हट।

लीला : अगर मैं न हटूं। **(धीरे-धीरे हिकमत की ओर बढ़ती है।)**

हिकमत : **(पीछे हटते हुए)** दूर हट, दूर हट! हे पत्नी! क्यों मेरा पतन करती है?

(लीला धीरे-धीरे आगे बढ़ती है और हिकमत दूर हट, दूर हट, कहता पीछे हटता है, जब तक कि वह पीछे हटता-हटता दीवार से टिक नहीं जाता।)

हिकमत : **(पुकारते हुए)** अम्मा! अपनी बहू को तो देखो **(लीला मुस्कराती आगे बढ़ती है)** जय बजरंगबली **(कहता पीछे की खिड़की का दरवाज़ा खोलकर, उससे छलांग मारकर भाग जाता है)**।

(लीला खिड़की पर जाकर भागते हिकमत को देखती है, फिर गुस्से में कदम रखती घर के भीतर के दरवाज़े को खोलती है। वह अन्दर से बन्द है।)

लीला : **(गुस्से में दरवाज़ा पीटकर)** अम्मा जी, दरवाज़ा खोलो। दरवाज़ा खोलो अम्माँ जी।

माँ : **(दरवाज़ा खोलकर भीतर कमरे में झाँकते हुए)** हिकमत कहाँ गया?

लीला : मैं नहीं जानती।

माँ : **(कमरे में प्रवेश करके)** वह यहीं तो था। किधर चला गया?

लीला : मैं क्या जानूं।

माँ : **(दुलार से)** अरे बता न, मेरा बुद्धू बेटा कहाँ गया।

लीला : अम्माँ जी, मुझे मायके भेज दो।

माँ : बहुत नाराज हो? वह धीरे-धीरे रास्ते पर आ जाएगा।

लीला : वह तो मेरी सूरत से भी नफरत करते हैं।

माँ : धीरे-धीरे प्यार करने लगेगा।

लीला : उन्हें मेरा रहना बुरा लगता है, तो मैं चली जाऊँगी।

माँ : मेरा लड़का लाखों में एक है। उसमें एक भी बुरी लत नहीं है, कोई ऐब नहीं है। ज़रा झक्की है, जो सूझ गई सो सूझ गई।

लीला : अम्माँ जी मेरा मन नहीं लगता यहाँ।

माँ : मन भी लगने लगेगा! हिम्मत से काम ले बेटा। मन न छोटा कर। पहले तो वह सादी भी करने के लिए तैयार नहीं था। सादी का नाम सुनते ही कोसों दूर भागता था। फिर सादी को राजी हो गया। अब तेरी छाया से भागता है। देख लेना, कुछ दिनों बाद तेरे पैरों पर अपना माथा रगड़ेगा।

लीला : मैं तो उनको सुखी देखना चाहती हूँ, उनकी सेवा करना चाहती हूँ, लेकिन अगर मेरे कारन उनको घर छोड़कर भागना पड़ता है, तो मैं खुद ही चली जाऊँगी।

(आँसू पोंछती है)

माँ : **(ढाढस देते हुए)** पगली कहीं की। इसमें रोने की क्या बात है। चुप हो जा, मेरी बेटी, चुप हो जा। **(बांहों में भरकर थपथपाती है)**

(बाहर से दरवाज़े पर खटखटाहट। माँ उठकर दरवाज़ा खोलती है। एक हाथ में झोला लिए, तथा दूसरे से हिकमत को पकड़े मामू का प्रवेश)

मामू : **(प्रवेश करके)** लो बहन, अपने लाडले को संभालो। **(लीला का घर के भीतर से प्रस्थान)** घर छोड़कर भागा जा रहा था।

माँ : घर छोड़कर। क्यों?

मामू : इसी से पूछो।

माँ : क्यों बेटा, क्या बात हो गयी?

हिकमत : माँ, या तो इस घर में वह रहेगी या मैं।

माँ : राम राम, कैसी बातें करते हो। तुम दोनों ही का यह घर है। तुम दोनों ही यहाँ रहो।

हिकमत : नहीं माँ, एक न एक को तो जाना ही पड़ेगा।

मामू : बहुत नाराज़ है। चला जा रहा था तेज-तेज। मैंने पूछा कहाँ जा रहे हो, तो बोला—"हमेशा के लिए घर छोड़कर जा रहा हूँ।"

हिकमत : हाँ, घर छोड़ देने में ही मुझे सान्ती मिलेगी।

माँ : लेकिन क्यों?

मामू : यहीं तो मैंने भी इससे पूछा। आख़िर क्यों घर छोड़ देना चाहता है? यह कुछ बताता ही नहीं।

हिकमत : मैंने आख़िरी बार कह दिया ताल ठोककर, या तो मैं इस घर में रहूँगा या तेरी बहू।

मामू : क्या बहू ने कुछ कह दिया?

माँ : वह बेचारी क्या कहेगी। उस जैसी बे-जुबान और नेक लड़की मैंने आज तक देखी नहीं।

हिकमत : उसे उसके मायके भेज दो।

मामू : क्यों? उसे उसके मायके क्यों भेज दें? इस घर में ब्याह कर आयी है। इस घर पर उसका उतना ही हक है जितना तुम्हारा।

माँ : ज़रा सोचो बेटा, वह आख़िर को तेरी दुल्हन है। उसका लीला नाम कौन जानता है? सब उसे हिकमत की दुल्हन कहकर पुकारते हैं। उसकी बेइज्जती करने में क्या तेरी बेइज्जती नहीं होगी?

मामू : मैं पूछता हूँ कि उसने ऐसा क्या कर दिया जो यह उसे निकालने पर उतारू है?

माँ : बेटा जैसे मैं तुम्हारी माँ हूँ, उसकी भी माँ हूँ। मैं जिस तरह चाहती हूँ कि तुम हमेसा मेरे पास रहो, उसी तरह चाहती हूँ कि वह भी मेरे पास रहे।

मामू : **(झुंझलाकर)** ऊँ हूँ। मुझे भी तो उसका कसूर मालूम पड़े।

माँ : मैं तो यह चाहती हूँ कि तुम भी रहो, वह भी रहे। घर के एक कोने में पड़ी भी रहे तो तुम्हारा कुछ बिगड़ता तो नहीं।

हिकमत : घर के एक कोने में पड़ी रहे तो कोई बात नहीं लेकिन...।

माँ : लेकिन क्या बेटा?

हिकमत : उससे कह दो कि मेरे कमरे में कभी न आये।

मामू : **(एकदम फूटकर हँसते हुए)** यह माजरा है! अब समझ में आया। बहू रानी, भरमचारी के कमरे में आ गयीं।

हिकमत : **(बिगड़कर)** वह क्यों आयी मेरे कमरे में ताल ठोककर।

मामू : बड़ी गलती की। अपने घरवाले के कमरे में जाकर उसने बड़ी गलती की...।

हिकमत : अगर कोई देख लेता तो?

मामू : तो हिमाकत सिंह की नाक कट जाती (**रुककर**) मेरी सलाह मानो भांजे, कहाँ तक नाक की रखवाली करोगे। एक बार नाक कट जाने दो, तो हमेशा के लिए नाक बचाने के झंझट से बच जाओगे। नकटे को अपनी नाक की फिकर नहीं रहती। नकटे की नाक कटे, तो सवा हाथ बढ़े। बड़ा सुख है नकटा बनकर रहने में। न रहेगी नाक न बजेगी नासुरी।

माँ : बेटा, मैं बहू को कह दूँगी। वह तुम्हारे कमरे में कभी नहीं आयेगी।

मामू : वह कमरे में आ गयी, इसीलिए तुम घर छोड़कर भागे जा रहे थे?

हिकमत : मामू, तुम समझते नहीं।

मामू : मामू नहीं समझते। लानत है तुम्हारी पहलवानी पर। लानत है तुम्हारी जवानी पर। औरत से डर कर भाग रहे थे।

हिकमत : मामू मैं अपनी जबान का पक्का हूँ। आन पर जान दे सकता हूँ। मैंने बजरंगबली की कंठी ली है, उसे निबाहना है ताल ठोककर।

मामू : अरे हाँ, याद आया। मैं तो तेरे लिए एक चीज़ लाया था; देता हूँ। (**झोले में से कलैंडर निकालता है**) भांजे बहुत दिन तुमने हनुमान जी की तस्वीर इस कमरे में लगाई, अब कुछ दिन इसे लगाओ। (**हिकमत कलैंडर खोलकर देखता है। उस पर एक कामुक मुद्रा में स्त्री का चित्र है**)।

हिकमत : (**कलैंडर फेंकते हुए**) बजरंगबली, बजरंगबली।

मामू : भांजे अगर औरत की तस्वीर से इतनी नफरत है, तो शादी क्यों की थी?

हिकमत : तुम जानते हो मैंने अपनी मरजी से नहीं की।

मामू : इन्कार कर देते।

हिकमत : तुमने मजबूर जो कर दिया था।

मामू : ऐ गज़ब, दूसरे की बीबी को छुपकर झाँकते थे, और अपनी बीबी से भागते हो।

हिकमत : मैं भी आदमी हूँ।

मामू : लगता तो नहीं।

हिकमत : मुझ से भी गलती हो सकती है एक बार। तुमने इस गलती का फायदा उठाया। दुस्मन को और मेरे चेलों को बता देने की धमकी दी।

मामू : जब हाँ की है तो निबाहो मरदों की तरह।

हिकमत : खानदान की इज्ज़त का ख़्याल न होता तो कभी हाँ नहीं करता। दुस्मन के घर में बीवी है, उससे कम न पड़ूँ, इसीलिए सादी कर ली ताल ठोककर।

मामू : और उसे अजायब-घर में सजा कर छोड़ दिया।

माँ : दुस्मन तो अपनी घरवाली को अछूत नहीं समझता।

हिकमत : तुम्हें सिकायत थी कि बुढ़ापे में कोई पानी पिलाने वाला नहीं है। लो, पीओ अब पानी। तुम बहू का मुँह देखता चाहती थीं, अब देखो मुँह। तुम्हारी इच्छा पूरी हुई। अब तुम लोग मेरा धरम क्यों खराब करना चाहते हो?

मामू : **(उपहास करते हुए)** च च च—बेचारे का धर्म!

माँ : मेरी इच्छा का तूने ख़्याल किया, यह तो बहुत अच्छा किया। भगवान तुझे इसके लिए सुख देंगे लेकिन बेटा, ज़रा उस बेचारी का ख्याल कर।

हिकमत : क्या ख्याल करूँ? खाती-पीती है। बढ़िया-बढ़िया कपड़े पहने है। मौज करती है।

माँ : जिस औरत से उसका आदमी बात न करे, उसके लिए खाना-पीना क्या! उसको कितना दुःख होता है, कोई नहीं जान सकता।

मामू : **(भावुकता से)** मैं जान सकता हूँ बहन। हिमाकत की मामी से शादी के शुरू के दिनों में किसी बात पर झगड़ा हो गया था, और फिर मैं उससे रात-भर नहीं बोला। इसका उसे इतना बुरा लगा कि ज़िन्दगी-भर मुझे ताना दिया। मरने के दस दिन पहले भी बोली थी, तुम्हारा गुस्सा बड़ा खराब है, मुझे याद है एक दफा तुम रात-भर मुझ से नहीं बोले थे।

माँ : अपने लिए नहीं तो उस बेचारी का दिल रखने के लिए ही उसकी कभी-कभी राजी-खुसी पूछ लिया कर।

हिकमत : अरे, उसकी राजी खुसी पूछने जाऊँगा, तो अपनी खुसी का बंटाधार हो जायेगा।

मामू : तुझे अपने चेले-चपाटों का डर है, तो फिकर न कर। उन

लोगों को कुछ पता नहीं लगेगा। (हिकमत सिंह के सर पर हाथ रखते हुए) ले हम लोगों ने कसम खाली। हम लोग उनसे यही कहेंगे कि हिकमत ने अभी अपनी बीबी की सूरत भी नहीं देखी।

हिकमत : मैं झूठ नहीं बोल सकता।

मामू : चल बहन, अन्दर चल। तेरा बेटा तो हरिचन्दर का अवतार है। उससे कुछ कहना बेकार है।

माँ : दो-एक मीठे बोल बोल देने से तेरा कुछ घट नहीं जायेगा।

हिकमत : तो क्या बढ़ जाएगा?

मामू : एकदम उल्टी खोपड़ी है हिमाकत की। कोई सीधी बात तो इसकी समझ में आती ही नहीं। क्या फायदा इस सिरफिरे से जबान लड़ाने में। चलो अन्दर। (अपने आप से) सैंया मगन पहलवानी में, सारा घर परेशानी में।

(मामू और माँ का घर के भीतर प्रस्थान)

हिकमत : **(बजरंगबली की तस्वीर को हाथ जोड़कर)** हनुमान स्वामी, पूजा में बिघन पड़ गया है। छमा करना। **(लोटा उठाकर उसके इत्र पड़े पानी को पीछे की खिड़की से बाहर गिराता है, तब ही आते हुए गोली को देखता है।)** आओ, आओ, चेला। आओ।

गोली : **(प्रवेश करते हुए)** जय बजरंगबली **(हिकमत के पैर छूता है।)**

हिकमत : मस्त रहो। कहो सब चंगा है?

गोली : बस कठौती में गंगा है। आपकी और बजरंगबली की दया है।

हिकमत : और कहो, कसरत कैसी चल रही है ताल ठोककर।

गोली : बहुत अच्छी गुरु महाराज।

हिकमत : कहाँ तक पहुँची दण्ड?

गोली : सात सौ डेढ़

हिकमत : डेढ़?

गोली : सात सौ एक पूरा कर लेता हूँ। दूसरा करते समय आधे पर गिर जाता हूँ।

हिकमत : बहुत ठीक। इसी तरह चलाते जाओ। जल्दी ही हजार तक पहुँच जाओगे ताल ठोककर।

गोली : आपकी किरपा रहे। **(सूंघते हुए)** गुरु महाराज, यह इतर की खुसबू है?

हिकमत : **(छिपाते हुए)** इतर! इतर यहाँ कहाँ से आया? खिड़की खुली है, बाहर कहीं से खुसबू आयी होगी, हवा में उड़कर।

गोली : **(उठते हुए)** नहीं गुरुजी, मेरी कुत्ते की नाक है। लगता है यहीं कमरे में है **(लोटा छूने को हाथ बढ़ाता है)**

हिकमत : लोटा मत छूना। पूजा का पानी है उसमें।

गोली : **(लोटा उठाकर सूंघते हुए)** अरे इसी में तो इतर का पानी है।

हिकमत : **(झेंपते हुए तथा बहाना बनाते हुए)** हैं, हैं, इतर।

गोली : **(पान देखकर)** पान! गुरु जी आपने पान खाना कब से सुरू कर दिया?

हिकमत : सुरू कहाँ किया। पान तो रखा है। मैंने खाया तो नहीं।

गोली : आपके मुग्दर कहाँ गये? डम्बल कहाँ गये?

हिकमत : वह तो...वह तो... बात यह है...

गोली : यह तस्वीर कैसी है? **(मामू द्वारा लायी गई तस्वीर उठाकर देखते हुए फेंक देता है)** बजरंगबली! बजरंगबली!!

हिकमत : मेरी नहीं है...मेरी नहीं है।

गोली : आपके कमरे में रखी है? मुझे पता है आपकी नहीं है। आपकी हो ही नहीं सकती। यह तो किसी लड़की की है पर आपके कमरे में।

हिकमत : मेरी नहीं है। मामू की है। मामू की।

गोली : मामू की यह तस्वीर हो ही नहीं सकती। मामू तो चोली नहीं पहनते। मामू सीला की जवानी बन गये हैं क्या? **(अचानक दायीं दीवार का भीतर का दरवाज़ा खोलकर लीला मुग्दर और डम्बल फैंकती है।)**

गोली : ब्यूटीफुल, सुंदर, अति सुंदर। गुरु जी, आपने अपने मुग्दर गुरुआनी जी के पास रखने शुरू कर दिये हैं?

हिकमत : **(एकदम दहाड़कर)** चेला!

गोली : **(हाथ जोड़कर)** गुरु महाराज।

हिकमत : जबान सम्हाल कर बात करो।

गोली : महाराज छमा।

हिकमत : तुमने अपने गुरु पर सक किया?

गोली : नहीं महाराज।

हिकमत : झूठ मत बोलो। ताल ठोककर तुमने अपने गुरु पर शक किया?

गोली : **(स्वीकारात्मक)** हाँ महाराज!

हिकमत : बोलो क्यों? **(गोली जवाब नहीं देता)** उत्तर दो। तुम्हें बजरंबली की सौगंध। तुम्हें तुम्हारे गुरु की सौगंध।

गोली : महाराज, इतर, पान और तस्वीर को देखकर...

हिकमत : बस, यही है तुम्हारा बिस्वास अपने गुरु पर। पान, इतर और तस्वीर देखकर तुमने उस पर सक कर लिया। **(गोली उत्तर नहीं देता)**

हिकमत : पान, तस्वीर और इतर देखकर यह क्यों नहीं देखते कि तुम्हारा गुरु इन सकटों के बाद भी अपना धरम निभाये है। बरमचारी का बरत भंग नहीं होने दिया ताल ठोककर। देखो चेला, देखो, कितनी बाधा है तुम्हारे गुरु के रास्ते में। उसका मुग्दर चुरा लिया गया,

गोली : टू मच।

हिकमत : उसके पानी में इत्र मिला दिया गया।

गोली : थ्री मच।

हिकमत : उसके चने हटा लिए गये।

गोली : फ़ोर मच।

हिकमत : फिर भी वह कंठी पहने है।

गोली : मगरमच्छ।

हिकमत : तुम्हें सरम नहीं आयी अपने उसी गुरु पर सक करते। कल तुम बजरंगबली पर सक करोगे।

गोली : गुरु महाराज, छमा। मैं बड़ा पापी हूँ अधर्मी हूँ, गधा हूँ, कुत्ता हूँ–

हिकमत : मुझे पता है।

(पैरों पर गिरता है)

हिकमत : **(उठाते हुए)** उठो चेला। मुझे तो आस्चर्य है कि तुमने अपने गुरु पर सक किया।

गोली : महाराज मैंने नहीं किया, मेरे बाप ने सक किया।

हिकमत : तुम्हारे बाप ने।

गोली : हाँ महाराज! वह कहते हैं कि तुम्हारे गुरु ने सादी कर ली, तो तुम भी सादी कर लो।

हिकमत : तुमने नहीं बताया कि सादी के बाद भी मैं बरमचारी हूँ ताल ठोककर।

गोली : वे मानते नहीं, बोले, तुम्हें बहकाया होगा। ऊपर-ऊपर बरमचारी और अन्दर-अन्दर...

हिकमत : बजरंगबली! बजरंगबली! (**उठकर हनुमान जी की तस्वीर के सामने जाते हुए**) कैसे गन्दे बिचार हैं तुम्हारे बाप के!

गोली : इसी का तो मुझे अफसोस है। गुरु महाराज, मैं आजकल बड़े संकट में हूँ।

हिकमत : कौन-सा संकट?

गोली : माँ-बाप दिन-रात पीछे पड़े रहते हैं—सादी करो सादी करो। मैं परेसान आ गया हूँ। सोचता हूँ कर ही डालूँ।

हिकमत : संकट तो मुझ पर भी है, पर मेरी तरह सामना करो। कह दो मैं सादी नहीं करूँगा।

गोली : खुद तो कहा नहीं (**स्वागत**)। वह तो मैंने कह दिया। फिर भी संकट से छुटकारा नहीं है!

हिकमत : क्यों?

गोली : वह लड़की है न रतना...

हिकमत : कौन?

गोली : अरे वही।

हिकमत : वही कौन?

गोली : अरे रतना।

हिकमत : तो...

गोली : वह हर समय मेरे मन पर छायी रहती है।

हिकमत : तेरा मन असुद्ध है। तू भरस्ट हो गया है?

गोली : महाराज, मैं क्या करूँ?

हिकमत : तू उस लड़की के साथ उठता-बैठता होगा?

गोली : नहीं। वो पहलवानी नहीं करती। इसलिए उसके साथ उट्ठक-बैठक करने का अब तक मौका ही नहीं मिला।

हिकमत : तू उसकी ओर देखता होगा।

गोली : गुरु महाराज, न तो मैं उसके साथ न दंड पेलता हूँ, न बैठक लगाता हूँ और न उससे बातें करता हूँ। तब भी वह मन पर छायी रहती है।

हिकमत : तू नहीं सोचता, तब कैसे मन पर छायी रहती है।

गोली : पता नहीं महाराज।

हिकमत : झूठ बोलता है तू।

गोली : झूठ बोले कौवा काटे। नहीं महाराज। मैं जानकर कभी नहीं सोचता, फिर भी उसका ख़्याल मन में आ जाता है।

हिकमत : कोसिस करो कि उसके बारे में न सोचो।

गोली : कोसिस करता हूँ गुरु महाराज। **(अपने आपसे)** मेरे ख़्यालों से हट ना। तुम्हें मेरी क़सम, हट ना। अरे हटती है कि दूँ एक रहपटा।

गोली : गुरु महाराज कोसिस करके देख लिया। फिर भी उसी का ख़्याल आता है। मन बेकाबू हो जाता है। अपनी मनमानी करने लगता है। ऐसा कभी-कभी होता है।

हिकमत : **(सोचते हुए)** हाँ, ऐसा कभी-कभी होता है।

गोली : आपको भी! **(स्वागत)** गये काम से ये भी हिकमत से। मैं नहीं चाहता कि रतना के बारे में सोचू फिर भी उसका ही ख़्याल आता है।

हिकमत : मेरे साथ भी यही होता है।

गोली : **(आश्चर्य से)** क्या?

हिकमत : मैं नहीं चाहता कि तुम्हारी गुरुआनी का ख़्याल भी आये, फिर भी मन नहीं मानता।

गोली : **(टटोलते हुए)** मन बेकाबू हो जाता है?

हिकमत : हाँ चेला।

गोली : मन मनमानी करने लगता है।

हिकमत : हाँ, मनमानी करने लगता है।

गोली : गुरु महाराज, मैं तो कभी-कभी सोते से चौंककर उठ बैठता हूँ।

हिकमत : मैं भी चेला।

गोली : फिर लाख कोशिश करो नींद नहीं आती।

हिकमत : मेरे साथ भी यही होता है।

गोली : उस समय रतना का ही ख़्याल आता है।

हिकमत : मुझे भी।

गोली : मुझे सपने में रोज रतना दिखाई देती है।

हिकमत : मेरे सपने में भी आती है।

गोली : **(क्रोध से)** क्या रतना आपके सपने में आती है?

हिकमत : **(सफ़ाई में)** नहीं, तुम्हारी गुरुआनी।

गोली : मुझे लगा, रतना कहीं गोली को तो गोली नहीं दे रही है?

हिकमत : रतना नहीं। तुम्हारी गुरुआनी।

गोली : गुरु महाराज, मुझे रतना की वह आँखें...वह रूठी आँखें, जैसे हर समय कुरेदा करती हैं, परेसान किया करती हैं।

हिकमत : तुम्हारी गुरुआनी की आँखें भी मुझसे बर्दास्त नहीं होतीं। पता नहीं उनमें क्या है...वह घायल-घायल निगाहों से देखती है तो मुझे लगता है मैं गल जाऊँगा, पिघल जाऊँगा...चेला हम दोनों, गुरु-चेला एक से हैं। **(गले से लगाने को हाथ बढ़ाता है)**

गोली : **(गले से लगते हुए)** गुरु महाराज।

हिकमत : हम दोनों की दसा एक है। हम दोनों पर एक ही संकट है। इस संकट से बजरंगबली ही उबारेंगे।**(गुरु-चेला दोनों हनुमान जी की तस्वीर के आगे हाथ जोड़ते हैं।)**

हे संकट मोचन, हम दोनों पर भारी बिपदा पड़ी है। इस संकट से तुम्हीं निकालो। हम दोनों गुरु-चेला बड़े पापी हैं। बड़े नीच, अधम और कुकर्मी हैं। हम पर दया करो। इस संकट से हमें उबारो।

(दोनों गुरु-चेला साष्टांग प्रणाम करते हैं, तब ही नेपथ्य में बन्दूक छूटने की आवाज़ सुनायी देती है। दोनों एकदम उठकर पीछे की खिड़की पर जाकर बाहर देखते हैं)

हिकमत : यह तो दुस्मन बन्दूक चला रहा है।

(मामू और माँ का भीतर से प्रवेश)

गोली : दुस्मन के यहाँ लगता है कोई खुसी हुई है।

माँ : **(खिड़की के बाहर झाँककर)** ...पड़ोसिन के लड़का हुआ है **(अन्दर सबको बताते हुए)** लड़का हुआ है।

गोली : **(खुश होकर)** लड़का!! वाह! वाह!

माँ : तू क्यों कूद रहा है खुशी से।

गोली : लड़का हुआ है न।

मामू : सुन ले, तेरे दुश्मन के यहाँ लड़का हुआ है।

हिकमत : मुझसे क्यों कहते हो?

मामू : तुझसे न कहूँ तो किससे कहूँ?

माँ : भगवान जाने हमारे यहाँ कब खुसी होगी।

मामू : तू खड़ा है अब तक। तेरी जगह ये गोली होता तो चुल्लू भर पानी में डूब मरता।

गोली : पागल हूँ क्या? मैं क्यों डूब मरता। डूबें गुरुजी।

माँ : **(आँसू पोंछती हुई)** भगवान जाने, मेरे भाग्य में पोता देखना बदा है या नहीं।

मामू : दुस्मन के यहाँ बधाइयाँ और नौबत बजेगी। बहन तेरा बेटा तो सूखा ठूंठ है। सूखे पेड़ में भी कभी फल आये हैं।

माँ : **(हिकमत से)** अरे कुछ तो सरम कर। लोग क्या कहेंगे?

हिकमत : **(खिड़की से हटते हुए)** अम्माँ मुझे परेसान न करो।

मामू : **(व्यंग से)** बहन, इसे परेशान मत करो। जाओ-जाओ भांजे, तुम्हारी अम्माँ तो बकवास करती है। अकलमंद तो तुम्हीं हो। दण्ड लगाओ दण्ड।

माँ : इसे मेरा ज़रा भी खयाल नहीं है।

मामू : मैं ठीक कहता हूँ इसकी उलटी खोपड़ी है। कोई सही बात तो इस सिरफिरे की समझ में आ ही नहीं सकती।

माँ : आज मेरे दिल पर क्या बीत रही है, कोई नहीं जान सकता। पड़ोस में औरतें सौहर गायेंगी और हमारे यहाँ...

मामू : **(काटते हुए)** हमारे यहाँ यह इस मुस्टंडे **(गोली की ओर इशारा करके)** की माला जपेगा।

हिकमत : खबरदार मामू! मैं बताये देता हूँ, मेरे चेले की बेइज्जती मत करना।

मामू : हिमाकत कहीं का, अपने चेले की बेइज्ज़ती का इतना खयाल है, लेकिन न अपनी इज्ज़त का खयाल है, न अपने खानदान की इज्ज़त का।

मामू : **(माँ से)** इसके आगे इसके दुश्मन के घर में चिराग जल गया और यह अंधेरे कमरे में बैठा दण्ड पेल रहा है।

माँ : इसके कान पर जूं तक नहीं रेंगती।

मामू : भांजे, ज़रा मेरी बहन का ख़याल कर। कब तक तरसायेगा इसे एक पोते के लिए।

माँ : मैं तो मनाती हूँ कि जल्दी से भगवान मुझे इस घर से उठा ले। मैं इस निपूते घर में ज्यादा दिन नहीं रहना चाहती।

मामू : मेरा भी मन नहीं होता इस मनहूस घर में आने का।

हिकमत : तो मत आया करो।

मामू : सुन लिया बहन तूने। अरे हिमाकत, मैं तो अपनी बहन को देखने चला आता हूँ कभी-कभी। तुझसे मिलने तो आएगी मेरी जूती।

हिकमत : तो यहाँ मेरे कमरे में क्यों खड़े हो ताल ठोककर।

माँ : जबान संभाल कर बात कर हिकमत। अपने मामा से कैसे बोलता है?

मामू : **(क्रोध में)** तेरे कमरे में थूकने भी न आऊँ। बड़ा आया लाटसाहब का बच्चा बन कर। चलो बहन चलो यहाँ से। सिरफिरा जाहिल है...

(मामू का प्रस्थान। पीछे-पीछे माँ का प्रस्थान)

गोली : गुरु महाराज, आपके मामा न होते तो अभी उठाकर पटक देता। वाकई तुम पर बड़ा संकट है। **(हिकमत को चिन्तामग्न देखकर)** क्या सोच रहे हो गुरु महाराज?

हिकमत : कुछ नहीं।

गोली : बताओ न।

हिकमत : तुझसे क्या छुपाना गोली। साले दुस्मन के यहाँ कंस पैदा हुआ है।

गोली : तो...?

हिकमत : मैंने कंठी की लाज रखी है। लंगोटी की मर्यादा निभायी है। मगर दुस्मन के यहाँ कंस पैदा हुआ है तो मैं क्या करूँ?

गोली : दुस्मन के यहाँ कंस पैदा हुआ है तो तुम दुर्योधन पैदा करो। दुनिया में बहुतों के यहाँ लड़के पैदा हुआ करते हैं...

हिकमत : चेला!

गोली : अच्छा मत पैदा करो। गुस्सा क्यों होते हो?

हिकमत : नहीं नहीं चेला। दुस्मन के घर की बात दूसरी है। आज तक हमारे खानदान की दुस्मन के आगे मूंछें नीची नहीं हुईं।

गोली : बेसक!

हिकमत : वह हमेसा उन्नीस रहा है हमसे! हम हर चीज़ में उससे आगे बढ़े हैं, ताल ठोककर। आज तक कभी ऐसा नहीं हुआ कि उसके घर में कोई चीज़ हो और हमारे घर में न हो...

गोली : लेकिन आज तो उसके यहाँ लड़का...

हिकमत : हाँ। आज उसके यहाँ लड़का है और मेरे यहाँ लड़का नहीं है। छः पुस्तों के बाद हम कम पड़ रहे हैं। बताओ गोली, मैं क्या करूँ?

गोली : मैं क्या बताऊँ?

हिकमत : बजरंगबली, तुम्हीं बताओ। मैं खानदान की इज्ज़त बचाने के लिए क्या करूँ?

गोली : आइडिया। एक आइडिया है गुरुजी।

गोली : यस आइडिया। ऐन आइडिया कैन चेंज योर लाइफ़, विदाउट बाइफ़।

हिकमत : वो कैसे?

गोली : आप लड़का गोद ले लें।

हिकमत : वाह! वाह! क्या तरकीब है! सांप मरे न लाठी टूटे। चेला हम तुमसे बहुत खुस हैं। बहुत खुस हैं। तुम हमारे पैर छू सकते हो। **(गोली बढ़कर पैर छूता है)** जय बजरंगबली। हमें तुम पर बड़ा घमंड है।

गोली : आपकी कृपा है महाराज।

हिकमत : लेकिन लड़का कहाँ मिलेगा?

गोली : किसी भी अनाथालय में!

हिकमत : (सोचते हुए) अनाथालय में!

गोली : अनाथालय से लड़का न लाना चाहो तो...

हिकमत : तो...?

गोली : तो मुझे अनाथ समझ कर गोद ले लो।

हिकमत : तुझे गोद ले लूँ?

गोली : हाँ।

हिकमत : बाप के बराबर बेटा।

गोली : क्या हुआ? आजकल के लड़के तो अपने बाप से बड़े बनते ही हैं।

हिकमत : नहीं नहीं, यह बात नहीं। लेकिन मैं सोचता हूँ...

गोली : क्या बात है?

हिकमत : दुस्मन यह न कहे कि उसका बेटा तो उसकी मेहनत का है। और मैं किराये पर ले आया।

गोली : कह तो सकता है।

हिकमत : वह यह भी कह सकता है कि मेरा बेटा मेरे खून का है, तुम्हारा बेटा उधार का।

गोली : बेसक कहेगा।

हिकमत : तब मैं क्या जवाब दूँगा।

गोली : उसका तो कोई जवाब नहीं है।

हिकमत : खानदान की इज़्ज़त मिट्टी में मिल जाएगी। वह दुस्मन जो आँख भी नहीं मिला पाता था, अब ताल ठोककर चलेगा। हमारे नगड़दादा के बाप को दुस्मन के नगड़दादा ने मार डाला। तब से हमारे खानदान वाले दुस्मन के खानदान पर हमेसा भारी रहे। उससे बीस रहे। लेकिन अब हमारे खानदान की किरकिरी हुई जा रही है और मैं कुछ नहीं कर पा रहा हूँ। बताओ मैं क्या करूँ?

गोली : तुम कंठी उतार दो।

हिकमत : **(गरजते हुए)** चेला!

गोली : मत उतारो, चिल्लाते क्यों हो?

हिकमत : खबरदार! ऐसी बात जबान पर भी नहीं लाना। मैं बजरंगबली का पक्का भगत हूँ। जान चली जाय लेकिन कंठी नहीं जा सकती। जय बजरंगबली। **(बजरंगबली की तस्वीर के आगे हाथ जोड़ता है)**

गोली : महाराज़ मुझे माफ करना।

हिकमत : गोली, अब तुम जाओ। मेरा मन असांत है, चित्त पर माया है। तुम अब जाओ। **(गोली पैर छूता है)** मस्त रहो।

(गोली का प्रस्थान बाहर)

(हिकमत परेशान-सा कमरे में घूमता है, फिर खिड़की के पास जाकर बाहर देखता है। फिर बायीं दीवार के पास खड़ा होकर सोचता है कि उसके छेद से दुस्मन के घर में देखें या न देखें, तब ही मामू के आने की आहट होती है। वह छिटक कर दूर खड़ा हो जाता है।)

(मामू का प्रवेश)

हिकमत : मामू, मुझे माफ कर देना।

मामू : भांजे?

हिकमत : कभी-कभी मेरा भेजा गरम हो जाता है।

मामू : मैं जानता हूँ।

हिकमत : उस समय मुझे कुछ ध्यान नहीं रहता कि मैं किससे क्या कह रहा हूँ।

मामू : कोई बात नहीं भांजे। मैंने बुरा नहीं माना। (**बाहर के द्वार की ओर बढ़ता है, फिर रुककर**) एक बात कहूँ भांजे।

हिकमत : कहो।

मामू : हम लोग जो कुछ कह रहे थे, तुम्हारे भले के लिए कह रहे थे।

हिकमत : मैं जानता हूँ।

मामू : मैं तुम्हारे खानदान का नही हूँ, फिर भी तुम्हारे खानदान में मेरी बहन आयी है इससे कहता हूँ। (**हिकमत चुप रहता है**) मैं नहीं चाहता कि तुम्हारा खानदान तुम्हारी दण्ड-बैठक में खत्म हो जाये।

हिकमत : मामू, मैं मजबूर हूँ। मैंने हनुमान स्वामी की...

मामू : जानता हूँ—कंठी और लंगोटी ली है। लेकिन भांजे, तुम्हारा अपने घर के लिए भी तो फर्ज है। तुम्हारी माँ कितने दिन और ज़िन्दा रहेगी। क्या तुम चाहते हो कि वह अपने पोते का मुँह देखने की हसरत लिए मर जाये।

हिकमत : मेरी समझ में नहीं आता, क्या करूँ?

मामू : ज़रा सोचो, अभी तक तुम दुश्मन से कभी कम नहीं रहे, लेकिन अब तुम उससे कम हो।

हिकमत : लड़का पैदा करने ही से वह बढ़ गया? आज भी मैं उसके एक झापड़ मार दूँ तो उसकी बत्तीसी न बाहर निकल आये तो नाम बदल लूँ ताल ठोककर।

मामू : लेकिन हिमाकत कब तक? जब तक तुम जवान हो, तब ही तक न। कल जब तुम बूढ़े हो जाओगे और उसका लड़का जवान हो जायेगा। तब उसका कौन मुकाबला करेगा? परसों जब उसका पोता जवान होगा, तब तुम क्या इस दुनिया में बने रहोगे? कौन उसके आगे तुम्हारे खानदान का नाम लेगा? भांजे, छः पुश्तों से जीतते रहने वाले खानदान को तुम हमेशा के लिए हरा रहे हो। सोचो, तुम्हारे बाप ने मरते समय तुमसे क्या कहा था—बेटा जान चली जाए, मगर दुश्मन से हमेशा

बीस रहना। और एक तुम हो उनके लायक सपूत, जो खानदान को मिटाने पर उतारू हो। तुम्हें शरम आनी चाहिए। तुम पर लानत है।

हिकमत : अब मत कहो मामू। मत कहो।

मामू : तुम कुल-डोबन हो, तुम कुल के कलंक हो।

हिकमत : बस बहुत हो गया।

मामू : तुम्हारे पुरखे स्वर्ग में बैठे तुम्हीं को देख रहे होंगे। तुम्हीं उनकी इज़्ज़त बचा सकते हो। उनकी निगाहें तुम पर हैं। चाहो तो तुम उनका नाम मिटा दो, या उनकी इज़्ज़त बचा लो।

हिकमत : **(जोश में गले से कंठी उतारते हुए)** बजरंगबली की कंठी की सौगंध! दुस्मन से उन्नीस नहीं हो सकता। उसके जितने भी लड़के होंगे उनसे दो ज्यादा हिकमत सिंह के होंगे ताल ठोककर। जय बजरंगबली।

मामू : शाबाश भांजे। कंठी तो तुमने मेरे सामने उतार दी। अब लंगोटी मेरे सामने मत उतारना।

हिकमत : वह तो रात को उतारूँगा...

मामू : शाबाश भांजे शाबाश। अब मैं चलूँ। सौहर गाने वाली औरतों को अभी से ठीक कर दूँ। **(मामू का प्रस्थान)**

(हिकमत बजरंगबली की तस्वीर के सामने जाता है।)

हिकमत : **(हाथ जोड़कर)** बजरंगबली, माफ करना। यह खानदान की इज़्ज़त का सवाल है। **(रोते हुए)** बजरंगबली, माफ करना। **(हनुमान जी की तस्वीर उतारकर एक तरफ रख देता है। फिर कौने से उठाकर मामू द्वारा लायी गयी स्त्री के कामुक मुद्रा के चित्र को वहाँ टांग देता है। फिर भावहीन चेहरा लिए रोदाँ के विचारक की मुद्रा में बैठ जाता है। धीरे-धीरे मंच पर प्रकाश धीमा होता हुआ, समाप्त होता है। कुछ क्षणों पश्चात प्रकाश-वृत्त में गायक-वृन्द दिखाई पड़ता है। सभी अभिनेता/अभिनेत्रियां अपनी-अपनी पोशाकों पर सफ़ेद शॉल ओढ़कर गायक बन जाते हैं। और वृन्द-गान करते हैं–**

आयी आयी आयी आयी
शुभ घड़ी आई रे,
लल्ला जी जन्मे, बधाई रे बधाई रे।

कुल का चिराग़ जला, ख़ुश हुई माता।
आज पहलवान की छाती हुई छाता।
गाये बधाई कोई, कोई ले बलैया,
ख़ुशी से नाचे कोई, ता थेई ता थैया।
हिकमत की हिम्मत तो आज रंग लाई रे
लल्ला जी जन्मे...।

(अंतराल अंधकार)

तृतीय अंक

स्थान : **हिकमत सिंह के मकान का वही कमरा।**

समय : **द्वितीय अंक के सात वर्ष बाद।**

(दांयीं दीवार के पास दोनों दरवाज़ों के बीच एक लकड़ी की बन्द अलमारी रखी है, उस पर बच्चों के खिलौने रखे हैं। सामने की दीवार पर बीचोंबीच एक औरत की तस्वीर वाला कलैण्डर लगा है। कमरे में दो-तीन कुर्सियाँ, मोढ़े इत्यादि बेतरतीव पड़े हैं। कमरे में अन्य सामान भी बिखरा पड़ा है। पर्दा खुलने पर हिकमत सिंह लुंगी, बनियान पहने कुर्सी पर बैठा कुर्ते के बटन टांकता दिखाई पड़ता है। तभी घर के भीतर से चश्मा लगाए लीला आती है।)

लीला : उहूँ, बटन लगाया जा रहा है?

हिकमत : मैं इसलिए लगा रहा हूँ कि तुम देखो और सरमाओ।

लीला : लाइये मैं लगा दूँ। **(कुर्ता लेना चाहती है)**

हिकमत : **(हिकमत लीला का हाथ झटक कर)** रहने दो। मैं खुद ही लगा लूँगा।

लीला : लाइये न।

हिकमत : तीन दिन से कह रहा हूँ कुर्ते में बटन लगा दो, बटन लगा दो, मगर अब तक नहीं लगाया।

लीला : दम भरने की फुर्सत नहीं मिलती। मैं क्या करूँ?

हिकमत : मैं फटे हाल घूमता फिरूँ, मगर तुमको कोई फिकर नहीं। **(नेपथ्य में एक बच्चे की आवाज़-अम्माँ)**

लीला : सुबह से साम तक बच्चों में उलझी रहती हूँ। मैं तो और कुछ कर ही नहीं पाती।

हिकमत : सिर्फ़ छः बच्चों में यह हाल।

लीला : तुम्हें एक दिन भी बच्चों को संभालना पड़े तो पता लग जाय। दिन-भर की झांय-झांय। मैं तो एकदम पागल हो जाती हूँ। **(नेपथ्य में प्रथम बालक का स्वर-अम्मा। फिर द्वितीय बालक का स्वर-अम्मा। फिर दोनों लड़कों की बार-बार अम्मा पुकारने की होड़ सुनाई पड़ती है।)**

लीला : आयी! चुप रहो कम्बख़्तो। **(हिकमत से)** लगता है शुरू हुई लड़ाई।

हिकमत : जाओ-जाओ, बटन तो मैं लगा ही लूँगा।

(लीला उलाहना-भरी नजर डालती घर के भीतर चली जाती है।)

हिकमत : आख़िर लग ही गया बटन। **(कुर्ता पहनकर गीत गाता हुआ शीशे के सामने जाता है। फिर बाल गुनगुनाता है।)** तेरी गोरी-गोरी सूरत पर वार गया मैं...

(अचानक घर के भीतर जोर से ढोल बजने लगता है, तथा तीन-चार बच्चों के बेसुरे गाने की आवाज़ आती है-मुहब्बत करके भी देखा, मुहब्बत में भी धोखा है।)

हिकमत : **(गुस्से में घर के भीतर खुलने वाले द्वार में जाकर)** चुप रहो। अगर कोई सोर करेगा, उसे सौ बार कान पकड़कर उठना-बैठना होगा। **(लौटकर कमरे में कुर्सी पर बैठे हुए)** घर क्या है एकदम मछली बाजार है। एक मिनट को भी चैन नहीं मिलता। **(सिगरेट जलाकर पीते हुए)** जुम्मा-जुम्मा आठ दिन हुए पैदा हुए, मगर अभी से ही साहबजादे गा रहे हैं 'मुहब्बत करके भी देखा'। पैदा होते ही कम्बख़तों को तजुर्बा हो गया। कलजुगी कहीं के।

लीला : **(भीतर से प्रवेश करके)** कौन है कलजुगी?

हिकमत : तुम्हारे लड़के। गा रहे हैं मुहब्बत करके भी देखा। पूछो इनसे, कल ही तो पैदा हुए, मोहब्बत भी कर ली। हम बुड्ढे होने को आये और आज तक मोहब्बत नहीं कर सके।

(स्वर बदलकर) हम बचपन में कभी ऐसे गाने नहीं गाते थे।

लीला : **(परिहास से)** आप तो हनुमान चालीसा पढ़ते थे।

हिकमत : मेरा मज़ाक मत बनाओ।

लीला : क्या इन्हें भी अपनी तरह बरमचारी बनाना चाहते हो?

हिकमत : अपनी तरह! तुमने मुझे बरमचारी रहने ही कहाँ दिया?

लीला : मेरी गलती है?

हिकमत : तुम्हीं ने तो मेरा धरम बिगाड़ा है।

लीला : पंचायत बुलाओगे? मुकदमा करोगे?

हिकमत : **(रोमाँस से)** बिल्कुल नहीं। **(हाथ पकड़कर खींचते हुए)** आओ न, बिगाड़ो मेरा धरम।

(अचानक घर के भीतर बच्चों के शोर, सीटी और भोंपू की आवाज़)

लीला : **(भीतर के दरवाज़े के पास गुस्से से जाकर)** बन्द करो सोर। खामोस। अगर कोई भी बोला तो उसके थप्पड़ पड़ेगा। समझे खामोस। **(लौटकर हिकमत से)** ये बच्चे... मैं तो हर समय सोर सुनते-सुनते ऊब गयी हूँ।

हिकमत : मैंने सोचा था आज छुट्टी के दिन तो दो-चार घड़ी तुम्हारे पास बैठने को मिलेगा। **(अचानक खाँसता है।)**

लीला : तुम्हारी खाँसी ठीक नहीं है। डाक्टर को दिखा दो न।

हिकमत : डाक्टर को दिखाने के लिए चाहिए रुपये। चील के घोंसले में माँस कहाँ? कहाँ इतने पैसे हैं जो, डाक्टर को फेंके जा सकें।

लीला : भगवान न करे आपको कुछ...

हिकमत : मामूली खाँसी के लिए पैसे बरबाद करना बेकार है। इन पैसों से बच्चों के लिए दूध ही आ सकता है। **(नेपथ्य में लड़के के चीखकर रोने की आवाज़)** अम्मा... टुन्नू ने मार दिया। अम्मा...

लीला : मुझे चैन नहीं लेने देंगे। जब देखो झगड़ा। लगता है सब फौज में जायेंगे। **(घर के अन्दर जाती है)**

(नेपथ्य में एक-दूसरे को मारने की आवाज़। लीला के बीच बचाव की आवाज़। दोनों बच्चों के रोने की आवाज़।)

लीला : **(भीतर से प्रवेश करके झुंझलाहट में)** बड़े शैतान बच्चे हैं, मानते ही नहीं। एक दूसरे के बाल नोच रहे हैं, काट रहे हैं। चीख रहे हैं। लाख अलग करो मगर हटते ही नहीं।

हिकमत : **(तैश में उठते हुए)** बिना मार खाये मानेंगे नहीं।

(घर के भीतर प्रस्थान, पीछे-पीछे लीला का प्रस्थान। थोड़ी देर बाद बच्चों का रोना बन्द हो जाता है। उसके बाद लीला और हिकमत का मंच पर प्रवेश।)

हिकमत : **(भीतर से प्रवेश करके)** लात के भूत बातों से नहीं मानते। जब मार पड़ गयी तब चुप हुए।

लीला : तुम भी अजीब हो। टुन्नू-मुन्नू लड़ रहे थे, और तुमने जाकर चुन्नू-मुन्नू को मार दिया।

हिकमत : **(रुककर)** कोई बात नहीं। चुप तो हो गये?

लीला : मारने के पहले यह भी तो जान लेना चाहिए कि किसकी गलती है। उनसे उनकी बात तो सुन लेनी चाहिए।

हिकमत : क्यों? मैं कोई मुंसिफ हूँ, जज हूँ, जो दिन-भर बैठा मुकदमा सुनूं और उनका फैसला करूँ। ऐसे ही मुकदमे फैसला करने का शोक होता तो मैं जज बनता।

लीला : लेकिन...

लीला : अगर एक-दो होते, तो यह भी कर लेता, अब आधे दर्जन के झगड़े कहाँ तक सुनूं।

लीला : बच्चे भगवान की देन हैं। इनको ऐसा नहीं कहते।

(माँ का भीतर से प्रवेश)

माँ : **(क्रुद्ध होकर)** इतने सरारती बच्चे नहीं देखे मैंने। परेशान आ गयी हूँ मैं। उठते-बैठते हर समय जान आफत में किये रहते हैं। कभी भी चैन से नहीं रहने देते।

लीला : क्या हुआ माँजी?

माँ : पूछती है क्या हुआ? यह आधे दर्जन डाकू तूने ही जने हैं और मुझसे पूछती है क्या हुआ?

लीला : बताइये भी क्या हुआ? क्या किसी ने...

माँ : ऐसे ऊधमी बच्चे तो मैंने देखे ही नहीं। शालिग्राम को भोग लगाने के लिए मैंने आँख बन्द करी और जब आँख खोली तो देखती क्या हूँ कि तुम्हारा छिटंकी-भर के मुन्ने, परसाद खा रहा हैं। ठीक से बोल तक तो पाता नहीं पर रग-रग में सैतानी भरी है। अब बताओ मैं कैसे पूजा करूँ?

लीला : अब मैं क्या करूँ?

माँ : करो क्या-आधे दर्जन पैदा करके घर में बिठा लिए हैं, उन्हें संभाल

कर रखो। नहीं तो अभी मिठाई चुराते हैं, कल डाका डालेंगे।

(बड़बड़ाते हुए प्रस्थान)

लीला : **(माँ की नकल करते हुए)** उन्हें संभाल कर रखो। नहीं तो अभी मिठाई चुराते हैं कल डाका डालेंगे। अम्मा जी जब देखो तब मेरे बेटों को कोसा करती हैं।

हिकमत : कभी-कभी कुछ लेकर खिला दिया करो। बच्चे हैं...

लीला : मेरा क्या है, मैं तो रात-दिन चाट और कचालू खिलाकर ही बच्चों का पेट भरूं, मगर मेरे पास पैसे कहाँ रहते हैं। जो तुम मुझे देते हो उसमें दोनों वक्त की रोटी किसी तरह चल जाती है, यही बहुत है। तुम मुझे और रुपये दो, तो दोनों वक्त बालूसाही खिलाऊँ सबको।

हिकमत : **(व्यंग से चिढ़कर)** तुम तो ऐसे बातें करती हो कि रुपये पेड़ पर फलते हैं, बस मैं तोड़कर तुम्हारे लिए ले आऊं।

लीला : एक सेर दूध लेती हूँ, उसमें छः बच्चों को दूध देती हूँ।

हिकमत : मैं अकेला दो सेर दूध पिया करता था। अब एक बूंद भी नहीं पीता।

लीला : एक सेर दूध में तो बच्चे आपस में सर फोड़ लें। इसको ज्यादा मिल गया, मुझको कम मिला। सेर दूध का दो सेर करती हूँ, तब किसी तरह काम चलता है।

हिकमत : **(आश्चर्य से)** सेर का दूध दो सेर कैसे करती हो?

लीला : जैसे किया जाता है?

हिकमत : कैसे किया जाता है? **(सोचते हुए)** पानी मिलाती हो तुम?

लीला : तो और क्या करूं।

हिकमत : **(आहत सा)** बच्चों को पानी मिला दूध देती हो!

लीला : तुम तो ऐसे बोल रहे हो जैसे मैं बड़ा भारी गुनाह करती हूँ। सारी गलती मेरी ही है।

(माँ का भीतर से प्रवेश)

माँ : **(हिकमत से)** अरे बेटा, मुझे तो याद ही नहीं रहा। सन्ने जब पिछली बार बीमार पड़ा था तो मैंने देवी की तीन सुहागिनों को खाना बोला था। देवी मइया की किरपा से सन्ने अच्छा हो गया। देवी-देवताओं का उधार नहीं छोड़ना चाहिए।

हिकमत : तो क्या करूँ मैं?

माँ : अगले सोमवार को सत्तमी है। उसी दिन तीन सुहागिनों को बुलाकर खिला देना।

हिकमत : **(लीला से)** तीन औरतों को अगले सोमवार को बुलाकर खिला देना।

माँ : उनको पियरी भी देनी होगी।

हिकमत : क्या?

माँ : **(समझाते हुए)** पीली साड़ी।

हिकमत : **(खीजकर)** अब साड़ी कहाँ से लायेंगे?

माँ : कहीं से लाओ बेटा। देवी की मानता तो पूरी करनी ही पड़ेगी।

हिकमत : मेरे पास बिल्कुल भी रुपये नहीं हैं।

माँ : अब कुछ भी करो तुम। न हो तो बाजार से पियरी उधार ले आओ, अगले महीने दे देना।

लीला : बाजार का उधार कर लो, लेकिन देवी का उधार नहीं छोड़ सकते।

माँ : **(बिगड़ते हुए)** हाँ हाँ, देवी का उधार नहीं छोड़ा जा सकता। सुना नहीं है तूने सत्यनारायन की कथा। लीलावती और कलावती को कितना दुख मिला। आजकल तो धरम-करम दुनिया से बिलकुल ही उठ गया है। फैसन की कमी नहीं, मगर पूजा-पाठ के नाम पर रुपया नहीं है।

लीला : मैं कौन-सा फैसन करती हूँ।

माँ : जबान लड़ाती है। अपने बड़े-बूढ़ों की इज़्ज़त करना नहीं जानती।

लीला : इसमें जबान लड़ाना क्या है?

माँ : एक दिन तू भी बुड्ढ़ी होगी। जब तेरी छः छः बहुएं तेरी चोटी खींचेंगी तब तुझे पता चलेगा, बड़ों से कैसी बातें करनी चाहिए। मैं तो जैसे घर की नौकरानी हूँ। रूखा-सूखा खाने को दे दो, वह बहुत है। अपने को मालकिन समझती है कलमुँही कहीं की। **(प्रस्थान)**

लीला : **(रुआँसी होकर)** मुझे कहती है मैं फैसन करती हूँ। क्या फैसन करती हूँ। पुरानी-पुरानी धोतियाँ पहन कर किसी तरह रहती हूँ, वह भी तुम्हारी अम्माँ की आँखों में खटकता है।

हिकमत : अम्मा की बात पर ध्यान न दो। वह तो यों ही कहती हैं।

लीला : धोतियों में पेबन्द लगाकर सी-सी कर पहनती हूँ। पड़ोसिन को देखो कैसी-कैसी फैसन की साड़ी निकालती हैं।

हिकमत : दुस्मन की बात मत बोलो।

लीला : क्यों न बोलूँ। बड़े दुस्मन के आगे अपने आपको सूरमा बनते हो।

हिकमत : **(तैश में)** बनता नहीं हूँ—हूँ।

लीला : जानते हो दुस्मन अपनी घरवाली को ऐसी-ऐसी साड़ियाँ पहनाती है, जिनके मैं तो नाम भी नहीं जानती।

हिकमत : साड़ी से क्या होता है?

लीला : साड़ी से कुछ नहीं होता, तो काहे से होता है। पड़ोसन नयी-नयी साड़ी, नये-नये गहने पहन कर मेरे सामने से निकलती है, तो मेरे सीने पर सांप लोटता है, मगर मैं अपनी फटी-पुरानी धोती में संतोस करती हूँ।

हिकमत : औरतों को गहने-कपड़े के अलावा और कुछ सूझता ही नहीं।

लीला : कौन से थान-खरीद कर भर दिये हैं तुमने मेरे लिए। भगवान जानता है बियाह के बाद तुमने एक छल्ला भी बनवा कर मेरी उँगली में नहीं डाला।

हिकमत : तुम मुझे ताना दे रही हो?

लीला : यह लो, बात करना भी ताना हो गया?

हिकमत : यह ताना नहीं है क्या?

लीला : मैं बात भी न करूँ। तुम और तुम्हारी अम्माँ तो यही चाहती हैं कि मैं अपनी जबान काट लूँ। बोलने पर भी पहरा डाल दो।

हिकमत : इतना ही गहनों का सौक है तो कर लेती किसी धन्ना सेठ से सादी।

लीला : भगवान जानता है कि मैंने कितना सहा है तुम्हारे घर में। गहनों की बात छोड़ो, धोतियाँ ही कितनी ले आये हो। जब मायके जाती हूँ दो-चार ले आती हूँ। तुमने क्या दिया है मेरे लिए?

हिकमत : कह लो आज जो कुछ तुम कहना चाहती हो। निकाल लो अपने दिल का गुबार।

लीला : क्यों न कहूँ? जो सच बात है वह तो डंके की चोट पर कह सकती हूँ। मैं तुम्हारी अम्माँ के तानों से डर जाऊँगी? रूखा-सूखा खाकर किसी तरह पेट भरने की गुनहगार हूँ,

वरना क्या सुख दिया है तुमने मुझको। न ठीक से खाना न पहनना, न और कोई बात, उस पर भी किसी तरह जी लो, मगर तुम्हारी अम्माँ के तानों ने बींध-बींधकर जिंदगी हलकान कर दी है।

हिकमत : अम्माँ का तो बहाना है। असलियत तो यह है कि तुम खुद गहनों और कपड़ों को ललचायी रहती हो।

लीला : **(आहत स्वर में)** चुन्नू के बापू!

हिकमत : जब तुम इतनी लिलही हो, तो लड़के तो लिलहे होंगे ही। तुम गहने-कपड़े पर जान देती हो, तो लड़के मिठाई पर टूटेंगे ही। माँ का असर है बच्चों पर।

लीला : **(अति क्रोध से किन्तु रूआँसी होकर)** मैं लिलही हूँ। मैं गहने कपड़े पर जान देती हूँ। भगवान मुझे उठा ले तो सारा झगड़ा ही खतम हो जाय। मैं लिलही हूँ।

(क्रोध में पैर पटकते हुए घर के भीतर प्रस्थान। हिकमत विवशता के भाव से जाती लीला को देखता है, फिर सिगरेट निकाल कर पीता है, तब ही गोली बाहर से अन्दर आता है। उसकी हुलिया पहले से बिलकुल बदली है। वह अब पतलून-कमीज और सोला हैट लगाये है। आँखों पर काला चश्मा है।)

गोली : **(प्रवेश करके)** गुड मार्निंग! हिकमत सिंह।

हिकमत : आओ गोली आओ। आओ, यहाँ बैठो।

गोली : बैठूंगा नहीं। ज़रा जल्दी है। पिक्चर देखने जाना है, ''मैं प्रेम की दीवानी हूँ।''

हिकमत : आये हो तो बैठ तो जाओ।

गोली : **(बैठते हुए)** इधर से गुजर रहा था, सोचा तुमसे मिलता चलूँ।

हिकमत : बड़ा अच्छा किया। नून, तेल, लकड़ी में, मैं तो इतना फंसा रहता हूँ कि कहीं निकल ही नहीं पाता।

गोली : **(पान की पुड़िया खोलते हुए)** यह लो, रास्ते से बनारसी की दुकान से पान लेता आया हूँ तुम्हारे लिए।

हिकमत : **(पान लेते हुए)** बनारसी की दुकान जैसे पान बनारस में भी नहीं मिल सकते।

गोली : **(जिस कागज में पान लिपटा था, उसका कागज देखते हुए)** अरे यह तो कल्लू की फ़ोटो है।

हिकमत : **(चौंककर)** कल्लू की?

गोली : **(कागज को पढ़ते हुए)** दस हजार रुपये नकद इनाम।

हिकमत : लाओ मैं देखूँ। **(हाथ बड़ाकर कागज लेता है। फिर पढ़ते हुए)** दस हजार रुपये नकद इनाम। सूबे के मसहूर पहलवान कल्लू उस्ताद का चेलेंज। **(स्वर बदलकर)** साले कल्लू अब सूबे के मसहूर पहलवान हो गये।

गोली : **(कागज लेकर पढ़ते हुए)** कलजुगी भीम, रूस्तमे हिन्द, दंगल केसरी, कुस्ती सम्राट कल्लू उस्ताद जो हिन्दुस्तान के मसहूर पहलवान छम्मा महाराज के सागिर्द हैं।

हिकमत : ससुर छम्मा! वह पटकनी दी थी, आज भी अंग-अंग पिराता होगा उसका।

गोली : **(पढ़ते हुए)** ऐलान किया है कि कोई भी माई का लाल जिसने सेरनी का दूध पिया हो।

हिकमत : मैं तो मदर डेरी का दूध पीता हूँ।

गोली : और अपने आपको पहलवान समझता हो, उनसे मुक़ाबला करे, अगर वह हार गया तो दस हजार रुपये देंगे।

हिकमत : **(निराश स्वर में)** सब वक्त की बात है। कभी कल्लू तो कल्लू, कल्लू का बाप छम्मा को इन्हीं टांगों के नीचे से निकाला था, और आज वही सोखी में यह परचा निकाल रहा है।

गोली : हिकमत सिंह, कभी-कभी तो मेरा दिल भी अखाड़े जाने को होता है। मन चाहता है कि कपड़े उतार फेंकूं और अखाड़े की ठंडी-ठंडी मिट्‌टी बदन पर रगड़ूं।

हिकमत : वह दिन तो जैसे सपने हो गये।

गोली : मगर मेरी 'वैफ'-रतना कहती है कि बाहर के अखाड़े को भूल जाओ। **(शर्मा कह)** कहती है, घर में ही पहलवानी करो।

हिंकमत : किसी के कह देने से कोई कैसे भूल सकता है।

गोली : वह कहती है—पहलवानी सरीफों का काम नहीं।

हिकमत : **(क्रोध से)** पहले अगर तुमने यह कहा होता तो...

गोली : पहले तो मैं भी यह नहीं सुन सकता था लेकिन अब बात दूसरी है। **(समझाते हुए)** रतना ठीक कहती है। जब अखाड़ा

छोड़ दिया तो छोड़ दिया। उसके बारे में सोचने से क्या फायदा।

हिकमत : ठीक ही कहते हो।

गोली : सोचता हूँ अगर रतना की कहीं और सादी हो गयी होती तो जिन्दगी भर पछताता।

हिकमत : मैं तो सादी करके पछता रहा हूँ।

गोली : क्यों?

हिकमत : खानदान की इज़्ज़त की बात न होती तो कभी भी सादी न करता।

गोली : भाभी जी तो इतनी सीधी हैं।

हिकमत : कहाँ सादी के पहले की मस्ती, और कहाँ यह दिन-रात की चख-चख। इस समय तो आधे दर्जन बच्चे चुप हैं, मगर जब बोलते हैं तो ऐसा लगता है जैसे छत गिर पड़ेगी।

गोली : बच्चे तो सोर मचाते ही हैं।

हिकमत : हफ्ते में छः दिन तो दफ़्तर में मरो। इतवार के दिन भी घर में चैन नहीं मिलता। फिर खर्चे का हाल यह है कि जो लाओ सब खर्च। सब समा जाता है इस घर में।

गोली : सादी के बाद तो खर्च बढ़ ही जाता है। अकेली जान पर भला क्या खर्च।

हिकमत : हमारे यहाँ हर चीज़ दर्जनों में होती है। नेकर सिलाओ तो आधा दर्जन नेकर सिलाओ। जूते लाओ तो आधा दर्जन जोड़ी। कमीज का कपड़ा गज में नहीं, थान में खरीदता हूँ। **(गोली हँसता है)** हाँ, सचमुच हमारे घर में फुटकर कुछ नहीं होता। सब कुछ पूरा-पूरा होता है। दर्जनों के हिसाब से।

गोली : बच्चों के लिए ऐसे नहीं कहते।

हिकमत : अरे मैं कुछ कहता थोड़े ही हूँ, जो खर्च है वही बता रहा हूँ। पहले बच्चों को खिलाओ, फिर खुद खाओ। जब बच्चों का पूरा पड़ता नहीं तो अपने आप कैसे कुछ खाऊँ। पहले दो सेर दूध रोज पीता था। सौ-सौ बादाम घिसकर खाता था। अब बरसों बीत गये बिना दूध बादाम के।

गोली : तुम पहले से बहुत झटक गये हो।

हिकमत : न अब वह पहले जैसी मस्ती है न मौज। हर समय कोई न कोई चिन्ता चिता सी जलाया करती है। कभी-कोई बीमार,

तो कभी कोई। किसी के सिर में दर्द है तो किसी के पेट में।

गोली : मेरे दो बच्चे हैं, उनके साथ भी बीमारी लगी रहती है। फिर तुम्हारे तो छः हैं।

हिकमत : मुझे तो लड़कों के नाम भी याद नहीं रहते। सन्नू को पन्नू कह बैठता हूँ और चुन्नू को मुन्नू समझता हूँ। मुन्नू की अम्मां को इसकी बड़ी शिकायत है।

गोली : शिकायत होनी ही चाहिए।

हिकमत : अब बताओ कहाँ तक याद रखूं। बदमाश इतने हैं कि दिन भर लड़ा करते हैं। मैं इनकी लड़ाई सुनते-सुनते तंग आ गया हूँ। कहाँ तक चिल्लाया जाय! जो कोई सामने मिलता है उसी को दो थप्पड़ लगाता हूँ। बस सब चुप हो जाते हैं।

गोली : (हँसकर) अरे नहीं।

हिकमत : और क्या करूं? मुन्नू की अम्मां कहती है, जिसकी गलती हो उसे ही मारो। अब बताओ मैं कोई थानेदार तो नहीं हूँ जो जुर्म की तफतीस करूं।

गोली : तुम भी बड़ी मजेदार बात करते हो।

हिकमत : मजेदार नहीं जब सर पर बीतती है तो पता चलता है। न ठीक से खा सको न पहन सको। हर समय रुपये की झिक-झिक और रोना।

(माँ का भीतर से प्रवेश)

माँ : अरे बेटा, न हो आज ही सुहागिनों को खाने का न्योता भिजवा दो।

हिकमत : अच्छा।

माँ : भूलना मत।

हिकमत : अच्छा-अच्छा बुला लूँगा। भूलूँगा नहीं।

माँ : देवी-देवताओं की बात है...आजकल के लड़के कुछ समझते नहीं।

(प्रस्थान घर के भीतर)

हिकमत : दोनों वक्त खाने को पूरा पड़ता नहीं और अम्माँ को सुहागिन खिलाने की पड़ी है।

गोली : कैसी सुहागिनें?

हिकमत : कोई देवी की मानता बोली थी। खाना हो तब भी गनीमत।

सुहागिनों को पीली धोती भी देनी है। अब बताओ कहाँ से यह सब करूँ। इस पर मुन्ने की अम्मा कहती है मैंने उसके लिए गहने नहीं बनवाये। साड़ी नहीं लाया। (समझाते हुए) औरतें सब एक सही होती हैं। गहना और कपड़ा तो उनका भगवान होता है।

गोली : अरे हाँ कोई नयी खबर?

हिकमत : कैसी खबर?

गोली : घर में नयी खुसी। कुछ उम्मीद है?

हिकमत : उम्मीद बेसक है। यह साल खाली कैसे जा सकता है?

गोली : फी फी फी-अरे वाह हिकमतसिंह।

हिकमत : सब ईस्वर की इच्छा है।

गोली : **(हँसकर)** हम तो भाई अभी से बता दें, हरीरा और सोंठ के लड्डू खायेंगे। हाँ।

हिकमत : हाँ हाँ, भाई खाना।

गोली : वाह कमाल है, इतनी खुसी की बात तुम अब तक छुपाये थे। हिकमतसिंह, अब की दफा तो दरवाज़े पर सहनाई बजवानी चाहिए। सातवां लड़का...बड़ा भागवान होता है। ऐसा भाग बिरलों का ही होता है।

हिकमत : सब ईस्वर की कृपा है।

गोली : दावत देनी पड़ेगी, दावत। इतनी बड़ी खुसी, उस पर दावत भी कम है।

(मामू का बाहर से प्रवेश)

मामू : खुशी, कौन सी खुशी। **(गोली उठ खड़ा होता है)**

हिकमत : **(टालते हुए)** कुछ नहीं।

गोली : तुमको नहीं मालूम? हिकमत सिंह ने नहीं बताया?

मामू : हिकमत! अरे वाह चेला, गुरु का नाम कब से लेने लग गये?

हिकमत : अब हम लोग बराबर हैं।

गोली : जब से कंठी उतारी तब से बराबर हैं। गुरु-चेला तो हनुमान जी की कंठी पहन कर थे।

मामू : बहुत खूब! अब चेला गुरु के कान काट रहा है। **(गोली से)** शबाश **(रुककर)** हाँ, यह खुशी काहे की है।

गोली : हिकमतसिंह के यहाँ लड़का पैदा होने वाला है।

मामू : लड़का?

गोली : सातवां लड़का। ऐसा भाग्य बिरलों का होता है।

मामू : ऐसा दुर्भाग्य। पलटन पैदा करता जा रहा है। मैं पूछता हूँ इन्हें खिलायेगा कहाँ से?

गोली : **(अचानक हिकमतसिंह से)** मैं चलूँगा अब।

मामू : **(गोली से)** अरे वाह, यह अचानक कहाँ चल दिये बरखुरदार?

गोली : मुझे ज़रूरी काम से जाना है। फिर मिलूँगा हिकमत बाई-बाई।

मामू : ए ग़जब बाई-बाई।

(गोली का बाहर प्रस्थान)

मामू : भाग गया तुम्हारा जमूरा। मेरी सूरत से भी घबराता है।

हिकमत : तुम्हारी जबान पर लगाम नहीं है। न जाने क्या कब कह बैठो?

मामू : मेरी जबान पर लगाम नहीं है, इससे किसी का बनता-बिगड़ता नहीं। लेकिन हिमाकत तुम्हारे लंगोट पर जो लगाम नही है, उससे, तुम अपनी तबाही अपने आप ला रहे हो। इन बच्चों को खिलाओगे कहाँ से? कभी यह भी सोचा है?

हिकमत : मैंने सौगन्ध खाई थी कि दुस्मन के बेटों से ज्यादा मेरे बेटे होंगे।

मामू : और उसी तैश में चार बेटे ज्यादा पैदा कर बैठे। अब सातवें की तैयारी में हो।

हिकमत : मेरे सात बेटों के सामने दुस्मन के दो बेटे आँख भी न उठा सकेंगे।

मामू : गीदड़ की फौज के लिए एक शेर काफी होता है।

(तभी घर के भीतर सन्ने बड़ी जोर से रोता है)

हिमाकत : **(गुस्से से)** साले, जब देखो तब रोया करते हैं। कोई समय नहीं, जब घर में सान्ति रहे। **(गुस्से में चलता घर के भीतर जाता है)**

हिकमत : **(नेपथ्य में)** रोता है औरतों की तरह। नालायक, गधा, कुल डोबन। जा मार। मैं कहता हूँ जा मार के आ। जा! जा!! जा!!

(सन्ने को मरता है सन्ने की जोर जोर से रोने की आवाज़ आती है।)

मामू : अरे अब बस भी कर। एकदम मार ही डालेगा... **(कहते हुए घर के भीतर प्रवेश)**

(थोड़ी देर बाद हिकमत को पकड़े हुए मामू का प्रवेश। हिकमत के हाथ में टूटी हुई पटरी है।)

मामू : इतना नहीं मारना चाहिए। कहीं ठांव-कुठांव पड़ जाती तो...।

हिकमत : पिटकर चला आया लड़कियों-सा रोता है। यह न हुआ दुस्मन के बेटे को पीटकर आता।

मामू : अभी बच्चा है...।

हिकमत : **(बात काटते हुए)** दुस्मन का बेटा तो जैसे जवान है। उससे दो महीने बड़ा है मेरा सपूत। मगर उसके नाम से कांपता है। इतना कहा मैंने कि जा मार कर आ, लेकिन हिम्मत ही नहीं पड़ती उसकी। मेरा खून खौल रहा है।

मामू : बहुत मारा तुमने। पीटते-पीटते पटरी तोड़ दी उस पर। अब जाने भी दो।

हिकमत : मैं उसकी जान ले लूँगा। कम्बख्त मेरा बेटा है, उस पर इतना डरपोक। मैं कहता हूँ, मामू एक दिन यह हमारे खानदान की इज्ज़त को मिटा कर रहेगा।

मामू : खानदान की इज्ज़त।

हिकमत : हाँ खानदान की इज्जत। मैंने अपनी कंठी इसी खानदान की इज्ज़त के लिए उतारी, अपना धर्म बिगाड़ा। दुस्मन के बेटे का मुकाबला करने के लिए मेरा बेटा हो, इसीलिए सादी की, लेकिन नतीजा एकदम उलटा।

मामू : अब खत्म भी करो।

हिकमत : छः पुस्तों की दुस्मनी में हमारा खानदान कभी पीछे नहीं रहा। हमेसा दुस्मन पर हावी रहे, लेकिन अब लगता है कि कमबख्त हमारे खानदान को हराकर ही रहेंगे।

मामू : हरायेंगे नहीं, तुम्हारा खानदान तो हार गया हिमाकत।

हिकमत : क्या कहते हो मामू? जब तक हिकमत ज़िन्दा है, हमारा खानदान नहीं हार सकता।

मामू : और तुम्हारे मरने के बाद? **(हिकमत उत्तर नहीं देता)**

मामू : तुम लाख शोखी बघारो, लेकिन सच तो यह है कि तुम हार गये।

हिकमत : क्या कहते हो मामू। मैंने खानदान की इज्ज़त के लिए क्या नहीं किया।

मामू : तुम्हारे खानदान को तुम्हारे दुश्मन ने नहीं तुमने खुद हराया। **(हिकमत अविश्वास से हँसता है)**

हिकमत : बच्चे तो भगवान की देन हैं।

मामू : **(खिड़की की ओर बढ़ते हुए)** देख, देख, तेरा दुस्मन अपनी बीबी और बच्चों के साथ बाहर घूमने जा रहा है। **(खिड़की के पास खड़े होकर देखते हुए)** कितने साफ-सुथरे तन्दुरूस्त लगते हैं सबके सब। दुश्मन की बीबी को देख! हाय, हाय, क्या जवानी है। तुझसे पहले उसकी शादी हुई थी, लेकिन आज भी उसकी बीबी पर शबाब है। एक तेरी बीबी है, जिसे देखकर लगता है एकदम बुढ़िया हो गयी है। दोनों का कोई मुकाबला ही नहीं। सब कैसे खुश लगते हैं। **(खिड़की से हट कर बीच में आते हुए)** भांजे हिमाकत, हिकमत बहुत बड़ी चीज़ है। हिकमत से आदमी अपनी तकदीर खुद ही बनाता है। भगवान ने अक्ल इस्तेमाल के लिए दी है। अब भी तू समझ जाये तो बहुत है। मैं तो चलता हूँ। **(बाहर प्रस्थान)**

(परेशान हिकमत सिंह उदास बैठ जाता है। तभी चार कोनों से मामू, गोली, माँ और लीला सफ़ेद शॉल ओढ़ कर वृन्द गायक के रूप में, मंच पर आते हैं। वे हिकमत को घेर कर छेड़ते/चिढ़ाते हुए गाते हैं)

गाना

जीत के भ्रम में क्यों जीते हो
तुम हारे, जीता है दुस्मन।
कोई और नहीं है दुस्मन,
तुम हो अपने आपके दुस्मन।
सोच के दुस्मन, समझ के दुस्मन,

तुम हो पूरे अक़्ल के दुस्मन।
ऊपर वाला तुम्हें बचाए,
तुम तो हिमाकत, हद करते हो।
जीत के भ्रम में क्यों जीते हो,
तुम हारे, जीता है दुस्मन।

(गीत समाप्त होने पर हिकमत सिंह के एक तरफ़ गोली और मामू तथा दूसरी तरफ़ माँ और लीला एक दूसरे की कमर में हाथ डालकर धीरे-धीरे गीत की अन्तिम दो लाइनें गाती रहती हैं—पार्श्व संगीत की तरह। हिकमत पहले दीवार पर टंगी कामुक स्त्री की तस्वीर उतारता है। फिर घर के भीतर से एक तस्वीर लाता है। उसकी धूल झाड़ता है। फिर उसे दीवार पर टांगता है। वह हनुमान जी की तस्वीर है। फिर वह तस्वीर के निकट भावहीन-सा, विचारक की मुद्रा में बैठ जाता है।
वृन्दगीत के स्वर तेज़ हो जाते हैं।)

(पटाक्षेप-इति)

इतिहास-चक्र

मैं कदाचित पाँच-छह वर्ष का था जब अपने पिता श्री अयोध्या नाथ सिन्हा को, उत्तर-प्रदेश के उस छोटे से नगर फ़र्रूखाबाद में द्विजेन्द्र लाल राय के नाटक "चन्द्रगुप्त" में चाणक्य की भूमिका अभिनीत करते देखा था। उनके अभिनय के कुछ सजीव दृश्य आज भी स्मृति में अक्षुण्ण और सुरक्षित हैं। उन्हीं दृश्यों को समर्पित हैं यह नाटक।

—दया प्रकाश सिन्हा

कुछ प्रश्न-नाटकीय

पाठकों, अभिनेताओं, निर्देशकों और नाट्य-अध्येताओं के सम्मुख यह नाटक प्रस्तुत करते समय कुछ प्रश्न उठ रहे हैं, जो आज के नाटक और रंगमंच के सन्दर्भ में अर्थपूर्ण हो सकते हैं।

क्या जिस नाटक में जीवन का यथार्थवादी चित्रण हो, वह श्रेष्ठ होता है? यथार्थवादी-चित्रण, जीवन को दर्पण की भाँति प्रतिबिम्बित करने वाली क्षमता ही क्या नाटक की श्रेष्ठता का प्रमाण है?

अथवा नाटक तब श्रेष्ठ होता है, जब उसमें यथार्थ का चित्रण साधारण फ़ोटो-चित्र न होकर, आधुनिक 'एब्स्ट्रेक्ट' चित्रकला की भाँति विकृत, व्याकृत एवं विरूप होता है?

या फिर नाटक की श्रेष्ठता उसकी सहज बोधगम्यता में निहित होती है? नाटक के प्रारम्भ में चरित्रों से परिचय, कथानक की निश्चित अन्त की ओर प्रगति, सस्पैन्स, कथानक का चरम और अन्त। एक सुनियोजित 'कर्व' में चलती हुई कथा?

या फिर वह नाटक जिसकी कथा एक क्रम में नहीं चलती? नाटक की कथा का विकास-क्रम कुछ इस तरह से टूटा, तोड़ा हुआ, कि बाद की कथा नाटक के शुरू में, और शुरू की कथा नाटक के बाद में? आगे पीछे के क्रम को तोड़ देना ही क्या नाटक की श्रेष्ठता का मापदंड है?

या कि नाटक की श्रेष्ठता शब्दों में है? कवित्वमय? शुद्ध? स्फटिक से उज्ज्वल? वज़नदार? अर्थपूर्ण? सारगर्भित? विद्वत्तामय? पांडित्यपूर्ण? सहज सरल—रवानगी से भरे? या कि शब्द—कृपणता, शब्दहीनता ही नाटक की कसौटी है?

या फिर रंगमंच में ऐसा कुछ है, जो नाटक को श्रेष्ठ बनाता है? कदाचित् दृश्य-बंध? यथार्थपरक दृश्य-बंध! यदि गाँव का दृश्य हो तो ऐसा लगे कि हम सचमुच गाँव में चले आये हैं। मिट्टी की दीवारों के घर, उन पर असली गाँव से लायी हुई असली खपरेल की छत, एक असली पुआल का ढेर, खूंटे से बंधी

हुई असली गाय, और उससे गिरता हुआ असली गोबर? अब कुछ बात बनी।

या फिर कुछ प्रतीक? पेड़ के स्थान पर कार्ड-बोर्ड को काट कर और रंगकर तैयार किया हुआ शैलीबद्ध वृक्ष, जो पीछे लगे चीड़ के डंडे के सहारे कहीं भी खड़ा किया जा सकता है? और राजमहल की जगह कार्ड-बोर्ड का चित्रित स्तंभ? यथार्थवादी दृश्य-बंध की जगह कुछ प्रतीक रखकर निर्देशक ने मैदान जीत लिया और नाटक को महानता का तमग़ा मिल गया?

या फिर प्रतीकों को भी हटाकर, सूने सपाट रंगमंच पर, काले पर्दे के आगे केवल एक कुर्सी, स्टूल या लकड़ी के क्यूब डालकर नाटक कर लिया और नाटक में क्रान्ति का श्रेय प्राप्त कर लिया?

या फिर नाटककार और निर्देशक की कलाबाजी? पाँच अभिनेताओं द्वारा एक ही चरित्र की भूमिका में अभिनय अथवा पाँच भूमिकाओं में एक ही अभिनेता द्वारा अभिनय? सुनियोजित परम्परागत नाटक में मुख्य-पात्र द्वारा प्राक्कथन— बोरे में मखमल के पैबन्द-सा, या सिल्क की साड़ी में टाट की झालर-सा! या फिर बीच-बीच में पात्रों द्वारा स्वगत-भाषण अथवा दर्शकों को संबोधन? या फिर दर्शकों और अभिनेताओं के बीच सुनियोजित संवाद? या फिर जापानी लोकमंच की रूढ़ि के अनुसार पात्रों का प्रेक्षागृह से मंच पर प्रवेश और वापसी? कुछ नहीं मिला तो एक अदद सूत्रधार?

या फिर नाटक की सफलता का रहस्य प्रेक्षागृह में दर्शकों के बैठाने की योजना में है? यदि दर्शक मंच के सामने बैठते हैं, तो वह हीन नाटक? यदि वह मंच के तीन तरफ बैठते हैं, तो वह साधारण नाटक? और मंच के चारों ओर बैठते हैं, तो वह श्रेष्ठ नाटक?

यह सब कुछ नहीं तो स्लाइड द्वारा चित्रों के प्रदर्शन से अत्याधुनिक नाटक का दर्जा मिल सकता है? एक तो करेला, उस पर नीम चढ़ा! स्लाइड चित्रों का ऊट-पटांग संयोजन, जैसे गांधी जी के चित्र के साथ बंडे, टिंडे, घिया, अरबी बैंगन, फिर ताजमहल के साथ डस्टबिन। हो गया न काम? या काम तमाम?

शायद मैं गलत हूँ? मेरी खोज ही ग़लत है। मेरी तलाश की दिशा ही उल्टी है। मैं सार्थक, सफल और श्रेष्ठ नाटक की खोज, नाटक और रंगमंच के तत्वों में—संवाद, कथानक, दृश्यबंध, संगीत, रूप-सज्जा, समूहन इत्यादि में कर रहा था, जब कि वह कुछ ज्यादा पढ़े-लिखे समालोचकों के अनुसार इनमें है ही नहीं? कुछ वैसी ही बात हुई जैसी कि अंधे द्वारा अंधेरे कमरे में उस काली बिल्ली की तलाश, जो कि वहाँ नहीं है। उनके अनुसार श्रेष्ठता और सार्थकता रंगमंच में नहीं, अपितु इंगलेण्ड और अमेरिका में है, या उन यूरोपीय नाटकों में है जो अंग्रेजी

के माध्यम से हमें प्राप्त होते हैं? जो हिन्दी नाटक समकालीन एंग्लो-अमेरिकन नाटकों और नाट्य-आन्दोलनों को जितना अधिक ग्रहण करता है, वह उतना ही अधिक श्रेष्ठ होता है? अगर पश्चिम में 'एब्सर्ड' नाटक का बोल है, हम भी वही ढोल बजायें? उनके पास 'न्यू-वेव' है, तो हमारे नाटक भी उससे भीगे हों। यदि वहाँ मानसिक ग्रन्थियों का विमोचन हो रहा है तो हमारे नाटकों में भी मनोचिकित्सक दिखाई दें। तो यह है, नाटकों की श्रेष्ठता का राज—पश्चिमी नाटकों का प्रभाव या नक़ल?

या फिर नाटक को श्रेष्ठ बनाने का सबसे सस्ता, सुगम नुस्खा नाटककार के हाथ में है? उसने नाटक को रूढ़िगत दृश्यों और अंकों में विभाजित न करके, खण्डों और अध्यायों में विभाजित करके लीक से हटा, परम्परा से विद्रोही, युग-प्रवर्तक नाटक सृजित कर दिया?

या फिर कोई तत्व, कोई भी रूढ़ि, कोई भी योजना, परम्परा या उनसे विद्रोह अपने आप में नाटक की श्रेष्ठता का प्रमाण नहीं है? केवल वही नाटक श्रेष्ठ है, जिसका मंचाभिनय सृजन के उस चरम-बिन्दु का स्पर्श करता है, जहाँ अभिनेता और प्रेक्षक सृजनानुभूति में बराबर की भागेदारी अनुभव करते हैं?

मेरी विनम्र आशा है कि यह प्रश्न, मेरे ही नहीं, अपितु अन्य नाटककारों के नाटकों के भी उचित मूल्यांकन में सहायक होंगे।

दिल्ली
दिसम्बर, 1972

दया प्रकाश सिन्हा

द्वितीय संस्करण की भूमिका

इतिहास-चक्र एक युद्ध विरोधी नाटक है। राजा, कुबेर, मोहिनी, पत्रकार, सेनापति आदि के सांकेतिक चरित्रों के माध्यम से यह उन कारणों का अन्वेषण करता है, जिनके कारण समय-समय पर युद्ध होते रहते हैं।

हर व्यक्ति जीना चाहता है। भरपूर जीना चाहता हैं जीने की अदम्य इच्छा उसे हर पल प्रेरित करती है। फिर क्यों अचानक आनन्दकामी ओर सुखकामी व्यक्ति मौत का सौदागर बन कर युद्ध की विभीषिका से मानवता पर मृत्यु की स्याही बिखेरने लगता है? इसके अनेक कारण हैं : क्लिष्ट और संश्लिष्ट। फिर भी इतिहास-चक्र अकादमिक, पांडित्यपूर्ण, विवेचना और विश्लेषण के बोझ से मुक्त है। मैंने अमूर्ति सत्य और तर्कों को सरल, सहज और बोधगम्य नाटकीय मुहावरे के माध्यम से खोजने का प्रयत्न किया है। मुझे प्रसन्नता है कि मेरी बात दर्शकों तक पहुँच सकी और उन्होंने इसको सराहा।

नाटक का साहित्य और रंगजगत, दोंनो ही में भरपूर स्वागत हुआ। मुझे देश के रंगकर्मियों के नाटक को अपने नगर में मंचस्थ करने की स्वीकृति मांगते हुए अनेक पत्र प्राप्त हुए। एक अपरिचित पाठक ने मेरा नाटक 'कन्नड़' में अनुवाद करके और प्रकाशित करके मुझे भेजा। मारिशस गया तो पता लगा कि मैं वहाँ अपरिचित नहीं हूँ। मेरे छह नाटक वहाँ प्रस्तुत किये जा चुके हैं। विनय दसोई से परिचय हुआ। उन्होंने 'इतिहास-चक्र निर्देशित किया था। वह नाटक की प्रशंसा करते थकते नहीं थे।

यह मेरी अपनी उदासीनता थी जिसके कारण दूसरा संस्करण इसके पहले प्रकाशित नहीं हो सका। व्यक्तिगत जीवन मे आई आँधियाँ और तूफानों के बीच जमीन पर पैर टिकाए रखना मुश्किल हो गया था, उसमें रचनात्मकता कहाँ से लाता। कुछ नहीं लिखा, बरसों-बरसों तक। विमोह और उदासीनता ने घेर रखा था। फिर भी, इस सबके बीच, राख के ढेर के नीचे, कहीं जिजीविषा की हल्की सी चिन्गारी बराबर जीवित रही। वह बुझ न सकी। तब ही इतने वर्षों बाद इतिहास-चक्र की भूमिका लिख रहा हूँ।

नाटक सामान्य (वेलमेड) नाटक की श्रेणी में नहीं आता। इसमें कथ्य और संरचना दोंनो में ही प्रयोग हैं। और यह प्रयोग सफल हुआ, क्योंकि मैंने स्वयं इसे निर्देशित करके, इसे मंच पर जाँचा परखा है। इसकी प्रथम प्रस्तुति में, मैं सूत्रधार की भूमिका में भी था।

आज जब विश्व में एक बार पुनः युद्ध के बादल गरज रहे हैं, आतंकवाद का ताण्डव विश्व में विनाश लीला रच रहा है और "सभ्यता का संघर्ष" घटित होता दिखाई पड़ रहा है, तब इतिहास-चक्र जैसे युद्ध-विरोधी नाटक की पहले से अधिक सार्थकता है।

दिल्ली

दया प्रकाश सिन्हा

यह नाटक सर्वप्रथम 'शतरूप' द्वारा फाइन आर्ट्स थियेटर, नई दिल्ली में 11 तथा 12 अक्तूबर, 1972 को मंचित किया गया, जिसमें निम्नांकित रंगकर्मियों ने भाग लिया—

पत्नी	**कंचन लता**
मोहिनी	**रश्मि दर**
राजा	**ज्वालाप्रसाद वर्मा**
कुबेर	**वैकुण्ठनाथ चतुर्वेदी**
पत्रकार	**जीत शर्मा**
अनामी	**अमर स्नेह**
बाबू	**राजेश रायजादा**
सूत्रधार	**दया प्रकाश सिन्हा**

निर्देशन
दया प्रकाश सिन्हा

इतिहास-चक्र

पात्र

राजा

कुबेर

मोहिनी

पत्रकार

बाबू

पत्नी

अनामी

सूत्रधार : जो अपनी भूमिका के अतिरिक्त, अखबार वाले, पत्रकार के मैनेजर, कुबेर के चपरासी, राजा के सचिव, रेडियो-उद्घोषक, बेयरा, सेनापति आदि की भी भूमिकाएँ निबाहता है।

इतिहास-चक्र

समय : वर्तमान
स्थान : सर्वदेशीय
मंचसज्जा :

मंच तीन स्तरों में विभाजित है। गगनिका (साइक्लोरामा) के निकट मंच का सबसे ऊंचा स्तर है, जिस पर ठीक बीच में राजा की ऊंची पीठ की कुर्सी रखी है। कुर्सी के पीछे झंडे का डंडा लगा है। झंडा नहीं है। कुर्सी के पास एक छोटी मेज़ पर एक फौजी अफसरों वाली टोपी रखी है।

सबसे ऊंचे स्तर के आगे मिला हुआ मंच का मध्य स्तर है, जिस पर एक तरफ कुबेर की मेज़ और घूमने वाली कुर्सी पड़ी है। पास ही मोहिनी की कुर्सी भी पड़ी है। तथा दूसरी तरफ पत्रकार की छोटी मेज़ और एक कुर्सी है।

इसके आगे दर्शकों के निकट, मंच का सबसे नीचा स्तर (जोकि मंच का मौलिक स्तर है) स्थित है। इस पर एक तरफ़ पार्श्वक (विंग) के निकट एक चीड़ का बक्स रखा है, जिस पर एक अधबिनी डलिया रखी है। यह चीड़ का बक्स अनामी के बैठने का स्थान है। इसी तल पर दूसरी तरफ के पार्श्वकों के निकट दो बेंत की कुर्सियाँ बाबू तथा उसकी पत्नी की अभिनय-इकाई इंगित करती हैं।

राजा, कुबेर, पत्रकार, बाबू और अनामी की अभिनय इकाइयों को पृथक करने वाली दीवार नहीं है। इनकी पृथक सत्ता अभिनय और प्रकाश परिचालन द्वारा स्थापित होती है।

इन पांचों इकाइयों में एक समय में केवल एक में अभिनय होता है। उस समय अन्य इकाइयों में अभिनेता ऐसे जड़

(फ्रीज) हुए दिखाई देते हैं, कि एक रोचक जड़-चित्र प्रस्तुत करते हैं । सूत्रधार इन पाँचों अभिनय-इकाइयों को एक सूत्र में पिरोता हुआ, उनमें सामंजस्य स्थापित करता है। साथ ही अखबार वाले, मैनेजर ,कुबेर के चपरासी तथा बेयरा, राजा के सेक्रेटरी, रेडियो-उद्घोषक, सेनापति आदि का भी अभिनय करता है।

कोई भी अभिनेता मंचोपकरण अथवा व्यक्तिगत उपकरणों का प्रयोग नहीं करता। इनकी उपस्थिति और प्रयोग मूक-अभिनय द्वारा स्थापित होते हैं।

प्रारम्भ : गगनिका पर नीली आभा।

दर्शकों की तरफ पीठ किये समस्त अभिनेता एक पंक्ति में बीच मंच पर खड़े हैं। पूरे मंच पर अंधकार है, सिवाये एक प्रकाश के वृत्त के, जो दर्शकों के निकट, मंच पर, एक कोने में 'विग्स' (पार्श्वक) के पास खड़े सूत्रधार को उद्भासित करता है। सूत्रधार के हाथ में पुस्तक है, जिसको वह पढ़ रहा है। उसके सामने एक छोटा-सा स्टूल रखा है, जिस पर स्प्रिंगदार घंटी रखी है, जिससे टेलीफोन की घंटी बजाने का ध्वनि-प्रभाव उत्पन्न किया जा सकता है।

पुस्तक पढ़ते हुए सूत्रधार उसका पन्ना पलटता है, तब ही उसकी निगाह दर्शकों पर जाती है। वह पुस्तक समाने स्टूल पर रखकर बीच मंच पर आता है। मंच का आगे का आधा भाग प्रकाशित हो जाता है।

सूत्रधार : नमस्कार! मैं सूत्रधार हूँ। नाटक अब प्रारंभ होने जा रहा है, इसलिए प्राचीन भारतीय नाटकों की परम्परा में मैं शिव की प्रार्थना करूंगा। **(हाथ जोड़कर आँख बन्द करता है, किन्तु तुरन्त ही आँख खोल देता है)** क्षमा कीजियेगा। मैं भूल ही गया। समय के अन्तराल से मनुष्य के मूल्य परिवर्तित हो जाते हैं। संभव है, आप लोग में से बहुत से लोग शिव पर विश्वास न करते हों। वे लोग किसी अन्य देवता में विश्वास कर सकते हैं, या किसी भी देवता में नहीं। वे केवल स्वयं पर विश्वास करके मनुष्य की शक्ति प्रतिष्ठित कर सकते है। तो आइये, हम सब अपनी-अपनी आस्थानुसार एक क्षण आँख

बन्द कर उस शक्ति का स्मरण करें, जो हमें जीवन संघर्ष में बल देती है **(सूत्रधार हाथ जोड़कर आँखें बन्द करता है।)**

(नाटक के सब पात्र अपनी ही जगह घूमकर, दर्शकों की तरफ मुख करते हैं, फिर एक साथ पंक्तिबद्ध हो दो कदम आगे बढ़ते हैं, और प्रकाश-वृत्त में आ जाते है। केवल पत्नी तथा अनामी के अतिरिक्त, अन्य सब पात्र मुखौटे पहने हुए दिखायी पड़ते है। राजा के मुखौटे पर ऐंठी हुई मूंछें, तथा राज-मुकुट है। कुबेर के मुखौटे में व्यवसायी की पगड़ी और कुटिलता है। पत्रकार के माथे पर गिरे बालों में सफेदी तथा बौद्धिक व्यक्ति की दाढ़ी तथा चश्मा है। बाबू के मुखौटे से ताश के गुलाम का आभास होता है। मोहिनी के मुखौटे से नगरवधू का चरित्र उजागर होता है। मुखौटे पात्रों के आन्तरिक चरित्र को अतिरंजित करते हैं, साथ ही यह भी प्रतिष्ठित करते हैं कि अनामी और पत्नी के अतिरिक्त अन्य सब पात्र अपने चरित्र और व्यवहार में दोहरे व्यक्तित्व के हैं। अपने शब्दों तथा व्यवहार से जो वह प्रकट करते हैं, वह असत्य है, बनावटी है। उनकी वास्तविकता कुछ और ही है।)

सूत्रधार : **(आँख खोलकर)** यह नाटक किसी देश-विशेष की कहानी नहीं है। **(मुखौटा लगाये पात्र, अपने-अपने मुखौटे उतारकर हाथ में लेते हैं)** यह कहानी है मनुष्य की, जिसने अपनी सुविधा और स्वार्थ के लिए विश्व, महाद्वीप, देश आदि में विभाजित कर दिया। **(दर्शकों की ओर घूमकर, उनके हाथ से मुखौटे लेते हुए)** यह हैं नाटक के अभिनेता, जो अपने अभिनय-चातुर्य से और आप की जीवन्त उपस्थिति के सहयोग से नाटककार की क्षुद्र कल्पना को साकार रूप प्रदान करेंगे। पहले आप को इनका परिचय दे दूँ। यह है-

राजा : मैं? **(घूम कर राजा की कुर्सी के पास जाकर खड़ा होता है। फिर सिकन्दर की मुद्रा में मुट्ठी ऊपर तानता हुआ)** मैं राजा हूँ।

(अन्य अभिनेता राजा के दोनों ओर दरबारियों की भाँति हाथ बांध कर खड़े होते हैं।)

सूत्रधार : हाँ यह राजा हैं। इन्हें आप किसी भी नाम से पुकार सकते

है। कबीले के सरदार, प्रधान, मुखिया, क्षत्रप, राजा, राना, ज़ार, लुई डिक्टेटर, राष्ट्रपति, प्रधानमंत्री, या कुछ और। कहते हैं राजा के सर पर कांटों का ताज होता है। इनके जीवन में शान्ति नहीं। यह न ठीक से खा पाते हैं न सो पाते हैं। दिन-रात काम और चिन्ता में मग्न रहते हैं। क्यों? किसलिए सहन करते हैं कांटों से भरा जीवन?

राजा : देश के लिए! मानव भविष्य के लिए! विश्व शान्ति के लिए!

सूत्रधार : मैं बताता हूँ। केवल सत्ता के लिए। आत्मगौरव के लिए। **(कुबेर मंचाग्र पर आता है, अन्य अभिनेता अपने स्थानों पर जाते हैं केवल बाबू नेपथ्य में जाता है।)**

कुबेर : मैं कुबेर हूँ। **(व्यावसायिक नम्रता से)** आपका सेवक।

सूत्रधार : इनकी बातों में न आइयेगा। यह आपके सेवक नहीं, केवल धन के सेवक हैं। धन वह चाहे रूपया हो, डालर या पाउंड हो, येन या फ्रेंक हो, इनका देवता है। ये लक्ष्मी के मन्दिर के बड़े पुजारी। सोने की चमक से वह जीवन की सार्थकता नापते हैं। ...एक कहानी याद आ गई। ऐसे ही किसी लक्ष्मी-भक्त की मृत्यु के बाद भगवान ने उससे पूछा–**(कुबेर से)** तुम्हें कहाँ भेज दूँ–स्वर्ग या नरक?

कुबेर : हि हि हि''जहाँ दो सिक्कों का फायदा हो, वहीं भेज दीजिये।

सूत्रधार : कहते हैं लक्ष्मी का वाहन उल्लू होता है। उल्लू की आँखे अंधेरे में भी देख लेती हैं। इनकी व्यापार बुद्धि, हर स्थिति में देख लेती है–कैसे बनेंगे दो सिक्के।

(कुबेर अपनी कुर्सी पर जाता है। प्रकाश की रेखा मोहिनी पर पड़ती है।)

सूत्रधार : **(दर्शकों से)** इनको नहीं पहचाना?

मोहिनी : मैं मोहिनी हूँ।

सूत्रधार : नारी का यह रूप समुद्र-मंथन में निकला था। अपने रूप की शक्ति से सजग, नारी के इस रूप में विष और अमृत का अभूत पूर्व मिश्रण है। अपने नागिन से चिकने जहरीले सौंदर्य के द्वारा अचेत कर, यह देवासुर संग्राम में किसी को अमृत और किसी को केवल सूखी मुस्कान बाँटती है। राज-सत्ता और धन-लिप्सा के क्रूर खेलों में यह पुरूषों के साथ खुल कर खेलती है–बुद्धि से नहीं, शौर्य नहीं अपने नयनों के कटाक्ष

से, अपने यौवन से, अपने मांसल आकर्षण से। क्या आपने विष-कन्या का नाम नहीं सुना?

(सूत्रधार के इन शब्दों को मोहिनी नृत्य-मुद्राओं से रूपायित करती है।)

(प्रकाश की रेखा मोहिनी से हटकर पत्रकार पर पड़ती है।)

सूत्रधार : कोई साधारण व्यक्ति साधारण मनुष्य के समान जीवन यापन करे, तो इन्हें उसमें कोई रूचि नहीं। कोई साधारण व्यक्ति असाधारण नैतिकता का परिचय दे, तब भी इनको मज़ा नहीं आता। लेकिन अगर कहीं चोरी हो जाये, डाका पड़ जाये, बलात्कार हो जाये,आग लग जाये, किसी की बीवी भाग जाये, कोई कुंवारी माँ बन जाये, भ्रूण-हत्या हो जाये, रात के अंधेरे में—पार्क के कोने में—काम-क्रियामग्न कोई जोड़ा पकड़ा जाये, तो इनकी लार टपक पड़ेगी।

पत्रकार : **(क्रोध से)** आप कैसी बातें करते हैं?

सूत्रधार : क्या मैं झूठ कह रहा हूँ?

पत्रकार : जनता जो चाहती है वह हम देते हैं।

सूत्रधार : राम भजये। भला मेरी इतनी हिम्मत हो सकती है। मैं तो सिर्फ दो ही से डरता हूँ—ऊपर कर्त्तार, नीचे पत्रकार। **(अबोधता से)** इसमें मेरा कोई दोष नहीं। मैं तो नाटककार के दिये शब्द कह रहा हूँ।

पत्रकार : मैं नाटककार को नष्ट कर सकता हूँ।

सूत्रधार : कैसे?

पत्रकार : उसके नाटक की कड़ी आलोचना कर के, उसके व्यक्तिगत जीवन पर कीचड़ उछाल कर या...

सूत्रधार : या?

पत्रकार : उसको'इग्नोर' करके। वह अपने आप ही खत्म हो जायेगा।

सूत्रधार : **(दर्शकों से)** यह तो बहुत ही खतरनाक आदमी हैं। **(प्रकाश की रेखा पत्रकार से हट कर बाबू पर आती है।)**

सूत्रधार : आप कौन हैं?

बाबू : मैं एम॰ए॰ पास हूँ।

सूत्रधार : मैंने आपकी शिक्षा नहीं पूछी थी।

बाबू : मैने तीन विषयों में एम॰ए॰ किया है।

सूत्रधार : ओह!

बाबू : हिस्ट्री, फिलोस्फी, और पोलिटिक्स! मेरी समाज-सेवा में भी रूचि है।

सूत्रधार : अच्छा। आपने क्या समाज सेवा की है अब तक?

बाबू : मेरे पास सोशल सर्विस में डिप्लोमा है।

सूत्रधार : बस डिप्लोमा। **(दर्शकों से)** इनके पास डिग्री और डिप्लोमा तो इतने हैं कि एक गधे का बोझ जरूर होगा।

बाबू : मेरी कलम में ताकत है। साँप का काटा बच जाये, मेरी कलम का मारा नही बच सकता।

सूत्रधार : **(दर्शकों से)** कलम की नोंक ज़रा मोथरी पड़ गई है।

बाबू : मैं मध्यमवर्ग का हूँ। मध्यवर्ग समाज की रीढ़ होता है।

सूत्रधार : **(व्यंग्य से)** बस रीढ़ थोड़ी टेढ़ी पड़ गई है।

बाबू : समाज का नैतिक स्तर मध्यवर्ग निश्चित करता है। नैतिकता का वह प्रहरी है।

सूत्रधार : कैसे?

बाबू : पड़ोसी से प्रेम करो।

सूत्रधार : **(दर्शकों से)** अर्थात पड़ोसी की पत्नी और बहन से प्रेम करो।

बाबू : ईमानदारी से रहो।

सूत्रधार : रिश्वत लो, लेकिन छिप कर।

बाबू : पत्नी का आदर करो।

सूत्रधार : अगर उसे न मालूम पड़े तो दो एक प्रेमिकायें और चार छै फ़्लर्टेशन जायज है। **(व्यंग्य से)** यह है इनकी नैतिकता। **(बाबू से)** आपने बताया नहीं, आप कौन है?

बाबू : जी?

सूत्रधार : आप क्या काम करते हैं?

बाबू : मैं बड़े दफ्तर में असिस्टैन्ट हूँ।

सूत्रधार : बड़े दफ्तर में छोटा बाबू। लेकिन इन्हें कम न समझियेगा। जितना ही छोटा उतना ही खोटा। राज चाहे गोरों का हो या कालों का हो, भूरे लोगों का, पीलों का, शासन की कठ-पुतली नचाने के लाल फीते इन्हीं की उँगलियों में होते हैं। मिटते हुए मध्यवर्ग के गिरते हुए प्रतिनिधि, जिनको जली रस्सी में अब भी ऐंठन दिखाई पड़ती हैं।

(प्रकाश की रेखा बाबू से हटकर पत्नी पर जाती है।)

सूत्रधार : आपका परिचय?

पत्नी : **(घबराकर)** जी? **(कंधे पर पड़े पल्ले को सर पर रखती है। साड़ी अपने चारों ओर ठीक से लपेटती है।)**

सूत्रधार : आप अपना परिचय दीजिये।

(पत्नी सूत्रधार को देखकर, उसकी तरफ पीठ करके, सर झुका के खड़ी हो जाती है।)

सूत्रधार : नारी का यह भी एक रूप है। बेजबान। यह पत्नी है। यह माँ है। इसका संसार घर की चहारदीवारी में समा गया है। फिर इन्हें तो आप स्वयं भी अच्छी तरह जानते हैं।

(प्रकाश की रेखा पत्नी से हट कर अनामी पर पड़ती है।)

सूत्रधार : तुम्हारा नाम।

अनामी : **(आश्चर्य से)** मेरा नाम?

सूत्रधार : हाँ, हाँ तुम्हारा नाम। तुम्हें आश्चर्य क्यों हो रहा है? तुम्हारा नाम क्या है?

अनामी : मेरा नाम!

सूत्रधार : क्या तुम्हारा कोई नाम नहीं है?

अनामी : मेरा नाम क्या? जिसने जो चाहा नाम रख दिया।

सूत्रधार : मैं तुम्हें किस नाम से पुकारूँ?

अनामी : जिस नाम से चाहो पुकारो। बचपन में मेरी सूरत बन्दर से मिलती थी, इसलिए अम्मा बन्दर कहती थी। मुझे भूख बहुत लगती थी लोग पेटू कहने लगे। गांव के लोग 'बड़कू के बिटवा' कहते थे। हमारी घर वाली मुन्ने के बप्पा कहती है। शहर में मजदूरी करता हूँ। तो लोग कहते हैं—ऐय, ओय, ओ आदमी, देहाती। तुम भी कुछ नाम रख लो।

सूत्रधार : तुम्हारा कोई नाम नहीं। मैं तुम्हें अनामी कहूँगा।

अनामी : **(बीड़ी निकालते हुए)** चलो एक नाम और मिल गया। बीड़ी पिओगे?

सूत्रधार : नहीं।

अनामी : तुम बीड़ी क्यों पिओगे। तुम तो सिगरेट पीते हो।

सूत्रधार : बीड़ी पीने वाला वर्ग और सिगरेट पीने वाला वर्ग। दोनों में कितना अन्तर है। **(अनामी से)** अच्छा भाई अनामी। तुम बीड़ी पीने का पैसा कहाँ से लाते हो?

अनामी : **(क्रोध से)** तुम समझते हो—चोरी करता हूँ? अरे बाबू! दिन भर मेहनत मजदूरी करता हूँ, तब बीड़ी पीता हूँ। यह पसीने की कमाई है; हाँ। **(तैश में प्रस्थान)**

सूत्रधार : तो यह हैं हमारे नाटक के पात्र। इन्हें आपने अलग-अलग देखा। किन्तु परिवेश से कटा व्यक्ति संपूर्ण नहीं होता। उसके व्यक्तित्व की समग्रता उसके परिवेश के सन्दर्भ में ही जानी जा सकती है। तो आइये, देखें कहाँ हैं ये लोग... **(प्रस्थान)**

(पत्नी अपने मकान में कुर्सी पर बैठ कर किताब पढ़ती दिखाई पड़ती है। बीच बीच में ऊब प्रदर्शित करने के लिए वह जम्हाई लेती है। राजा अपनी कुर्सी पर जा बैठा है। कुबेर कुर्सी पर बैठा, पास खड़ी मोहिनी द्वारा दिखाये जा रहे हिसाब के कागजों को देख रहा है। पत्रकर हथेली में सिर रखे, मेज पर कोहनी टिकाये बैठा है। अनामी बीड़ी पीता हुआ दिखाई पड़ता है। केवल पत्नी को छोड़ कर अन्य सब दृश्य-इकाइयां जड़ हैं।)

(बाबू नेपथ्य से प्रवेश करके अपने घर में जाता है।)

पत्नी : **(जम्हाई रोकती हुई)** तुम आ गये ?

बाबू : **(खीझकर)** तुम्हारा नाम भी लिख लिया जाये?

पत्नी : कहाँ?

बाबू : अंधों की लिस्ट में। दिखाई नहीं पड़ता। **(वितृष्णा से)** चाय लाओ।

पत्नी : लाती हूँ।

बाबू : लाती हूँ। जाने के लिए क्या सायत देखी जायेगी?

पत्नी : **(अनिच्छा से उठते हुये)** उंह! **(नेपथ्य में जाती है और चाय का प्याला लेकर लौटती है।)**

बाबू : **(चाय की चुस्की लेकर)** ज़बान जला दी।

पत्नी : थोड़ी ठंडी हो जाने दो।

बाबू : शक्कर तो डाली ही नहीं। बुड्ढी होने को आई, लेकिन चाय बनाना नहीं आया। कुत्ते की दुम बारह साल तक ज़मीन में गाड़े रहो, रहेगी साली टेढ़ी की टेढ़ी।

अखबार : **(दर्शकों के बीच से मंच पर चढ़ता है)** अखबार। आज की ताज़ा ख़बर। गर्मागरम खबर। मसालें-दार खबर। कड़ाकेदार

खबर। अखबार। अखबार। **(दर्शकों से)** कोई अखबार लेने वाला नहीं। इस मुल्क में कुछ नया नहीं है। सब कुछ बासी हो गया है। किसी को अखबार पढ़ने में मज़ा नहीं आता। **(शिथिल स्वर में आवाज़ लगाते हुये)** अखबार। ताजी खबर। गर्मागरम ख़बर... **(प्रस्थान नेपथ्य में)**

कुबेर : **(हिसाब की कापी देखते हुये)** क्या देखूँ? सब कुछ गलत-सलत है। **(हिसाब की कापी फेंक कर)** आखिर तुम किस मर्ज की दवा हो। मैं तो सफेद हाथी पाल रहा हूँ। **(सख्ती से)** देखिये मिस मोहिनी। मैं आपका बाप नही हूँ जो हमेशा खिलाता रहूँ। सम्हल जाओ, नहीं तो रास्ता नापती दिखाई पड़ोगी। **(मोहिनी रोती है।)**

कुबेर : **(झुंझला कर)** यह...यह क्या,? टस्सुए निकाल दिये।

मोहिनी : पहले तो तुम मुझसे कभी इस तरह नहीं बोलते थे।

कुबेर : अरे रे, चुप हो जाओ। बिजनेस का हाल देखती हो, साला बाजार तो गेंद जैसा लुढ़कता जा रहा है रसातल को। **(टेलीफोन की घंटी बजती है)** हाँ...हां ठीक है। बेच दो। ...हाँ उसे भी बेच दो। हाँ...हाँ...घाटे पर ही सही। जो भी अभी मिलता है ले लो। कल वह भी नहीं मिलेगा। **(टेलीफोन रख कर)** स्लम्प का यह हाल है। इसमें कोई कैसे दिमाग ठीक रख सकता है। **(अचानक क्रोध से चिल्लाते हुऐ)** मै कहता हूँ, बन्द करो रोना।**(मोहिनी की ओर पीठ मोड़ कर बैठ जाता है। मोहिनी आँखों को आंचल से पोंछती अपनी कुर्सी पर बैठती है। सूत्रधार टेलीफोन की घंटी बजाता है।)**

राजा : **(टेलीफोन उठा कर)** क्या? गया राम फिर गया? **(क्रोध के उबाल में)** बेईमान हैं। स्वार्थी हैं। ...आया राम को बुलाओ। **(आत्मविश्वास से)** जल्दी बुलाओ। ...नहीं आता? **(हताश डूबते स्वर)** नहीं आया? गया राम गया। आया राम नहीं आया। **(स्तम्भित सा कुर्सी पर बैठ जाता है)**

(पत्रकार मेज़ पर बैठा हिसाब में लीन दिखाई पड़ता है। नेपथ्य में टेलीप्रिन्टर चलने की आवाज़ सुनाई पड़ती है)

मैनेजर : जी सर। आपने बुलाया।

पत्रकार : मैनेजर, मैं अखबार के सर्कुलेशन की 'फिगर्स' देख रहा था।

पिछले महीने जब हमने सर्कुलेशन बढ़ाने की कोशिश की तो वह बढ़ने की बजाये घट गया।

मैनेजर : सर, अखबार बिकता है .ख़बरों पर। पश्चिम के इस देश में कोई ख़बर नहीं है...

पत्रकार : मन्त्रिमंडल टूटने वाला है। गया राम गया, आया राम आया नहीं?

मैनेजर : यह भी कोई ख़बर है?

पत्रकार : क्यों?

मैनेजर : यह तो रोज़ ही होता है। लोग आया राम और गया राम दोनों से ही ऊब चुके हैं।

पत्रकार : एक आइडिया है।

मैनेजर : जी?

पत्रकार : तुम्हारी शादी हो गई?

मैनेजर : होने वाली है।

पत्रकार : किससे?

मैनेजर : जिस लड़की से मैं प्रेम करता हूँ।

पत्रकार : तुम उसे ले कर भाग जाओ।

मैनेजर : जी? उसके माँ बाप शादी को राज़ी हैं।

पत्रकार : **(अपनी धुन में)** तब तो बनेगी .ख़बर!

मैनेजर : इसमें कोई नई बात नहीं। अक्सर ही प्रेमी प्रेमिका को भगा ले जाते हैं।

पत्रकार : तब तुम किसी...तुम किसी दस ग्यारह साल की लड़की को भगा ले जाओ। मैं धारावाहिक रूप से तुम्हारे अप्राकृतिक प्रेम-प्रसंग को छापूँगा। **(विजय से)** क्यों ठीक है न?

मैनेजर : ठीक तो...लेकिन मैं जेल से डरता हूँ।

पत्रकार : तब मैं ही फांसी लगा लूंगा। तब तो बनेगी .ख़बर?

(मैनेजर दर्शकों के निकट आता है और सूत्रधार की भूमिका में हो जाता है।)

सूत्रधार : पश्चिम के इस देश में कोई ख़बर नहीं। ऐसा कुछ नहीं जिससे जीवन में उत्साह की लहर आये। सब कुछ बुझा-बुझा सा है। गिरता हुआ व्यापार, बिखरता हुआ शासन-तंत्र, ऊंघता हुआ समाज।

पत्नी : कुछ बात करो।

सूत्रधार : **(दर्शको से होठों पर अंगुली रख कर)** शान्त **(बाबू दंपति की ओर इशारा करके)** उधर बातचीत हो रही है। **(बाबू दंपति को देखता, मंच पर एक कोने में जा बैठता है।)**

पत्नी : कुछ बात करो।

बाबू : अंऽ?

पत्नी : कुछ बात करो।

बाबू : क्या बात करूं?

पत्नी : तुम्हारे पास कुछ बात करने को नहीं है?

बाबू : मैं क्या कहूँ?

पत्नी : ऐसे चुपचुप अच्छा नहीं लगता।

बाबू : तुम्हीं कुछ बात करो?

पत्नी : मैं क्या बात करूं?

बाबू : तुम्हारे पास कुछ बात करने को नहीं है?

पत्नी : मैं क्या कहूँ?

बाबू : ऐसे चुपचुप अच्छा नहीं लगता।

पत्नी : मैं तो दिन भर घर पर रहती हूँ। मेरे पास क्या कहने को हो सकता है।

बाबू : **(तल्खी से)** मैं कौन सा दिन भर सैर सपाटा करता हूँ। वही दफ्तर, काम और घर वापिस।

बाबू : **(बीच मंच पर आते हुए)** हद हो गई। पति-पत्नी के बीच बात करने के लिए कुछ बचा ही नहीं। सब कुछ ख़त्म हो गया। ऐसा लगता है इस देश में सभी चुक गये हैं। खाली बर्तन से हिलते बजते हैं।

अनामी : **(दर्शकों के बीच, प्रेक्षागृह से)** बाबू माचिस है।

सूत्रधार : अरे अनामी तुम? आओ आओ। **(अनामी मंच पर आता है।)** तुमने कुछ कहा?

अनामी : हाँ हाँ तुम्हीं से बाबू! माचिस है?

सूत्रधार : हाँ। **(जेब से निकालकर दियासलाई देता है।)**

अनामी : **(बीड़ी सुलगा कर कश लेते हुए)** मज़ा आ गया बाबू? **(जाकर अपने स्थान पर बैठता है।)**

सूत्रधार : **(आश्चर्य से, दर्शकों से)** इस देश में अब भी एक ऐसा आदमी है जिसे मजा आता है!

अनामी : **(अतीव प्रसन्नता से)** सच बाबू, मज़ा आ गया।

सूत्रधार : बीड़ी में?

सूत्रधार : नहीं।

अनामी : आज धोबियों के मोहल्ले से जा रहा था–

सूत्रधार : तो?

अनामी : वहीं एक गाना सुना। मज़ा आ गया। तुम भी सुनोगे?

सूत्रधार : सुनाओ?

अनामी : **(एक हाथ कान पर रखकर)** तेरे घाट न जाऊँ धोबिन, तेरा फिसलना घाट रे...

सूत्रधार : **(दर्शकों से)** यह पश्चिम का नहीं लगता। इसकी मस्ती इसका विनोदी स्वभाव, इसके अंतरंग से निकली हुई हंसी सब बाहर के प्रतीत होते है। यहाँ तो ऊब सत्य है। हताशा का साम्राज्य है। निराशा की प्रतिष्ठा है। **(नेपथ्य में दूर से तोप छूटने की आवाज़ होती है। उसके साथ ही साहक्लोरामा तमाम अखबरों के चित्रों से भर जाता है।)**

सूत्रधार : सुना आपने? दूर कहीं बहुत दूर, तोप से कुछ गोले छूटे। कुछ बम फूटे। कुछ धर गिरे, कुछ जाने गईं। उत्तर ने कहा दक्षिण ने पहले आक्रमण किया। युद्ध प्रारम्भ हो गया। **(अख़बार वाले के स्वर में)** अख़बार। अख़बार। आज की ताजा ख़बर। गर्मागरम ख़बर। गर्मागरम ख़बर। उत्तर और दक्षिण में पटका पटकी। मसालेदार ख़बरें... **(बाबू,पत्नी,राजा, कुबेर और मोहिनी अख़बार वाले के पास दौड़ते आते है, और अख़बार लेकर पढ़ते हुए अपने-अपने स्थान पर जाते हैं।)** अरे वाह! **(दर्शकों से)** आज तो सब बिक गये।

पत्रकार : अभी क्या है! अख़बार तो अब बिकेगें। लड़ाई कुछ दिन चलने तो दो। **(प्रसन्नमुख अपनी कुर्सी पर बैठता है।)**

(बाबू दम्पति वार्तालाप में मग्न होने का मूक अभिनय करते हैं।)

सूत्रधार : अरे वाह, कहाँ तो इन दोनों में बोल-चाल बन्द थी, अब इस तरह घुट रही है। **(टेलीफोन की घंटी बजाता है।)**

कुबेर : **(टेलीफोन उठाकर)** हाँ, हाँ मैं कुबेर बोल रहा हूँ।... खरीद लो...उसे भी खरीद लो...उसे भी। जो मिले सब खरीद लो...

सब ख़रीद लो। **(टेलीफोन उठा कर)** मोहिनी... मोहिनी डियर!

मोहिनी : कुबेर डार्लिंग।

(दोनों एक दूसरे को मुग्ध दृष्टि से देखते हैं)

(राजा मंच के मध्य-स्तर पर आ कर खड़ा होता है।)

राजा : **(भाषण के स्वर में)** मेरे अपने भाइयों! **(सब अभिनेता उसके सामने श्रोताओं के समान बैठ जाते हैं।)** आज उत्तर और दक्षिण लड़ रहे हैं। इसका यह मतलब नहीं कि हम ख़तरे से दूर हैं। यह लड़ाई, कभी भी यहाँ, पश्चिम में भी, हमारे घर पर, हमारे दरवाज़े चौखट पर, हमारे चक्की चूल्हे में, आ सकती है। यह ख़तरे का वक्त है। इस समय ज़रूरत है एकता की। अगर आप अपनी ज़िन्दगी चाहते हैं, अपनी स्त्रियों को सिपाहियों के हाथ पड़ने से बचाना चाहते हैं, तो देश की संकट की घड़ी में, देश की रक्षा में, मेरा साथ दीजिये। आपके लिए, देश के लिए मैं वृद्ध सभा भंग करके अपने आपको तानाशाह नियुक्त करता हूँ। **(फौजी टोपी उठाकर पहनता है।)** **(दर्शकों के पीछे से ताली की गड़गड़ाहट सुनाई पडती है। साईक्लोरामा के अख़बारों को काँटेदार तार घेर लेते हैं। दर्शकों के पीछे से जनता का समवेत स्वर सुनाई पड़ता है–राजा जिन्दाबाद।' नारे रुकने पर राजा मूक अभिनय करता हुआ झंडा फहराता है। नेपथ्य से तोपों की सलामी की आवाज़ सुनाई पड़ती है। मार्च- पास्ट करती हुई फ़ौजी टुकड़ी के कदमों की आवाज़ सुनाई पड़ती है। राजा सलामी लेता है। तब ही सायरन बजता है। मंच पर अंधेरा छा जाता है। हवाई ज़हाज़ों के उड़ने की आवाज़ वातावरण को भर देती है। सूत्रधार जहाँ है,वहीं ज़मीन पर लेट जाता है। कुबेर मोहिनी को खींचता हुआ मेज़ के नीच ले जाता है। राजा अपनी कुर्सी पर बैठता है। बाबू दम्पति अपनी जगह लेट जाते हैं। पत्रकार मेज़ के ऊपर लेट जाता है। अनामी खड़े होकर आसमान को देखता है। स्पाट-लाईट, सर्चलाईट के समान मंच पर इधर-उधर घूमती है। फिर सायरन बजता है। मंच पूर्ववत् प्रकाशित हो जाता है। हवाई जहाज की आवाज़ बन्द हो जाती है। बाबू दम्पति पूर्ववत् बैठ जाते हैं राजा उठ कर कुबेर के कमरे में जाता है**

और कुबेर, मोहिनी, राजा, तीनों मेज़ के चारों ओर बैठते हैं। पत्रकार फिर से काम पर बैठ जाता है।)

सूत्रधार : **(उठ कर, अनामी से)** तुम जमीन पर क्यों नहीं लेटे?

अनामी : यह सब क्या तमाशा है?

सूत्रधार : सिविल डिफेंस ट्रेनिंग।

अनामी : क्यों?

सूत्रधार : तुम्हें यह भी नहीं मालूम?

अनामी : नहीं।

सूत्रधार : **(दर्शकों से)** पश्चिम में ऐसे भी लोग है। **(अनामी से)** फिर तुम्हें यह भी नहीं मालूम होगा कि आज से नया साल शुरू हो रहा है। **(अनामी अस्वीकार में सिर हिलाता है।)**

(तब ही राजा, कुबेर और मोहिनी ज़ोर से हँसते हुए उठ खड़े होते है। तीनों ने शराब पी रखी है। तीनों के कदम शराब से लड़खड़ा रहे हैं।)

राजा : बहुत पिला दी तुमने कुबेर!

कुबेर : सरकार कुछ भी तो नहीं पी आपने।

राजा : बहुत पिला दी।

कुबेर : **(घड़ी देखकर)** नया साल तो अब शुरू हुआ है। नये साल की खुशी में एक-एक पैग और हो जाये हुजूर।

राजा : **(मोहिनी से)** एक पैग और?

मोहिनी : हाँ, क्यों नहीं।

राजा : **(मोहिनी से)** तुम कहती हो मेरी जान, तो एक पैग और सही।

कुबेर : **(पुकार कर)** बेयरा। **(बेयरा प्रवेश करता है।)** तीन जगह एक एक पैग और लाओ। ह्विस्की और जिन का कॉकटेल।

मोहिनी : एक नहीं, दो दो पैग।

राजा : दो?

मोहिनी : एक नये साल की खुशी में, एक पुराने साल के गम में।

राजा : ही...ही...ही...खूब मेरी बुलबुल खूब! खुशी में भी पिओ, और गम में भी। खूब मेरी मैना।

कुबेर : दो-दो पैग।

बेयरा : जो हुकुम। **(प्रस्थान)**

राजा : **(मोहिनी को देखकर)** मेरी जान को एक में मज़ा ही नहीं आता।

कुबेर : मुझे तो चक्कर आ रहा है।

राजा : घन चक्कर! ही! ही! ही!

(कुबेर पेट पकड़ कर हिचकी लेता है और कुर्सी पर लेट जाता है।)

राजा : मेरी कबूतरी।

(मोहिनी हँसती है।)

राजा : इधर आ मेरी कबूतरी!

मोहिनी : आप कौन हैं? कबूतर!

राजा : अरी आ न, आ चोंचें लड़ाये।

(मोहिनी राजा के निकट धीरे-धीरे आती है, तब ही बेयरा प्रवेश करता है। उसके हाथ में शराब के प्यालों सहित तश्त है। वह राजा और मोहिनी के एकदम बीच में आ जाता है।)

बेयरा : साहब!

राजा : **(क्रोध के विस्फोट से)** साहब का बच्चा! निकल जा **(हाथ मारकर तश्त गिरा देता है। शराब मोहिनी पर उछल कर गिर पड़ती है।)**

मोहिनी : **(उछलकर दूर होती हुई)** उई ममी। **(साड़ी की शराब झाड़ती हुई)** सारी शराब गिरा दी।

राजा : ग़म किस बात का! तुम तो खुद ही शराब हो। **(बेयरा का नेपथ्य में प्रस्थान)** मेरी लाल परी, तुम्हें तो देखकर ही नशा आ जाता है। **(सूंघते हुए)** क्या महक है! शराब की महक है...या शबाब की? नजदीक आओ। और...और... **(मोहिनी धीरे-धीरे राजा के फैले निमंत्रित करते हाथों की ओर बढ़ती है)** और नज़दीक '''आओ न मेरी प्यारी ''''मेरी रानी। **(कुबेर एक बड़ी हिचकी लेता हुआ मोहिनी और राजा के बीच जा खड़ा होता है, और शराब की लम्बी हिचकी लेता है। फिर लौटकर अपनी कुर्सी पर लुढ़क जाता है। राजा बाधा से रुष्ट होकर कुबेर को देखता है, फिर अचानक पेट पर हाथ रखकर नेपथ्य में जाता है।)**

कुबेर : **(उठकर)** कहाँ गया चपड़कनाती?

मोहिनी : बाथरूम।

कुबेर : **(स्वतः)** पांच मिनट तो बेटा पेट में रख नहीं पाते, बनते हैं

तीरंदाज़। **(मोहिनी से)** हरामजादी, आ गई अपनी जात पर!

मोहिनी : ठीक से बात करो।

कुबेर : गिर पड़ी मुंह फाड़कर। कुतिया कहीं की। **(मोहिनी कुबेर के गाल पर थप्पड़ मारती है। एक क्षण रुक कर कुबेर अपना गाल सहलाता है।)**

कुबेर : बस राजा ने कह दिया मेरी कबूतरी, मेरी बुलबुल, तो निकल आये पंख हमारी छमक छल्लो के। उड़ने लगी आसमान पर। शरम नहीं आती।

मोहिनी : मैं तुम्हारी बीवी नहीं हूँ।

कुबेर : मैं कब कहता हूँ, तू मेरी बीवी है। तू तो मेरी माँ है, तो सुनिये माता जी, वह राजा है राजा। आप जैसी उसके पास सैकड़ों हैं। वह हर रात एक बदलता है।

मोहिनी : **(उपेक्षा से)** उंह!

कुबेर : मेरी सलाह मान। सब कुछ तू पहले ही लुटा देगी तो देगा वह अंगूठा। उसे तो ललचा। कभी डोर खींच तो कभी ढील दे। **(हाथों से पंतग उड़ाने का अभिनटन करते हुए)** ऐसे... ऐसे...हाँ।**(राजा के आने की आहट)** वह शायद आ रहा है। मैं लेटता हूँ। **(पहले के समान वह कुर्सी पर लेट जाता है।)**

राजा : **(विनोद में, कुबेर को इंगित करके)** फिर लुढ़क गया?

मोहिनी : शायद मर गया।

राजा : मर तो हम गये हैं। आज तो नाच दिखाओ मेरी जान। नये साल की खुशी में नाच दिखाओ। सलोमी की तरह नाचो। एक एक कर सात पोशाक उतारो।

मोहिनी : **(आमोदित)** मैं तो सात पोशाकें नहीं पहने हूँ।

राजा : तब तो और अच्छा। मामला जल्दी निपटेगा। ...देखें **(मोहनी की तरफ बढ़ता है।)**

मोहिनी : **(लुभाती हुई)** दूर से सरकार...दूर से...**(मोहिनी राजा को ललचाती हुई, लुभाती, हँसती भागती है। राजा विक्षिप्त सा मोहिनी के पीछे भागता है। कुबेर एक आँख दबाकर स्वीकृति में सर हिलाता है। तब ही राजा गिर पड़ता है लेकिन भागती हुई मोहिनी का पैर पकड़ लेता है। तब ही दृश्य हो जाता है।)**

सूत्रधार : **(प्रवेश करके)** इसमें आश्चर्य क्या! सदा से ही राजाओं के दर्प का मर्दन नितंबिनी के माप 35-22-36 ही करते है।

(कुबेर उठकर नाक की नोक पर चश्मा लगाता है, फिर मोहिनी और राजा के जड़ दृश्य को देखता है। एक क्षण का मौन। फिर राजा उठकर कुबेर से हाथ मिलाकर उसे अपने गले से लगाता है। फिर दोनों मोहिनी के सामने घुटनों के बल बैठ जाते है। मोहिनी अतीव आह्लाद से दोनों की तरफ बरदान देता सा एक-एक हाथ बढ़ाती है। चित्र जड़ हो जाता है।)

सूत्रधार : वाह क्या दृश्य है।**(दर्शकों से)** अब देखना यह है कि मोहिनी किसे अमृत रस देती है और किसे सूखी मुस्कान। **(जैसे अचानक याद आया)** अरे हाँ, आप को जान कर खुशी होगी कि उत्तर को ऊनी कपड़े देने का ठेका सरकार से कुबेर को मिल गया है। दक्षिण को गेहूँ देने का एक मात्र ठेका, वह भी कुबेर को मिल गया है। और...और कुबेर ने अपनी अपार सम्पत्ति का एक नगण्य भाग राजा को भेंट किया जिसे उसने स्वीट्जरलैण्ड के बैंक में अपने भविष्य के बीमे के रूप में जमा कर दिया। ...और मोहिनी, वह तो अब धन और सत्ता दोनों के स्वामियों की महिषी है। ...**(दर्शकों से)** जैसे इनके दिन फिरे, भगवान करे आप सबके दिन फिरें।

(अनामी को खांसी का दौरा आता है। मोहिनी बीच मेज़ पर बैठती है। उसके दोनों ओर कुर्सी पर राजा और कुबेर बैठते हैं।)

सूत्रधार : **(अनामी के पास जाकर)** तुम तो बीमार हो?

अनामी : दो महीने से तबियत .ख़राब है बाबू। हल्के-हल्के खांसी आती थी, अब तो बेदम कर देती है।

सूत्रधार : इसका इलाज क्यों नहीं करते?

अनामी : इलाज?

सूत्रधार : हाँ...

अनामी : बाजार में तो जैसे आग लग गयी है। हर चीज़ बाबा मोल हैं। ऐसे में पहले पेट भरें कि इलाज करें? **(खांसी का दौरा)** पेट भी कहाँ भर पाता है।

सूत्रधार : इसकी बात समझ में नहीं आती। जिस गति से कुबेर

अपना उद्योग साम्राज्य बढ़ा रहा है, जिस गति से राजा का स्विट्जरलैण्ड में बैंक बैलेन्स बढ़ रहा है, जिस तरह छोटे बाबू के घर में बड़ा रेफ्रीजरेटर, टीवी कार, एसी, आ रहे हैं, उससे तो यही लगता है कि पश्चिम में दूध और घी की नदियाँ बह रही हैं। फिर इसे दो वक्त का खाना नहीं जुट पाता? इसकी बात समझ में नहीं आती!

(बाबू का शराब के नशे में धुत्त 'नजर लागी राजा तोरे बंगले पर' गाते हुए प्रवेश। पत्नी आते हुए बाबू को देखती खड़ी हो जाती है। पत्नी पर निगाह पड़ते ही उसका गाना बन्द हो जाता है।)

पत्नी : आज तुमने फिर शराब पी है?

बाबू : फिर? मैं किस दिन नहीं पीता?

पत्नी : मेरे मना करने पर भी?

बाबू : तू किस दिन मना नहीं करती?

पत्नी : मैंने कहा था कि तुम अगर अब पिओगे तो मैं घर छोड़ कर चली जाऊंगी।

बाबू : धमकी न दें।

पत्नी : यह धमकी नहीं है?

बाबू : अच्छा भला सुरूर था। तेरा चेहरा देखते ही सब बदमज़ा हो गया। जी मचलाने लगा।

पत्नी : तुम सुधर नहीं सकते।

बाबू : क़ै करने की तबियत होती है। **(क़ै करने का अभिनटन करता है।)**

बाबू : जायेगी कहाँ? कौन तेरा आशिक बैठा है।

पत्नी : बेइमानी के पैसे ने तेरी मत भरमा दी है।

बाबू : **(कुर्सी उठाकर मारने को तानते हुए)** हरामी की पिल्ली, खोपड़ी फोड़ दूँगा। बेइमानी का पैसा! तू तो जैस मन्दिर की देवी है। **(कुर्सी ज़मीन पर रख देता है।)**

पत्नी : मैं तुम्हारी तरह बेइमान नहीं हूँ।

बाबू : तूने मेरे साथ बेइमानी का पैसा नहीं खाया? तेरे खून में बेइमानी का पैसा है।

पत्नी : मैंने तुम्हें हमेशा मना किया। मैं अब और नहीं खाऊंगी।

बाबू : नहीं खायेगी तो भूखों मर।

पत्नी : मैं भूखों नहीं मरूंगी। मैं पढ़ी लिखी हूँ।

बाबू : साली पढ़ाई का नक्शा मारती है। मेरे घर में रहना है तो तू नौकरी नहीं कर सकती।

पत्नी : मैं नौकरी करूँगी।

बाबू : तो तुझे यह घर छोड़ना पड़ेगा।

पत्नी : **(दृढ़ता से)** मैं नौकरी करूँगी।

बाबू : तो खड़ी क्यों है? निकल जा मेरे घर से "निकल" निकल।**(हाथ पकड़ता हुआ घर से बाहर निकालता है। फिर दरवाज़े बन्द करने का अभिनटन करता है, और वापिस अपनी कुर्सी पर निढाल आकर गिरता है। पत्नी नेपथ्य में चली जाती है। बाबू के करने का अभिनटन करता है)**

सूत्रधार : पति पत्नी के झगड़े पर कुछ न कहा जाये, तब ही श्रेष्ठ है। बाबू की कै ने वातावरण में दुर्गन्ध भर दी है। **(अनामी खांसता है।)** अनामी की खाँसी बन्द नहीं होगी...देखिये बातों में पता ही नहीं लगता कि समय किस तीव्र गति से बीतता है। आप को अनुभव हुआ कि युद्ध प्रारम्भ हुए दो वर्ष व्यतीत हो गये?

(सूत्रधार टेलीफोन की घंटी बजाता है।)

मोहिनी : **(टेलीफोन उठाकर)** कौन राजा जी?... हाँ हैं, देती हूँ उनको। **(कुर्सी पर सोते हुए राजा को जगाकर)** आप का टेलीफोन।

राजा : **(फोन पर)** हाँ हाँ सेक्रेटरी, वहीं आ जाओ, हमारे महल में। **(राजा चिन्तातुर दिखाई पड़ता है। वह कुबेर और मोहिनी को मूक अभिनटन द्वारा कुछ बताता है। वे भी चिन्तातुर हो जाते है।)**

सूत्रधार : **(दर्शकों से राजा की ओर इंगित करके)** उधर मामला कुछ संगीन लगता है।

(राजा कुबेर के कमरे से चलकर अपने कमरे में आता है)

सेक्रेटरी : **(प्रवेश करके)** मैं आ गया सर।

राजा : सेक्रेटरी, हम एक एक को कुचल देंगे। क्या समझते हैं हमको!

सेक्रेटरी : आपके सबसे अधिक विश्वासपात्र सहयोगी ही विरोधी-दल में जा रहे हैं।

राजा : हमने उन्हें ज़मीन से उठा कर आसमान पर टाँका, और अब हमारे ही ख़िलाफ सिर उठा रहे हैं। हम एक-एक का सिर धड़ से अलग कर देंगे।

सेक्रेटरी : उनका कहना है कि आपके राज में बोलने की स्वतन्त्रता नहीं है। प्रेस आजाद नहीं है।

राजा : एहसान फ़रामोश।

सेक्रेटरी : वह तानाशही हटा कर फिर से प्रजातंत्र स्थापित करना चाहते हैं।

राजा : हमें कोई नहीं हटा सकता।

सेक्रेटरी : उनका चार्ज है कि आपके राज्य में केवल भ्रष्ट कर्मचारी ही पनपे हैं। आपने उनका पोषण किया है।

राजा : झूठ है।

सेक्रेटरी : **(अपनी सफाई में)** यह तो लोग कहते हैं।

राजा : हमसे साफ़ साफ़ बताओ...

सेक्रेटरी : **(संशय से)** जी।

राजा : असली बात क्या है?

सेक्रेटरी : **(निर्बोधता से)** मैं क्या जानूं। मैं तो वही जानता हूँ जो मैं सुनता हूँ।

राजा : तुम छिपा रहे हो।

सेक्रेटरी : भगवान की कसम—नहीं नहीं, आपके कदमों की कसम।

राजा : डरो नहीं। हम सही बात जानना चाहते हैं।

सेक्रेटरी : **(आश्चर्य-चकित सा)** सही बात!

राजा : हाँ! आखिर विरोधी-दल की यह हिम्मत कैसे पड़ी?

सेक्रेटरी : अगर सरकार वाकई सच बात जानना चाहते हैं,तो...

राजा : ...हाँ...हाँ कहो।

सेक्रेटरी : जनता आपके विरुद्ध हो गई है।

राजा : जनता! यह किस चिड़िया का नाम है?

सेक्रेटरी : एक बहुत ही बेवकूफ जानवर है।

राजा : फिर उससे डर कैसा?

सेक्रेटरी : लेकिन बहुत ही खतरनाक है।

राजा : बेवकूफ भी और खतरनाक भी?

सेक्रेटरी : जब तक जनता सोती है तब तक सब कुछ ठीक है। लेकिन

जहाँ एक बार जागी—बाँध तोड़ कर हरहराते पानी को देखा है, उसके सामने जो भी पड़ता है, उसे बहा ले जाता है। कोई उसके आगे नहीं टिक सकता। ऐसी ही है जनता!

राजा : आज तक तो कभी इस जानवर का नाम नहीं सुना।

सेक्रेटरी : **(टटोलते हुए)** कभी नहीं?

राजा : **(सोचते हुए)** कभी नहीं। राजा होने के बाद तो कभी नहीं सुना। पहले शायद सुना हो...उसका याद नहीं।

सेक्रेटरी : कुबेर ने कभी ज़िक्र नहीं किया?

राजा : **(निश्चय से)** कभी नहीं। न कुबेर ने, न बाबू ने, न मोहिनी ने, और न उस पत्रकार ने। किसी ने ज़िक्र नहीं किया।

सेक्रेटरी : ठीक किया उन लोगों ने। राजा को जनता से क्या मतलब?

राजा : तो यह विरोधी दल के लोग जनता की ही ताकत पर कूद रहे हैं?

सेक्रेटरी : उसकी ताकत क्या कम है?

राजा : आखिर यह जनता है क्या?

सेक्रेटरी : क्यों?

राजा : अगर उसमें इतनी ताकत है तो हम उससे मिलेंगे।

सेक्रेटरी : किस लिए?

राजा : अगर विरोधी दल अपनी तरफ कर सकता है, तो हम उससे मिल कर उसे अपनी ओर कर लेंगे।

सेक्रेटरी : बहुत खूब।

राजा : है न बढ़िया तरकीब?

सेक्रेटरी : क्या कहने हैं। महाराज यह सब आपकी बुद्धि का ही चमत्कार है।

राजा : **(हताश स्वर में)** लेकिन यह जनता मिलेगी कहाँ?

सेक्रेटरी : सब जगह...

राजा : सब जगह?

सेक्रेटरी : जी हाँ। राज महल के बाहर सब जगह।

राजा : **(चिन्ता से)** तो जनता से मिलने हमें राजमहल के बाहर जाना होगा?

सेक्रेटरी : हाँ महाराज

राजा : वहाँ...वहाँ तो सूरज है!

सेक्रेटरी : बड़ा कठिन है उसे सहन करना?

राजा : बिना एयर कंडीशनर के, बेशक।

सेक्रेटरी : बाहर धूल भी है।

राजा : **(जैस दम घुट रहा हो)** मैं साँस कैसे लूंगा?

सेक्रेटरी : **(सहानुभूति से)** नहीं ले पायेंगे साँस।

राजा : हमारी लाश ही गिर जायेगी वहाँ...

सेक्रेटरी : **(काटते हुए)** वहाँ गन्दगी में।

राजा : **(चौंक कर)** क्या वहाँ गन्दगी भी है?

सेक्रेटरी : बेहद। कूड़ा-करकट, कीड़े मकौड़े, सड़ी हुई तरकारियां, फलों के छिलके, गर्द, कीचड़, मल, विष्टा, फुजला...

राजा : नहीं,नहीं हम ऐसी जगह नहीं मरेंगे। हम तो...

सेक्रेटरी : **(नकल करता सा)** राज महल में, राज-सिंहासन पर ही...

(राजा कड़ी निगाह से देखता है। सेक्रेटरी घबराकर चुप हो जाता है।)

राजा : **(निश्चय से)** हम फिर भी राज महल के बाहर जायेंगे।

सेक्रेटरी : **(चपरासी से)** इतिहास लिखेगा कि पहली बार एक राजा राजमहल छोड़कर बाहर आया।

राजा : हमें जनता से मिलना है।

सेक्रेटरी : ठीक ही है।

राजा : **(आशँकित)** 'ही' है? मतलब?

सेक्रेटरी : **(सफाई में)** ठीक है। एकदम ठीक है।

राजा : **(दोहराते हुए)** ठीक ही है! यह 'ही' क्यों?

सेक्रेटरी : अच्छा ही है कि आप जनता से मिलने राजमहल के बाहर जा रहे हैं। अगर जनता राजमहल में घुस आती है तो... **(कहते कहते रुक जाता है।)**

राजा : तो?

सेक्रेटरी : राजा को राजमहल के बाहर जाना पड़ता है—अपनी जान बचाने।

राजा : अगर हम राजमहल के बाहर भी जायें तो जनता को पहचानेंगे कैसे?

सेक्रेटरी : बड़ा आसान है यह तो।

राजा : तुम उसका हुलिया बता सकते हो?

सेक्रेटरी : उसके लाखों मुंह हैं।

राजा : **(विस्मित सा)** अच्छा?

सेक्रेटरी : और करोड़ों हाथ भी हैं।

राजा : हाथ भी?

सेक्रेटरी : पेट उसका फिर भी खाली है।

राजा : क्यों?

सेक्रेटरी : क्योंकि उसके पास खाने को रोटियां नहीं है।

राजा : रोटियां नहीं है, तो चावल खायें, गोश्त खायें, मेवे खायें, फल खायें। कुछ और खायें। इससे उसकी तन्दुरूस्ती अच्छी रहेगी। दूध पियें।

सेक्रेटरी : आप जनता से मिलें, तो उसे जरूर यह सलाह दीजियेगा।

राजा : जनता की कुछ और पहचान बता सकते हो?

सेक्रेटरी : जनता मौसम बिलकुल बर्दाश्त नहीं कर पाती।

राजा : नाज़ुक है?

सेक्रेटरी : बेहद सुकुमार। ज़रा गर्मी ज्यादा पड़ जाये तो वह लू से मर जाती है। ज़रा सर्दी ज्यादा हो जाये, तब भी वह मरने लगती है।

राजा : पहनावा?

सेक्रेटरी : बहुत कम कपड़े।

राजा : 'फैशनेबल' है।

सेक्रेटरी : उसके सिर पर सिर्फ़ तारों भरा आसमान है।

राजा : रोमाण्टिक!

सेक्रेटरी : यहाँ वहाँ वह आँख बन्द किये, कान बन्द किये, भेड़ सी नारे लगाती, कभी इस झंडे के पीछे, कभी उस झंडे के पीछे भागती फिरती है।

राजा : **(विश्वास से)** तब आज से जनता हमारे झंडे के पीछे भागेगी। हमारा झंडा जनता का झंडा होगा। **(दर्शकों की तरफ बढ़ते हुए)** इतिहास, देखो और दर्ज करो अपने रजिस्टर में, हम जनता से मिलने राजमहल के बाहर जा रहे हैं।

सेक्रेटरी : ठहरिये महाराज। **(राजा प्रश्न सूचक दृष्टि से देखता है।)** साउंड इफ़ेक्ट। **(चापलूसी में खींसे निपोरता है।)**

(नेपथ्य से तुरही की आवाज़ आती है, फिर बैड की। उस

पर शैली-बद्ध चाल से चलता राजा, और उसके पीछे चलता सेक्रेटरी राजमहल के बाहर आते है)

राजा : **(अधीरता से)** लो हम तो आ गये राजमहल के बाहर। कहाँ है जनता?

सेक्रेटरी : अभी यहीं आती होगी।

राजा : ओफ़, यह तपीश, यह गर्द-गुबार, यह बदबू। हमसे तो ज्यादा देर नहीं खड़ा रहा जायेगा। यहाँ धूप तो भून ही देगी हमें।

सेक्रेटरी : आप मेरी परछाई में खड़े हो जाइये।

(राजा सेक्रेटरी की आड़ में ऐसे खड़ा होता है, जैसे पेड़ के पीछे शिकार के इन्तज़ार में शिकारी। तब ही अनामी कमज़ोर कदमों से बीच मंच पर आता है।)

सेक्रेटरी : **(फुसफुसाते हुए)** यही है जनता।

(राजा कूद कर उसके सामने आता है। तीव्र स्वर में चीख़ता है–'जनता'। अनामी घबरा कर गिर पड़ता है। सूत्रधार नेपथ्य में चला जाता है।)

राजा : **(जैस रटे शब्दों को तीव्र गति से दोहराते हुये)** हम राजा है। हम तुम्हें जानते है। तुम जनता हो, तुम्हारे करोड़ों मुँह और करोड़ों हाथ हैं, लेकिन पेट खाली है। तुम्हारे पास धूल है, धूप है, गन्दगी है, नंगदी है, बीमारी है, मौत है।

(अनामी पर एक पैर रख कर) हम इन सबके सामने, हम पश्चिमी देश के राजा वादा करते हैं कि तुम को रोटी देंगे, कपड़ा देंगे, फूल देंगे, सुगन्ध देंगे। **(अनुनय से)** तुम मुझे सिर्फ एक चीज़ दे दो। सिर्फ एक चीज़।

अनामी : **(विमूढ़ता)** क्या?

राजा : **(अनामी का कालर पकड़ कर उठाते हुये)** अपनी निशानी। अपनी यह कमीज़। हम इसे अपने झंडे में लगायेंगे। **(करीब-करीब जबर्दस्ती उतारते हुये)** रोटी देंगे, रोटी देंगे...रोटी देंगे। **(कमीज़ उतारकर भागता हुआ अपने कमरे में जाता है। अपने कमरे में आकर, सफलता से प्रसन्न राजा अपनी कुर्सी में लगे डंडे में अनामी की कमीज़ झंडे की तरह लगाकर कुर्सी पर बैठता है।)**

अनामी : रोटी ओटी तो दी नहीं, एक क़मीज़ भी उतार ले गये।

(जाकर अपने स्थान पर बैठता है)

(थोड़ी देर बाद सूत्रधार रेडियो-उद्घोषक की भूमिका में राजा के कमरे के सामने जाता है।)

रेडियो उ. : **(प्रवेश करके)** मैं रेडियो स्टेशन से आया हूँ। सर मैं अन्दर आ जाऊं।

राजा : हाँ।

(रेडियो-उद्घोषक टेपरिकार्डर मेज़ पर लगाता है।)

रेडियो उ : **(माइक्रोफोन में)** यह पश्चिमी रेडियो है। आज देश की इस संकट की घड़ी पर हम अपने पिता-तुल्य राजा से हाथ जोड़ कर विनती करते हैं कि वह हमारा मार्गदर्शन करें।

(माइक राजा के मुँह के सामने करता है।)

राजा : **(माइक्रोफ़ोन पर)** हमारी जनता को कुछ लोग भड़का रहे हैं। **(अनामी को खांसी का दौरा आता है।)** मैं जानता हूँ कि इसमें हमारे विदेशी दुश्मनों का हाथ है। हम जनता से अपील करेंगे कि अगर वह अपने देश को आज़ाद रखना चाहते हैं, विदेशी दुश्मनों के हाथों अपनी आज़ादी खोना नहीं चाहते, जो किसी भी वक़्त हम पर हमला करने को तैयार हैं, तो अपने हित-चिन्तक राजा को पहचानें। हम जनता के लिऐ ही राजा बने हैं। हम जनता के सेवक हैं। हमारा झंडा जनता का है। हमारा बाना जनता का है। हमारा नारा जनता का है। अपने सेवक को पहचानिये। जय जनता।

(अनामी को खांसी का दौरा आता है। रेडियो-कर्मचारी टेप-रिकार्डर लेकर नेपथ्य में जाता है।)

बाबू : **(चौंककर उठ बैठता है)** क्या? इनक्वायरी! मेरे खिलाफ इनक्वायरी!!

(अनामी खांसता है। नेपथ्य से सेनापति आता है।)

सेनापति : **(राजा के कमरे में प्रवेश कर के)** मुझे बुलाया?

राजा : आओ आओ सेनापति! तुमने सुना, यह सिरफिरे बग़ावत पर उतारू है।

सेनापति : मुझे मालूम है...

राजा : इस मौक़े पर जब कि हमारे दुश्मन हम पर हमला करने वाले हैं।

सेनापति : जनता को दुश्मन के ख़तरे की दुहाई देकर और बेवक़ूफ बनाना मुश्किल है।

राजा : **(कठोरता से)** सेनापति!

सेनापति : कुछ लोगों को कुछ दिन बेवक़ूफ बनाया जा सकता है। सब को सब दिन बेवक़ूफ बनाना आसान नहीं।

राजा : हम चाहते हैं, तुम इस बग़ावत को कुचल दो।

सेनापति : मैं अपनी तरफ़ से कोई कसर नहीं उठा रखूंगा।

राजा : **(एक दम प्रसन्न हो कर, सेनापति से हाथ मिलाते हुये)** गुड। तुम मेरे दोस्त हो। हम हमेशा तो राजा रहेंगे नहीं। हमारे बाद तुम्हीं राजा होना।

(सेनापति की कमर में हाथ डाल कर राजा उसको दरवाज़े तक पहुँचाता है, फिर लौट कर अपनी कुर्सी के पास हवा में दाहिने हाथ की मुट्‌ठी तान कर खड़ा हो जाता है। नेपथ्य में नारे सुनाई पड़ते हैं–"राजा मुर्दाबाद"! "हमारी आज़ादी वापस दो!" "राजा मुर्दाबाद"! गोली चलने की आवाज़ और भाग-दौड़ का शोर। फिर एकदम शान्ति। राजा विजय की मुस्कान लिए अपनी कुर्सी पर बैठ जाता है।)

सूत्रधार : **(नेपथ्य से प्रवेश कर के)** जनता के विद्रोह को सिपाहियों ने कुचल दिया। सिपाहियों ने नहीं, उनकी गोलियों ने। सिर्फ दस आदमियों की जान गई और इकसठ घायल हुये।

(बाबू बदहवास सा भागता कुबेर के कमरे पर जाता है। सूत्रधार कुबेर के चपरासी की भूमिका में उसे कुबेर के कमरे में जाने से रोकता है।)

चपरासी : अरे रे, कहाँ घुसे जा रहे हो?

बाबू : मैं बड़े दफ़्तर का छोटा बाबू हूँ।

चपरासी : तुम छोटे दफ़्तर के बड़े बाबू भी हो तो मुझ से क्या!

बाबू : सेठ साहब हैं?

चपरासी : नहीं।

बाबू : **(अनुनय से)** देखो, मुझे उनसे बड़ा जरूरी काम है।

चपरासी : होगा।

बाबू : मैं उनके पास अक्सर आया जाया करता हूँ। मुझे पहचानते होंगे?

चपरासी : मैं किसी मिलने वाले को नहीं पहचानता।मैं तो उनके दिल को पहचानता हूँ!

बाबू : दिल?

चपरासी : यही, कितना बड़ा दिल है। खड़े क्या देख रहे हैं। जाइये साहब। ...न जाने कहाँ से नंगे कंजूस चले आते हैं। जेब में पचास रूपये का नोट भी नहीं और मिलेंगे करोड़पति सेठ से।

बाबू : मेरी जेब में सौ रूपये का नोट...

चपरासी : देखूँ कैसा है। **(बाबू नोट देता है।)** तुम तो बड़े बाबू लगते हो। देखूँ, शायद सेठ साहब घर में ही हों **(दर्शकों से)** माफ़ कीजियेगा। यह रिश्वत नहीं है। बड़ी ड्योढ़ी की छोटी दस्तूरी है। **(चपरासी सेठ के कमरे में जाता है।)**

चपरासी : **(कुबेर से)** बड़े दफ्तर का बड़ा बाबू है।

कुबेर : कह दो, मैं घर में नहीं हूँ।

चपरासी : **(बाहर आकर)** सेठ साहब कहते हैं, कह दो घर में नहीं हूँ।

बाबू : तब?

चपरासी : **(आँख मार कर)** खड़े खड़े मुँह क्या देखते हो। घुस जाओ अन्दर।

(बाबू अन्दर घुसता है।)

चपरासी : **(बाबू को रोकने का नाटक करते हुए)** अरे रे, ज़बर्दस्ती घुस गये।

(कुबेर के सामने बाबू और उसके पीछे-पीछे चपरासी पहुँचता है।)

बाबू : सेठ साहब मैं मर गया। **(दहाड़ मार कर रोता है।)**

(कुबेर और मोहिनी एक दूसरे को देखते हैं)

चपरासी : ज़बरदस्ती घुस आया।

कुबेर : चपरासी तुम बाहर जाओ। **(चपरासी बाहर निकल कर नेपथ्य में चला जाता है।)**

बाबू : सेठ साहब, मेरी बीबी ने आत्महत्या कर ली। मैं भी आत्म-हत्या करने जा रहा हूँ।

कुबेर : क्यों?

बाबू : यहीं, आपके सामने फांसी लगाऊंगा।

मोहिनी : उई ममी, क्या कहते हो?

बाबू : **(रोते हुए)** सेठ जी, जब पूरी ज़िन्दगी आपका नमक खाया, तो मौत भी आपके सामने हो।

कुबेर : आखिर मामला क्या है?

बाबू : सेठ साहब, इनक्वायरी होने जा रही है। कमेटी बैठ गई है। अब बताइये, बीवी बच्चों के लिए चार पैसे कमा लिए, तो उससे किसी साले का क्या बिगड़ गया! अच्छा, कहा सुना माफ़ कीजियेगा। बहन जी, रस्सी लाइये न।

कुबेर : मैं इसमें क्या कर सकता हूँ?

बाबू : आप कर ही क्या सकते हैं। सब कुछ तो मैंने ही किया है। इनक्वायरी होगी तो क्या वह लोग बचे रह जायेंगे जिनको फ़ायदा हुआ है।

(कुबेर घबरा कर उठ खड़ा होता है।)

बाबू : रिश्वत लेना गुनाह है, तो रिश्वत देने वाले को भी तो सज़ा मिलती है।

कुबेर : यह इनक्वायरी नहीं हो सकती। इनक्वायरी बैठाने वाले भी तो नहीं बच सकेंगे।

बाबू : सेठ साहब, कमा इतना लिया, मगर रहे भोले के भोले। इस इनक्वायरी में हम जैसे छोटे आदमी मारे जायेंगे या आप जैसे पैसे वाले। हुकूमत जिसके पास है उसका कुछ नहीं होगा। आखिर इनक्वायरी करने वाले भी तो आदमी हैं।

कुबेर : **(दृढ़ शब्दों में)** यह इनक्वायरी नहीं होगी। तुम जाओ।

बाबू : जाता हूँ, मगर कहे जाता हूँ कि अगर पकड़ा गया तो इसी कमरे में फांसी लगाऊंगा। बहन जी रस्सी तैयार रखियेगा। फांसी आपके ही हाथों से पहनूंगा।

(कुबेर के कमरे से निकल कर बाबू अपने कमरे में जाता है और कुर्सी पर निढाल गिर पड़ता है। अनामी को खांसी का दौरा आता है। कुबेर राजा के कमरे में जाता है।)

राजा : क्या कहते हो कुबेर ! इनक्वायरी खत्म कर दूँ?

कुबेर : हाँ सरकार...

राजा : **(विवशता से)** यह नामुमकिन है।

कुबेर : आप तो जानते ही हैं, मैं हर चीज़ की कीमत दे सकते हूँ।

राजा : हमें अफसोस है। जनता को ख़ामोश करने के लिए दो चार

कर्मचारियों को बलि का बकरा तो बनाना ही पड़ेगा।

कुबेर : इस क़ुर्बानी में मैं भी शामिल हूँ।

राजा : हमें बहुत अफ़सोस है।

कुबेर : राजा की पालकी जिन कंधों पर है, अगर वह काट दिये गये, तो पालकी गिर पड़ेगी।

राजा : तुम हमको धमकी देते हो?

कुबेर : यह धमकी नहीं है, राजा सच है।

राजा : **(क्रोध से खड़े हो कर)** निकल जाओ।

कुबेर : आप मुझे चार जूते भी मार लीजिये, तब भी मैं मीठा ही बोलूँगा। लेकिन मुझसे दुश्मनी ठीक नहीं।

राजा : कोई है...

कुबेर : मैं ख़ुद ही जाता हूँ **(झुक कर, फर्शी सलाम करता है, फिर अपने कमरे की तरफ़ चलता है।)**

(कुबेर मोहिनी से कान में कुछ कहता है। मोहिनी उठ कर कमरे के बाहर आती है, और इधर उधर ऐसे हल्के कदमों से घूमती और देखती है जैसे किसी को ढूंढ़ रही हो। अचानक उसकी निगाह अनामी पर पड़ती है और वह दौड़कर कुबेर के पास वापिस आती है।)

मोहिनी : **(रहस्य से)** मिल गया।

कुबेर : **(एकदम प्रसन्न होकर)** सच? मिला गया?

मोहिनी : हाँ, मिल गया।

कुबेर : कहाँ है?

मोहिनी : आओ मेरे साथ। **(दोनों हाथ पकड़कर हल्के कदमों से जाकर अनामी के चबूतरे के सामने जा खड़े होते हैं।)**

कुबेर : **(मोहिनी से)** तू जा।

मोहिनी : तुम ही जाओ।

कुबेर : तू समझती नहीं। तू जा।

मोहिनी : तुम जाओ न। मुझे तो यह फूटी आँख भी नहीं सुहाता। **(सूंघने की गहरी सांस लेती है।)**

कुबेर : मैं कहता हूँ—

मोहिनी : न जाने कब से नहाया नहीं इसने **(अनामी खांसता है)**

कुबेर : वक़्त पर गधे को भी बाप बनाना पड़ता है।

मोहिनी : इसको तो टी.बी. लगती है। न बाबा मैं तो नहीं जाती इसके पास।

कुबेर : अरे जाती कहाँ है? ज़रा अक़्ल से काम ले। ज़माना खराब है। आजकल यही साला सब कुछ है।

मोहिनी : अगर मुझको कुछ हो गया...टी.बी. का इन्फ़ेक्शन बड़ी जल्दी लगता है।

कुबेर : ले, नाक पर रूमाल बाँधे लेता हूँ। **(नाक रूमाल से बन्द करता है। मोहिनी भी अपनी नाक पर रूमाल बांधती हैं।)** अब आ **(दोनों अनामी के चबूतरे के पास जाते हैं।)**

मोहिनी : राजा! राजा!

(अनामी उन दोनों की तरफ मुंह करके खांसता है। कुबेर और मोहिनी घबराकर बचने को पीछे भागते हैं, तो गिर पड़ते हैं। उठकर फिर अनामी के पास जाते है।)

कुबेर : मालिक! राजा!

अनामी : यहाँ राजा नहीं रहता। **(मुंह फेर लेता है।)**

मोहिनी : सुनो न राजा।

अनामी : कहा न, यहाँ कोई राजा बाजा नहीं है। उसे कहीं और ढूंढो।

मोहिनी : मैं तुमको ही पुकार रही हूँ।

अनामी : **(आश्चर्य से)** मुझको?

मोहिनी : हाँ राजा। तुमको।

अनामी : **(निकट आकर)** क्या तुम सीधे पागलख़ाने से चली आ रही हो? यह कौन है चपड़कनाती?

कुबेर : **(हाथ जोड़कर, सिर झुकाता हुआ)** तुम्हारा दास! तुम्हारा नौकर।

अनामी : **(विमूढ़ सा)** या तो तुम दोनों पागल हो, या फिर मैं ही पागल हूँ।

कुबेर : न मैं पागल हूँ, और न तुम राजा।

अनामी : **(बिगड़ कर)** खबरदार जो मुझको राजा कहा। नाम अनामी है।

मोहिनी : नाम तो हम जानते हैं। लेकिन तुम राजा हो। हमारे राजा। इस देश के राजा।

अनामी : तो फिर वह कौन है—तुम्हारा बाप।

कुबेर : हमारे भाई बाप तो सब कुछ तुम्हीं हो। इस देश के असली

राजा तुम हो। वह तुम्हारा हक़ मार कर राजमहल पर क़ब्जा किये है।

(अनामी खांसता है। कुबेर और मोहिनी स्वतः पीछे हट जाते हैं। किन्तु तुरन्त ही सम्हलकर नकली चापलूस मुस्कुराहट लिए उसके पास आते है।)

अनामी : कितनी पी है?

कुबेर : तुम मेरी बात समझो। उस राजा के पास जो कुछ है, कहाँ से आया? सब तुमसे ही तो लिया है।

अनामी : कैसे?

कुबेर : तुमने मेहनत की जमीन तोडी़, फावड़ा चलाया, तब ही तो सबका पेट भरा। आज तुम्हीं भूखे हो।

मोहिनी : तुमने मेहनत की, मशीन चलाई, फ़ैक्टरी चलाई, तब दौलत आई, लेकिन तुम्हारे पास दवाई के लिए पैसा तक नहीं।

कुबेर : तुमने मेहनत की, धरती के सीने पर कपास उगाई, सारी दुनिया को कपड़ा पहनाया, लेकिन तुम खुद नंगे हो?

मोहिनी : तुमने समुद्र के गर्भ में जाकर मोती चुने, लेकिन तुम्हारे बच्चे भूखे हैं?

कुबेर : तुमने मेहनत की, राजमहल का शिखर आसमान को चूमने लगा, लेकिन तुम्हारे सर पर छत नहीं?

मोहिनी : तुम्हीं ने तो स्कूल बनाया था–

कुबेर : फिर तुम्हारा लड़का उसमें क्यों नहीं पढ़ता?

मोहिनी : तुमने अपनी मेहनत से दिन रात एक कर दिया।

कुबेर : फिर क्यों तुम्हारी बीवी खाली पेट सोती है?

मोहिनी : तुम तेल निकालने ज़मीन के अन्दर गये–

कुबेर : फिर क्यों तुम्हारे घर में अंधेरा है?

मोहिनी : तुमने गन्ने उगाये–

कुबेर : फिर क्यों तुम्हारे बच्चे मिठाई को तरसते है?

मोहिनी : खिलौने को ललचते हैं?

कुबेर : गन्दे हैं?

मोहिनी : भूखे हैं?

कुबेर : घिनौने हैं?

मोहिनी : इधर उधर ठोकर खाते–

कुबेर : कुत्ते जैसे।

मोहिनी : इधर उधर मरते मिटते।

कुबेर : कीड़े मकोड़े जैसे?

अनामी : (**कान बन्द कर, विचलित सा**) बन्द करो बाबू, बस करो। (**खाँसी का दौरा आता है। कुबेर और मोहिनी पीछे हट जाते है।**) क्या चाहते हो?

कुबेर : (**निकट आकर**) हम तुम्हें रोटियां देंगे।

मोहिनी : दो वक्त, भरपेट!

कुबेर : अब तुम्हारी बीवी भूखे पेट नहीं सोयेगी–

मोहिनी : और न बच्चे मिठाई और खिलौनों के लिए तड़पेंगे

अनामी : सच?

कुबेर : एकदम सच। हम तुम्हारे लिए लड़ेंगे।

मोहिनी : तुम्हारे लिए जान दे देंगे।

कुबेर : तुम्हारी बीमारी के लिए दवाई देंगे।

मोहिनी : तुम्हारे बच्चों को पढ़ाई देंगे।

कुबेर : तुम्हारे परिवार के लिए मकान देंगे।

मोहिनी : जिन्दगी में तुम्हें मान शान देंगे।

कुबेर : सिर्फ तुम हमारे साथ हो जाओ।

अनामी : अच्छा हो गये।

कुबरे : सिर्फ एक चीज तुम दे दो।

अनामी : क्या?

कुबेर : अपनी यह बनियाइन। अपनी निशानी।

अनामी : ले जाओ। लेकिन रोटी...?

मोहिनी : देंगे।

अनामी : कपड़ा?

कुबेर : देंगे।

अनामी : मकान?

मोहिनी : देंगे।

अनामी : तो ले जाओ। (**अपनी फटी छेददार बनियाइन उतार कर देता है।**)

(**कुबेर बनियाइन लेकर एक हाथ से हवा में लहराता है। आगे कुबेर पीछे मोहिनी नारा लगाते मंच का चक्कर लगाते हैं।**)

कुबेर : हमारा निशान!

मोहिनी : ग़रीब का बाना।

कुबेर : हमारा काम।

मोहिनी : ग़रीब का नारा।

(अपने कमरे में जाकर कुबेर, बनियाइन को डंडे में लगाकर अपनी कुर्सी पर अटकाता है। फिर दर्शकों की ओर पीठ करके कुबेर और मोहिनी बातें करते जड़ हो जाते हैं।)

बाबू : **(गुस्से से घूमता, मुट्ठियां तानता)** सब साले बेईमान हैं। खुद चाहे आदमी ही निगल जायें, मगर दूसरे की दो वक्त भरपेट रोटी नहीं देखी जाती।

सूत्रधार : **(प्रवेश कर)** बाबू!

बाबू : बाबू नहीं बकरा कहो, बकरा।

सूत्रधार : बहुत नाराज़ दिखाई पड़ रहे हो।

बाबू : हम तो बेज़बान है। जब चाहो हलाल कर दो।

सूत्रधार : क्यों?

बाबू : सफेद स्याह खुद करें। लाखों करोड़ों बिना डकार के निगल जायें, मगर पकड़े जाने पर सारा दोष हम लोगों का।

सूत्रधार : क्या सोचा है?

बाबू : सोचना क्या है? हम लड़ेंगे।

सूत्रधार : **लड़** सकोगे?

बाबू : क्यों नहीं? नहीं लड़ेंगे तो जीने कौन देगा। हम पार्टी बनायेंगे और मुक़ाबला करेंगे। **(अचानक निगाह अनामी पर पड़ती है। आँखों में वहशत भरी चमक आ जाती है।)** मिल गया। मिल गया।

सूत्रधार : कौन?

बाबू : वही। जिसको मैं ढूंढ़ रहा था। मेरी पार्टी बन जायेगी। **(अनामी के पास आ कर)** अपनी निशानी मुझे दे दो।

अनामी : क्या?

बाबू : **(दीनता से)** यह निशानी मुझे दे दो।**(धोती की तरफ इशारा करता हे।)** मेरी पार्टी बन जायेगी।

अनामी : **(घबरा कर)** नहीं।

बाबू : मैं तुम्हें मालामाल कर दूंगा। **(अधिकार से)** यह धोती मुझे दे दो। **(धोती उतारने को हाथ बढ़ाता है।)**

अनामी : (**धोती बचाता**) नहीं। नहीं। (**भागता है। पीछे पीछे बाबू भागता है। दोनों मंच पर एक चक्कर लगाते हैं। अनामी नेपथ्य में भाग जाता है। पीछे-पीछे बाबू भी जाता है।**)

सूत्रधार : (**दर्शकों को**) जायें देखें क्या हो रहा है वहाँ। (**नेपथ्य में प्रस्थान**)

(**पत्रकार उठकर अपने कमरे के सामने आता है। नेपथ्य से हाँफता भागता अनामी आता है, और अचानक पत्रकार से टकराता है। अनामी समझता है कि वह भी उसकी धोती उतार लेगा। मुड़कर वह भागता है।**)

पत्रकार : रुक जाओ। (**अनामी रुक जाता है**) इस तरह क्यों भाग रहे हो?

अनामी : (**कातरता से**) वह, वह मेरी धोती भी उतारे ले रहा है।

पत्रकार : तो उतार लेने दो।

अनामी : (**विस्मित**) क्या?

पत्रकार : उतार लेने दो। फिर मैं तुम्हारी फ़ोटो खींचकर अखबार में छापूंगा।

अनामी : तुम्हें शरम नहीं आती।

पत्रकार : शरम कैसी?

अनामी : धोती उतार के फोटो।

पत्रकार : आजकल तो सब कुछ उतार कर ही फ़ोटो खिंचाने का फैशन है।

अनामी : राम कहो...

पत्रकार : जो जितना बड़ा, वह उतना ही बड़ा नंगा। शरम-वरम तो असभ्य गंवार करते हैं।

अनामी : हम गंवार ही सही। हमारी आंख का पानी नहीं मर गया है अब तक। न नंगेपन का ढिंढोरा पीटते हैं (**जाकर अपने चबूतरे पर बैठ जाता है।**)

पत्रकार : अजीब घामड़ है।

सूत्रधार : (**प्रवेश करके**) भूल गये क्या?

पत्रकार : क्या?

सूत्रधार : कुबेर ने तुम्हें बुलाया है।

पत्रकार : बस जा हर रहा हूँ। (**भागता-सा कुबेर के कमरे की तरफ जाता है। सूत्रधार नेपथ्य में जाता है।**)

पत्रकार : क्या मैं अन्दर आ सकता हूँ।

कुबेर : आओ बैठो पत्रकार।

पत्रकार : आपका संदेशा मिला। मैंने कहा अहोभाग्य। बस भागता चला आया।

कुबेर : तुम्हारे प्रेस की क्या कीमत होगी?

पत्रकार : कुछ भी नहीं सेठ जी। मामूली सा प्रेस है। किसी तरह से रो-धो के अखबार निकाल लेता हूँ।

कुबेर : फिर भी?

पत्रकार : पुरानी मशीन है। आठ-दस लाख की होगी।

कुबेर : और तुम्हारी कीमत?

पत्रकार : जी?

कुबेर : बीस लाख?

पत्रकार : **(विमूढ़ सा)** जी!

कुबेर : पचास लाख? मैंन तुम्हारे प्रेस को खरीद लिया और तुम्हें भी।

कुबेर : पचास लाख नक़द लोगे या चेक से? चेक में इन्कम-टैक्स का झगड़ा है। पचास लाख रूपया, तुम्हें तुम्हारे घर आज ही मिल जायेगा।

पत्रकार : **(अचानक समझ कर)** बहुत-बहुत शुक्रिया। शुक्रिया बहुत बहुत।**(खड़े हो कर झुकते हुऐ)** बहुत बहुत।

कुबेर : तो खड़े क्यों हो गये? प्रेस के मालिक तुम्हीं रहोगे और एडीटर भी...

पत्रकार : लेकिन छपेगा वही जो आप चाहेंगे। **(चापलूसी में हंसता है।)**

कुबेर : आज से हम तुम दोस्त हैं। हम अपने हर दोस्त को एक तोहफ़ा देते हैं। तुम्हें भी देंगे।

पत्रकार : जी शुक्रिया।

कुबेर : मोहिनी, हमारे दोस्त को जूता दो।

पत्रकार : जूता!! **(मोहिनी नेपथ्य में जाती है।)**

कुबेर : हमारी दोस्ती का प्रतीक।

पत्रकार : क्या! जूता?

कुबेर : हम अपने दास्त को यही देते हैं।

पत्रकार : जूते का तोहफ़ा? **(अपना सर सहलाता है।)**

कुबेर : घबराओ नहीं, जूता चाँदी का है।

(तब ही मोहिनी सोने का एक जोड़ा जूता लिए प्रवेश करती है।)

पत्रकार : **(सोना देख कर)** जी शुक्रिया। **(उत्तेजना में उठ कर)** बहुत बहुत। **(मोहिनी से दोनों हाथों से पुरस्कार की भांति जूता ग्रहण कर माथे से लगाता है।)** सेठ साहब,अगर आप आज्ञा दें तो अपने अखबार का नाम, नहीं नहीं, आपके अखबार का नया नाम रख दूं—जूता।

कुबेर : बहुत ख़ूब। तुम्हारा तो दिमाग़ चलने लगा? सत्संग से हमेशा लाभ होता है। एक नया अख़बार निकालो। उसका नाम रखो—चाँदी का जूता।

पत्रकार : जी शुक्रिया। बहुत-बहुत शुक्रिया।... **(खड़े हो कर)** बहुत... बहुत।

(कुबेर और पत्रकार जड़-दृश्य प्रस्तुत करते हैं।)

सूत्रधार : **(बीच रंगमंच पर आकर)** इस साल फ़सल अच्छी हुई थी। किसानों ने मंडियों में गल्ला भी बेचा था, फिर न जाने क्या हुआ, सब का सब गल्ला मंडियों से ग़ायब हो गया। वह धरती की किस कंदरा में समा गया, कोई पता नहीं लग सका। राजा के वफ़ादार सेवक भी नहीं। अनाज के अभाव में लोग शहर छोड़ कर गांव की तरह भागे और गांव वाले शहर की तरफ़, किन्तु कहीं भी अन्न दिखाई नहीं पड़ा। **(कुबेर हंसता है।)** शायद उल्लू हंसा। उल्लू का हंसना अशुभ लक्षण है। वह होने वाली विनाश लीला का पूर्व संकेत है। **(कुबेर फिर हंसता है।)** उल्लू फिर हंसा।सुना अपने? ...लोगों ने वृक्षों को छाल और पत्तियों से नंगा कर दिया। फिर भी लोगों की भूख नहीं मिटी।

(नेपथ्य में नारे उभरते हैं—...राजा मुर्दाबाद)

सूत्रधार : यह आवाज़ सुनी। यह भूखों नंगों की आवाज़ है। जिस दिन फ्रांसीसी क्रान्ति प्रारम्भ हुई थी उस दिन सोलहवें लुई ने डायरी में लिखा था "आज कोई विशेष घटना नहीं घटी।" सत्य से अनभिज्ञ राजा ने भूखों नंगों की आवाज़ को गोलियों से कुचलने का आदेश दिया। **(राजा आदेश देने का अभिनटन करता है। गोलियों के चलने की आवाज़ सुनाई पड़ती है। किन्तु नारे रुकते नहीं अपितु और सशक्त हो कर सुनाई**

पड़ते है। राजा भयभीत होकर कुर्सी पर बैठता है और उसे दोनो हाथों से पकड़ता है।)

सूत्रधार : नारे नहीं रूके। राजा की गोलियां हमेशा की तरह भूखे नंगों की आवाज़ नहीं बन्द कर सकीं। राजा को अपना सिंहासन कांपता लगा। डूबती नाव से सब ही भागते हैं। सेनापति भी अपना पद त्याग कर विरोधी दल में जा मिला। और सुना है, किसी से कहियेगा नहीं, उस दिन उसने भी स्विटजरलैण्ड के बैंक में अपने भविष्य के बीमे की मोटी किस्त जमा की।

(अनामी को खांसी का दौरा)

सूत्रधार : **(दर्शकों से)** इसने फिर खांसना शुरू कर दिया।

अनामी : **(कराह में)** बाबू!

सूत्रधार : सत्ता के लिए संघर्ष तो सनातन से चलता आ रहा है, चलता रहेगा। अनामी की दशा ठीक नहीं लगती। **(अनामी के पास जाकर)** कैसी तबीयत है?

अनामी : **(रोकर)** बाबू। बाबू पांच दिन से एक दाना पेट में नहीं गया। बहुत भूख लगी है।**(खांसी का दौरा आता है, जिसे वह रोकने का प्रयत्न करता है, उसी मे हिचकी के साथ वह मर जाता है।)**

सूत्रधार : **(पुकारते हुए)** अनामी! अनामी! **(कंधे से हिलाकर)** अनामी! **(दर्शकों से, अति करूणा से)** अनामी मर गया।एक नामहीन व्यक्ति मर गया। **(दृढ़ता)** किन्तु यह साधारण मृत्यु नहीं है। यह हत्या है—हाँ हत्या। एक नामहीन व्यक्ति की हत्या उतनी ही जघन्य और क्रूर है जितनी ईसा, गांधी, किंग या कैनेडी की। कानून की अंधी अधिष्ठात्री की न्याय दृष्टि में सब व्यक्ति समान है, चाहे वह राजा हो या रंक। सदा का निश्चत नियम है—हत्या का दंड मृत्यु। अनामी कितना ही महत्वहीन व्यक्ति क्यों न हो, इसके हत्यारे को मृत्यु-दंड मिलने पर ही क़ानून की रक्षा होगी। हत्यारे को मृत्यु-दंड मिलना ही चाहिये। **(रुक कर)** अब प्रश्न है—कौन है इसका हत्यारा? कौन है इसका हत्यारा?

सूत्रधार : **(स्वर बदल कर)** मैं जानता हूँ इसके हत्यारे को। मैं बताता हूँ इसके हत्यारे का नाम। इसका हत्यारा है—युद्ध। वह युद्ध,

जिसमें मानव-मूल्य विघटित हो गये। किन्तु युद्ध को कैसे सूली देंगे? युद्ध को कैसे फांसी पर लटकाया जा सकता है? **(सोच कर)** युद्ध के लिए उत्तरदायी लोगों को फांसी पर अवश्य लटकाया जा सकता है। अपराधी आप के सम्मुख हाज़िर किये जाते हैं।

सूत्रधार : **(राजा की कुर्सी के पास खड़े होकर, अदालत के चपरासी के स्वर में)** अनामी बनाम राजा हाज़िर हों। अनामी बनाम कुबेर हाज़िर हों। अनामी बनाम मोहिनी हाज़िर हों। अनामी बनाम बाबू हाज़िर हों।**(राजा,कुबेर, मोहिनी, बाबू पत्रकार नाम पुकारे जाने पर आकर एक लाईन में दर्शकों की तरफ पीठ करके खड़े हो जाते है।)**

सूत्रधार : **(जज के स्वर में)** मुलज़िम राजा, कुबेर, मोहिनी, पत्रकार, बाबू, शहादत सबूत से ज़ाहिर है कि तुम लोगों ने एकराय होकर मुसम्मे अनामी वल्द नामालूम, साकिन सब कहीं का खून किया। इस तरह ताज़ेरात हयात के तहत तुम पर दफ़ा 203 का जुर्म साबित होता है। तुम को कुछ उज्र या एतराज़ है? सफ़ाई
में कुछ कहना है?

(सब अपराधी अपनी गर्दन झुका लेते हैं।)

सूत्रधार : **(मंच पर आगे आकर, दर्शकों से, सरकारी बकील के स्वर में)** जूरी के ऑनरेबिल मेम्बरान। मुजरिमों की गर्दनें झुक गईं। इन्हें जुर्म से इक़बाल है। मेरी सिफ़ारिश है कि इन्हें सज़ाये मौत दी जाये। सज़ाये मौत।

सूत्रधार : **(स्वर बदल कर)** लेकिन ज़रा ठहरिये। इनको फांसी पर लटकाने के पहले एक बार इनको गौर से देखिये। ज़रा गौर से देखिये। इनका वास्तविक रूप मैं आपको दिखाता हूँ।

(मोहिनी, राजा, कुबेर, बाबू, तथा पत्रकार एक साथ घूम कर दर्शकों की तरफ मुंह करते है। गगनिका पर बीहड़ भंयानक जंगल का स्लाइड-चित्र आ जाता है। इस बीच में वह पशुओं के मुखौटे पहन चुके हैं। राजा के चेहरे पर शेर का, कुबेर के चेहरे पर उल्लू का, बाबू चेहरे पर गधे का, पत्रकार के चेहरे पर गीदड़ का और मोहिनी के चेहरे पर लोमड़ी का

मुखौटा लगा है। ये सब, अनामी के मृत शरीर के चारों ओर, अमानुषिक ध्वनियाँ करते हुये हिंस्र और पाशविक नृत्य करते है। नृत्य की गति धीरे-धीरे तीव्रतर होती जाती है। चरम पर अचानक नृत्य बंद हो जाता है। सब पशु जड़ हो जाते हैं। प्रकाश पशुओं से हट कर, सबसे ऊंचे स्तर पर खड़े सूत्रधार पर पड़ता है।)

सूत्रधार : इन अपराधियों में जब तक यह जानवर जीवित है, यह सभ्य संसार में जंगल के नियम तो प्रचलित करेंगे ही। हिंसा तो अनिवार्य है। युद्ध तो अवश्यंभावी हैं। इनको मौत की सज़ा देने के पहले यह तो सोचिये, यह जानवर आपके अन्दर भी तो है। **(चुनौती से)** तो क्या आपको भी मौत की सज़ा दी जाये? **(स्वर बदल कर)** आइये, हम सब अपने अन्दर के जानवर को, अपने मन की हिंसा को सज़ाये मौत का हुक्म सुनायें।

(यवनिका)

□□